西线之战
THE WAR IN THE WEST
（卷二）上
盟军反击1941—1943

〔英〕詹姆斯·霍兰德（James Holland） 著
林立群　唐怡　译

THE WAR IN THE WEST: A NEW HISTORY
VOLUME Ⅱ: THE ALLIES STRIKE BACK 1941–1943
Copyright © James Holland 2017
Simplified Chinese edition copyright © 2019 by Chongqing Publishing & Media Co., Ltd.
ALL RIGHTS RESERVED.
版贸核渝字（2014）第109号

图书在版编目（CIP）数据

西线之战（卷二）／（英）詹姆斯·霍兰德著；林立群，唐怡译. — 重庆：重庆出版社，2020.5
书名原文：THE WAR IN THE WEST
ISBN 978-7-229-12897-5

Ⅰ．①西⋯ Ⅱ．①詹⋯ ②林⋯ ③唐⋯ Ⅲ．①第二次世界大战战役—研究—欧洲 Ⅳ．①E195.2

中国版本图书馆CIP数据核字（2020）第023526号

西线之战（卷二）
THE WAR IN THE WEST

〔英〕詹姆斯·霍兰德（James Holland） 著
林立群 唐怡 译

责任编辑：连 果
责任校对：何建云
书籍设计：博引传媒

重庆出版集团 出版
重庆出版社
重庆市南岸区南滨路162号1幢 邮政编码：400061 http://www.cqph.com
重庆长虹印务有限公司印制
重庆出版集团图书发行有限公司发行
E-MAIL:fxchu@cqph.com 邮购电话：023-61520646
重庆出版社天猫旗舰店
cqcbs.tmall.com
全国新华书店经销

开本：710mm×1000mm 1/16 印张：38 字数：540千
2020年5月第1版 2020年5月第1版第1次印刷
ISBN 978-7-229-12897-5
定价：98.00元

如有印装质量问题，请向本集团图书发行有限公司调换：023-61520678
版权所有 侵权必究

《西线之战（卷二）》一书的
发行评语
ADVANCE PRAISE FOR THE WAR IN THE WEST

作为一个自以为将第二次世界大战历史烂熟于心的人，我惊喜地发现有如此多被忽视的事实，如此多熟知的常识竟然有错。霍兰德的这卷作品甚至比首卷更出色。他巧妙地在战争双方之间切换，是如此的明显且又如此的不明显。

——艾瑞克·瓦尔特斯上校，《军事回顾》

细节丰满、全面深入，他娴熟地在战略和战术之间转换，既能满足二战资深读者的胃口，又能迅速地让一般读者获得关于西线之战的愉悦的阅读体验。

——《出版者周刊》

一位功力深厚的历史学家的高明之作。霍兰德精准阐述了他对北非战役、大西洋反潜战和轰炸战的研究，并适当提及了在东线规模更为巨大的战役，专业而不缺有趣。

——《科克斯书评》

霍兰德细致阐述了盟军技术和战术的提升为何逐渐改变了战争态势。

——《BBC 历史杂志》

霍兰德打碎了德国无敌的神话，1941—1943 年的所有转折点全数囊括，非常精彩！

——《周日快报》

霍兰德用崭新的眼光审视那段波澜壮阔的历史，成就了一部传奇之作。

——《文学评论》（英国）

《西线之战（卷二）》完全达到了《西线之战（卷一）》所设立的高度。写作风格干脆而又引人入胜，带领读者重温了 1941—1943 年的那些重要事件。

——《士兵杂志》（英国）

目 录
CONTENTS

地图
出场人物   1
文字说明   1
引子   1

PART ONE
AMERICA ENTERS THE WAR
第一部分   美国参战

第1章   巨人碰撞   2
第2章   大军开动   8
第3章   四一年夏   25
第4章   美国海军参战   39
第5章   "鲁本·詹姆斯"号的沉没   54
第6章   "十字军"行动   64
第7章   强弩之末   74
第8章   世界大战   83

PART TWO
EASTERN INFLUENCES
第二部分   东线影响

第9章   海上战斗   92

第10章	战略掠夺	101
第11章	大开杀戒	112
第12章	战斗机和轰炸机	121
第13章	钢铁和战略	130
第14章	反抗萌芽	141
第15章	燥热沙漠	152
第16章	请君入瓮	167
第17章	联合生产	181
第18章	托布鲁克陷落	191
第19章	海与沙	206
第20章	千机轰炸	215
第21章	大海与草原	229
第22章	积蓄力量	241
第23章	非洲末日	254
第24章	美梦幻灭	270

PART THREE
THE ALLIES STRIKE BACK
第三部分 盟军反击

第25章	坦克、火力	281
第26章	训练、士气	291
第27章	英雄回归	302
第28章	准备完毕	311
第29章	恶性循环	325
第30章	点燃"火炬"	340
第31章	"捷足"行动	352
第32章	"增压"行动	364
第33章	披荆斩棘	375
第34章	登陆开始	389

PART FOUR
CRUSHING THE WOLFPACKS
第四部分 粉碎狼群

第35章	暗黑之月	402
第36章	小遇挫折	415
第37章	年关将至	427
第38章	关键舞台	445
第39章	危机四伏	457
第40章	"春风"料峭	472
第41章	重水！重水！	485
第42章	重夺主动	495
第43章	深入远洋	506
第44章	步步紧逼	518
第45章	盟军获胜	530

附录

商船吨位损益累计表	545
潜艇造成的盟军商船损失	546
潜艇数量和损失	546
德国、英国和美国战机生产数	548
石油总产量、进口和供给量	548
1941年5月—1943年5月的时间线	549

致谢

For Rachel

献给瑞秋

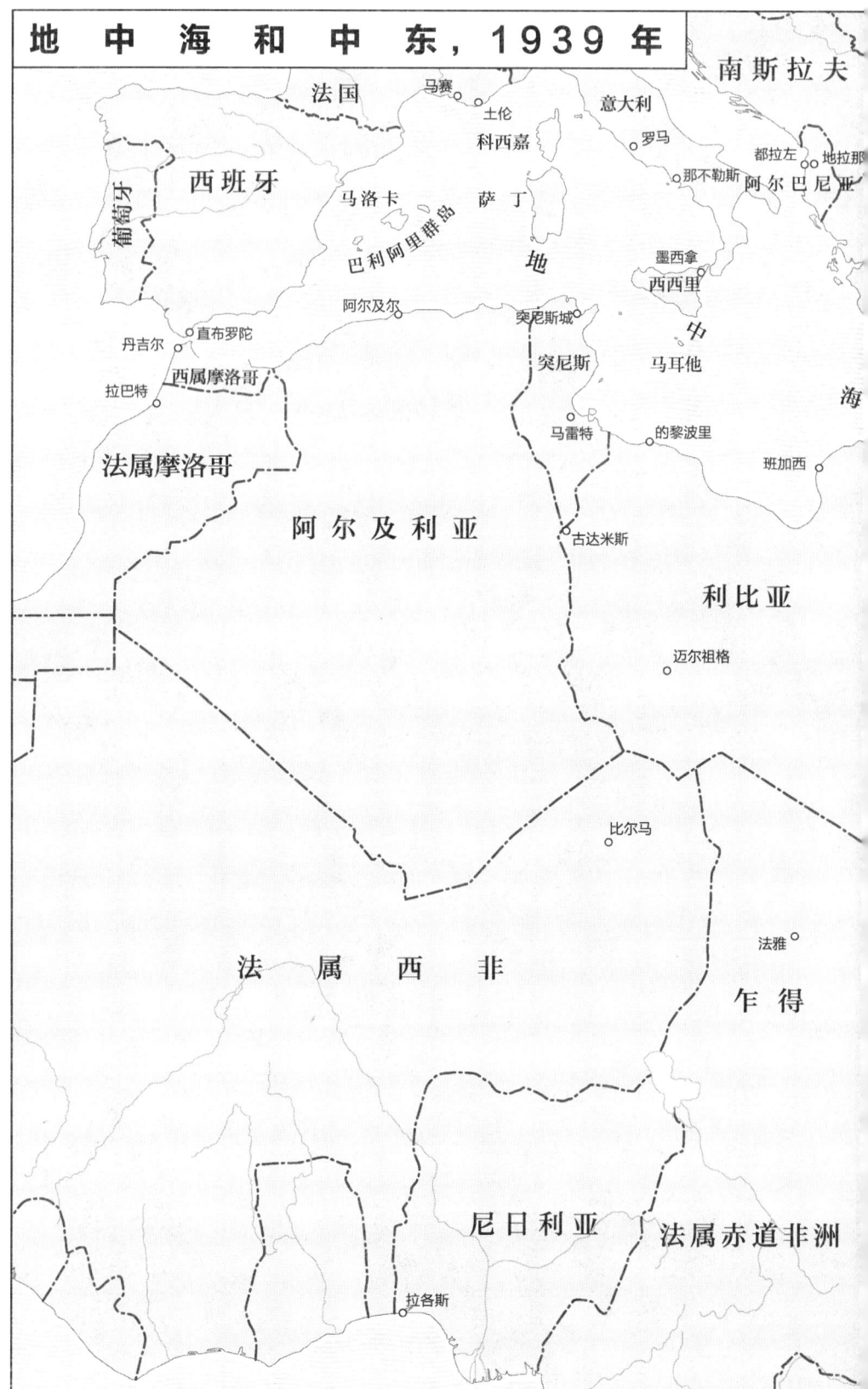

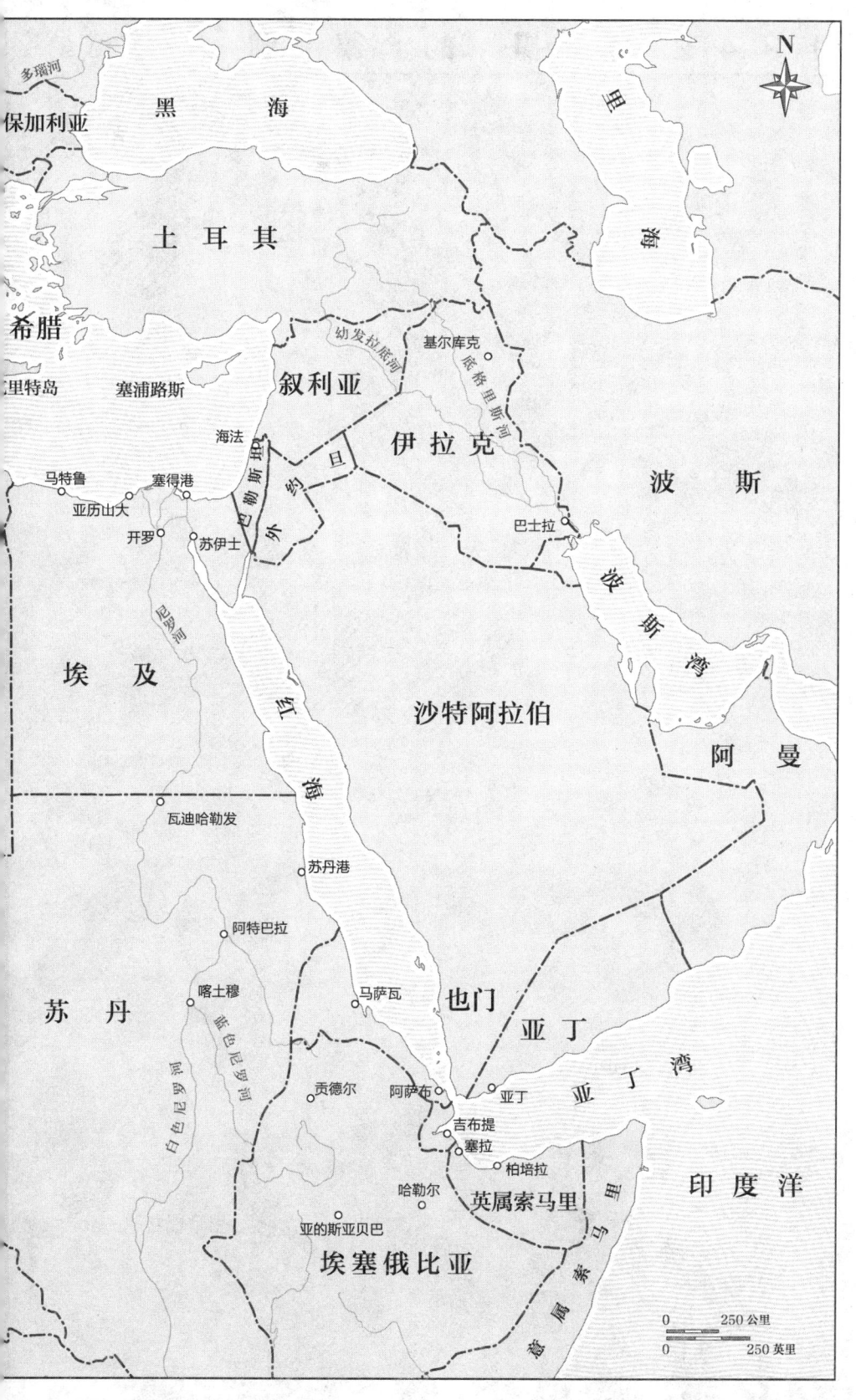

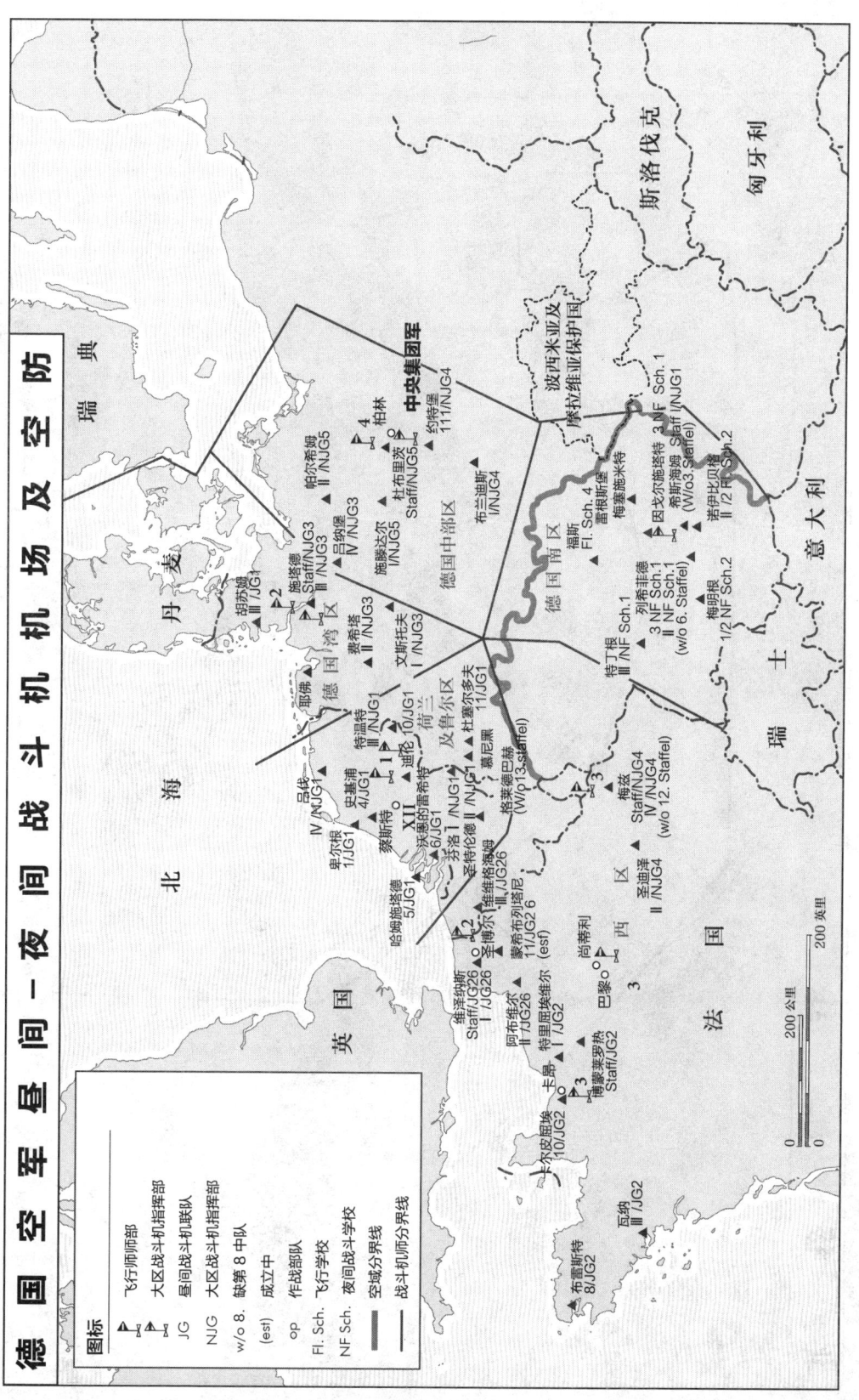

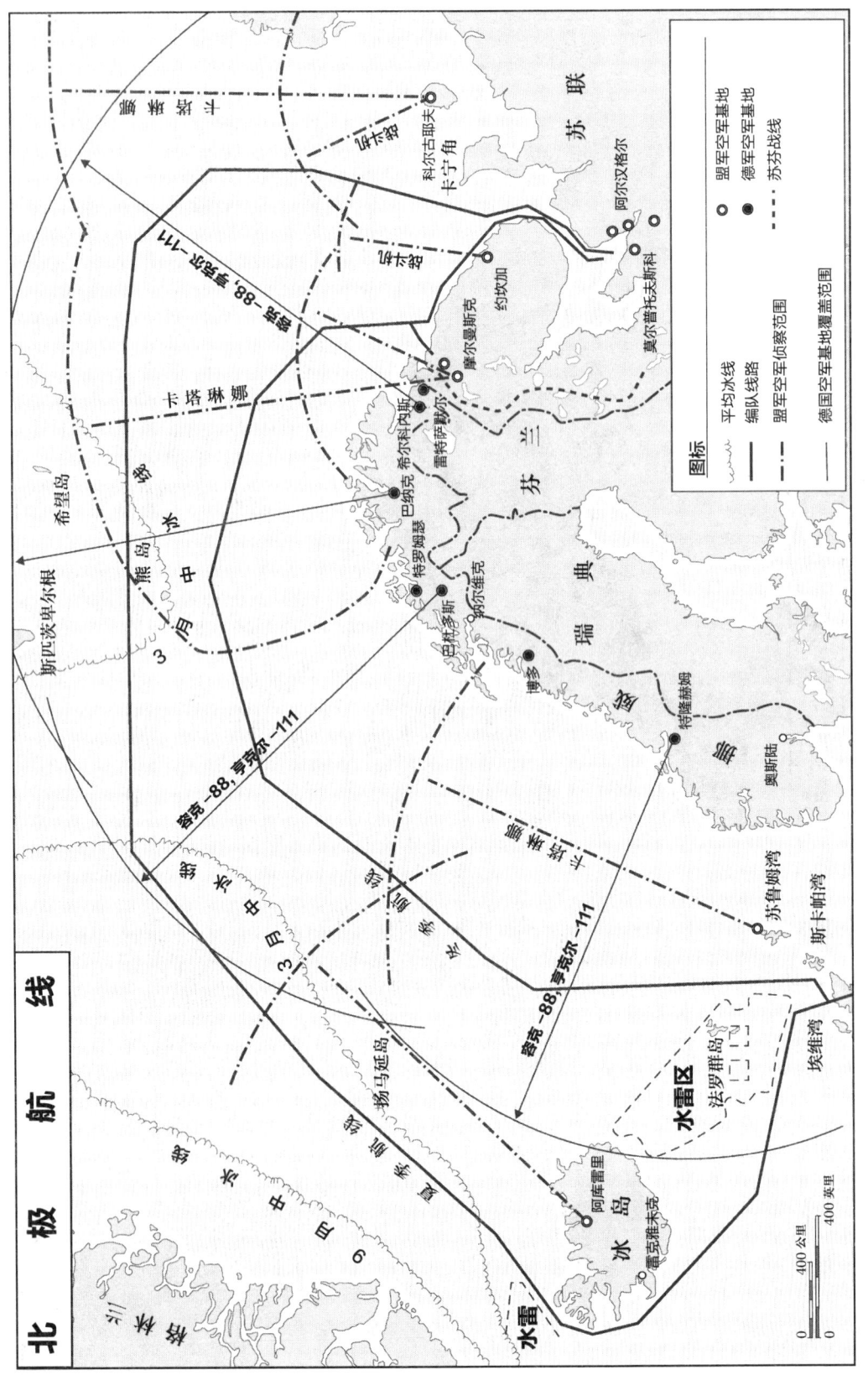

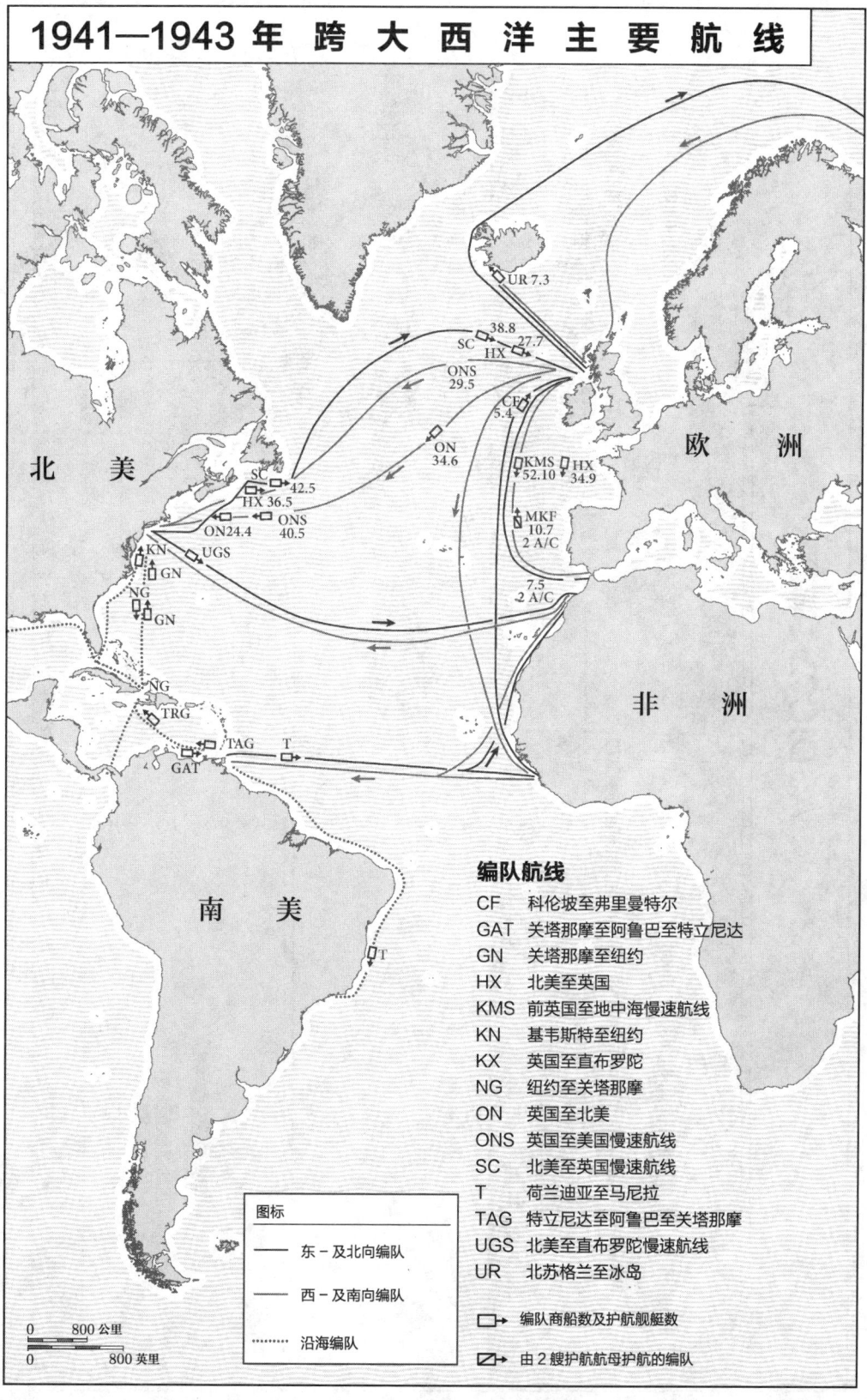

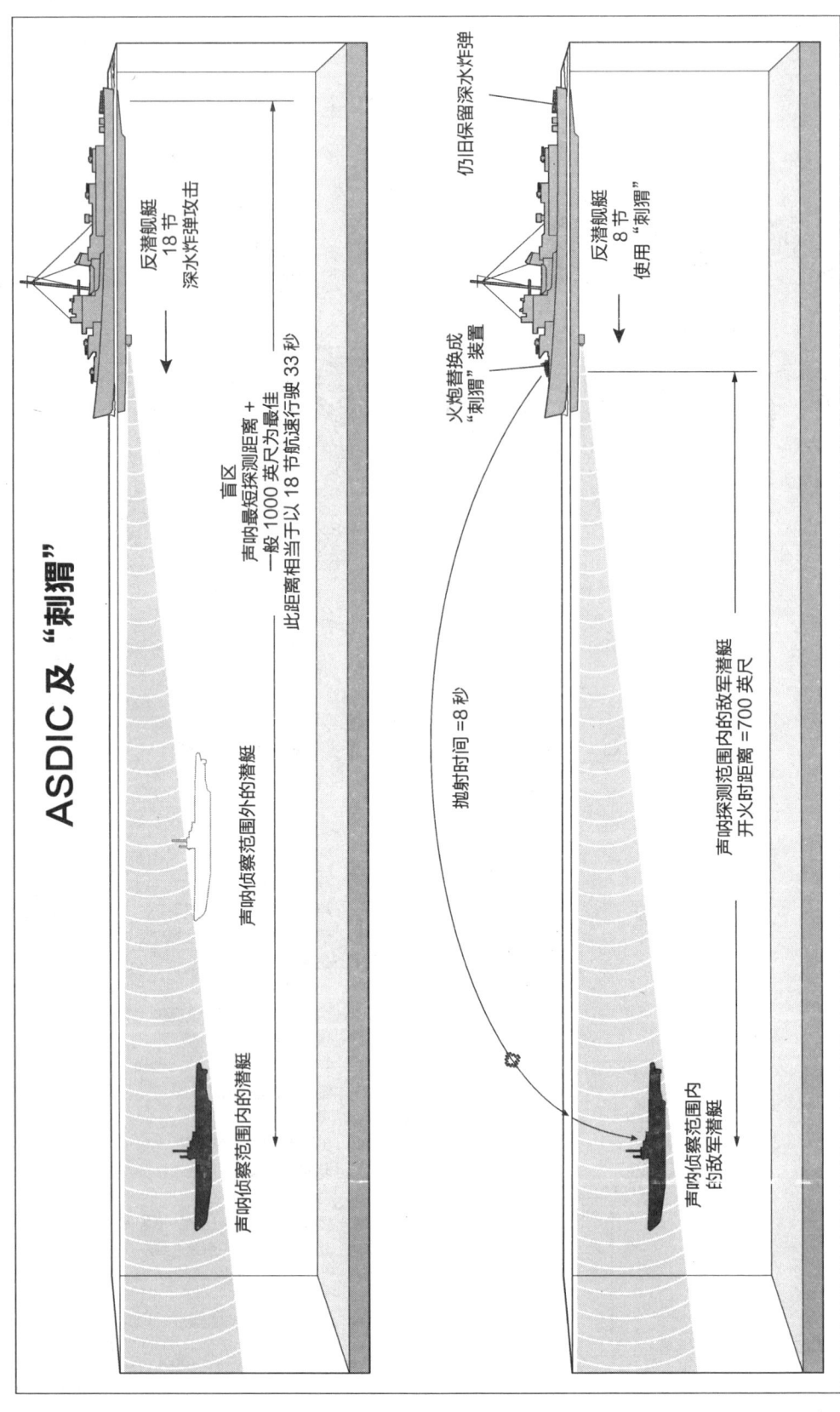

商 船 类 型

平均水平	长度	满载吃水深	满载航速	吨位	载量
客轮	657.6 英尺	34 英尺 1.5 英寸	19 节	17350 吨	658960 立方英尺 517 名乘客
货轮	516.3 英尺	29 英尺 7 英寸	17 节	12320 吨	750839 立方英尺 12 名乘客
油轮	462.8 英尺	27 英尺	11 节	8012 吨	12000 吨燃油
干货船	414 英尺	25 英尺 3.5 英寸	11 节	4719 吨	585420 立方英尺
矿石船	381.1 英尺	24 英尺 4 英寸	10 节	5787 吨	161380 立方英尺
海峡型船	353 英尺	15 英尺 1 英寸	17.5 节	4320 吨	725755 立方英尺，1000 名乘客
拖船	198.3 英尺	17 英尺 11 英寸	17 节（无拖带）	793 吨	无载量，可拖引
沿海型船	197 英尺	8 英尺 6 英寸	9 节	200 吨	62480 立方英尺
拖网渔船	134.6 英尺	11 英尺 9 英寸	11 节	130 吨	400000 磅鱼

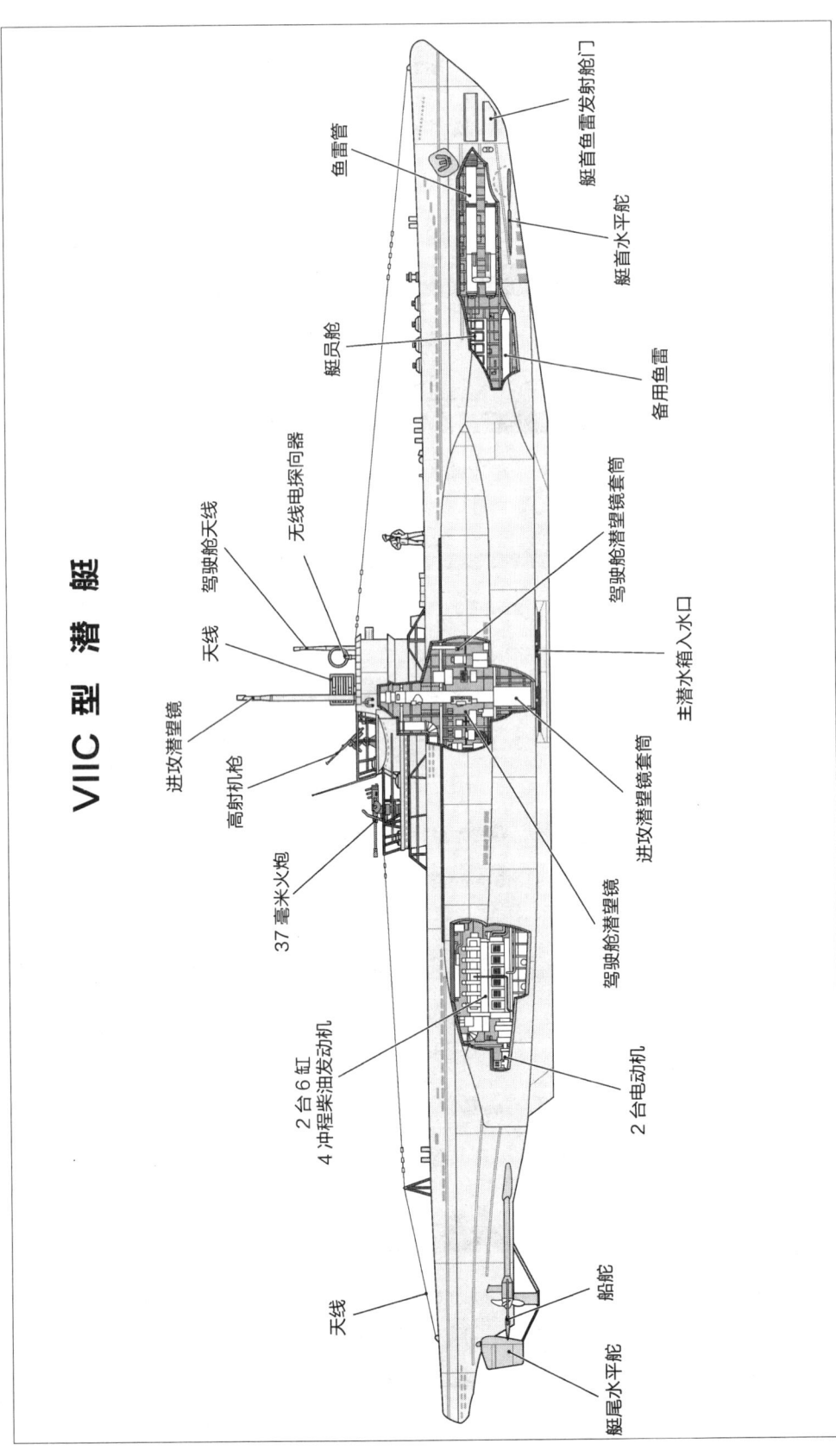

出场人物

(军衔以1941年9月为准)

将军哈罗德·亚历山大爵士(Harold Alexander)(英国)

　　法兰西之战时担任英军第1师师长,指挥后卫部队最后一个撤离敦刻尔克。他回国后负责南部防区,之后又调往缅甸统领英国远征军。他于1942年8月被任命为中东战区总司令。1943年2月担任第18集团军指挥官。

赫尔曼·巴尔克中将(Hermann Balck)(德国)

　　德国陆军司令部机动部队将军,从1942年5月起担任第11装甲师师长。1943年1月被晋升为中将,并于同年3月开始指挥大德意志师。

西里尔·"巴姆"·班伯格空军少尉(Cyril "Bam" Bamberger)(英国)

　　不列颠空战时,他作为1名士官飞行员在第610和第41中队作战。晋升为军官后分别参与了在马耳他岛(第261中队)和突尼斯(第93中队)的战斗。

克劳斯·巴比二级突击队中队长（Klaus Barbie）（德国）
　　驻里昂安全处4科科长。

让·马蒂厄·鲍里斯（Jean-Mathieu Boris）（法国）
　　自由法国军队军官。

亨利·"狄伊"·鲍尔斯陆军一等兵（Henry "Dee" Bowles）（美国）
　　北非美军第1步兵师第18步兵团士兵。

汤姆·鲍尔斯陆军一等兵（Tom Bowles）（美国）
　　北非美军第1步兵师第18步兵团士兵。

希德尼·巴夫顿空军准将（Sydney Bufton）（英国）
　　先后担任过英国皇家空军轰炸机部队第10和第76中队指挥官，随后成为波克林顿（Pocklington）机场指挥官，后官至皇家空军轰炸机司令部副司令。

斯坦利·克里斯托弗森少校（Stanley Christopherson）（英国）
　　诺丁汉谢尔伍德游骑兵团的一位中队长。

加莱亚佐·齐亚诺伯爵（Galeazzo Ciano）（意大利）
　　墨索里尼的女婿，担任意大利外交部长。

马克·克拉克中将（Mark Clark）（美国）
　　1942年被任命为美国陆军副参谋长，后前往英国担任艾森豪威尔的副手，负责统筹火炬行动的实施。盟军登陆北非时担任行动副总指挥，之后被授予美军第5集团军司令官的职务。

LIST OF PRINCIPAL CHARACTERS FEATURED / 出场人物

皮埃尔·克洛斯特曼参谋军士（Pierre Clostermann）（法国）
　　在英国皇家空军战斗机部队第341"阿尔萨斯"中队作战的法国飞行员。

乔克·科尔维尔（Jock Colville）（英国）
　　英国首相的秘书之一。曾先后为内维尔·张伯伦和温斯顿·丘吉尔服务。

格拉迪丝·考克斯（Gwladys Cox）（英国）
　　伦敦市民。

海军上将安德鲁·布朗·坎宁安爵士（Andrew Browne Cunningham）（英国）
　　担任地中海舰队司令官至1942年，随后被派往华盛顿任职。

戴尔·R. 丹尼斯顿少尉（Dale R. Deniston）（美国）
　　战斗机飞行员，隶属第57战斗机大队，参与了北非和中东的战斗。

卡尔·邓尼茨海军上将（Karl Doenitz）（德国）
　　德国海军潜艇部队司令。

比利·德拉克中队长（Billy Drake）（英国）
　　英国皇家空军沙漠空军第112中队中队长。

小道格拉斯·费尔班克斯少尉（Douglas Fairbanks, Jr）（美国）
　　海军军官，曾在"黄蜂"号（USS Wasp）和"威奇托"号（USS Wichita）上服役。

亨利·弗勒奈上尉（Henri Frenay）（法国）
抵抗组织领导人。

夏尔·戴高乐将军（Charles de Gaulle）（法国）
法国军官，后领导了自由法国运动。

盖伊·吉普森空军中校（Guy Gibson）（英国）
第106中队指挥官，轰炸机飞行员。

安德莉·吉利奥特雷（Andree Griotteray）（法国）
法国巴黎市民，后加入抵抗组织。

特德·哈迪（Ted Hardy）（澳大利亚）
第9澳大利亚师3连2排的工兵，曾在北非和中东作战。

哈尤·赫尔曼少校（Hajo Herrmann）（德国）
曾在第4轰炸机联队驾驶"H-111"战机参与了波兰和挪威的战役，在晋升为中队指挥官后换乘容克-88。他在地中海服役后，被调往挪威指挥驻扎在那里的第30轰炸机联队第3大队。

哈利·霍普金斯（Harry Hopkins）（美国）
罗斯福总统的密友兼顾问，曾作为总统密使去拜访温斯顿·丘吉尔。

亨利·凯泽（Henry Kaiser）（美国）
建筑业巨头，建立了托德加利福尼亚船厂。

约翰·肯尼迪少将（John Kennedy）（英国）
战争部军事作战局局长。

LIST OF PRINCIPAL CHARACTERS FEATURED / 出场人物

阿尔伯特·凯瑟林元帅（Albert Kesselring）（德国）

波兰战役时担任第1航空队指挥官，法兰西战役和不列颠空战时指挥第2航空队。后来负责整个地中海战场。

海因茨·科诺克少尉（Heinz Knocke）（德国）

战斗机飞行员，先后转战苏联、挪威和西线，曾在第52战斗机联队和第1战斗机联队服役。

比尔·努森（Bill Knudsen）（美国）

通用汽车公司的主席，后担任生产管理办公室（Office of Production Management）的主席，1942年开始担任生产总监，直接隶属于战争部副部长办公室。

赫尔穆特·楞特上校（Helmut Lent）（德国）

德国夜间空战王牌，其在挪威和荷兰先后于第1夜间战斗机联队和第2夜间战斗机联队服役。

科琳·吕谢尔（Corinne Luchaire）（法国）

法国电影明星，维希分子让·吕谢尔的女儿。她嫁给了一位在德国空军里服役的法国人。

汉斯·冯·卢克少校（Hans von Luck）（德国）

在隆美尔麾下参加了法兰西之战及北非战场的大部分战斗。他后来指挥第21装甲师下辖的1个装甲营转战诺曼底和欧洲西北部地区。

莱曼·雷姆尼泽少将（Lyman Lemnitzer）（美国）

1942年6月被调入艾森豪威尔的指挥部，协助制订火炬行动的作战计划。

奥利弗·利特尔顿（Oliver Lyttelton）（英国）

战争爆发时被任命为有色金属负责人，1940年担任贸易委员会主席，被选为奥尔德肖特选区的国会议员，后来以中东国务大臣的身份加入战时内阁。他于1942年担任生产大臣。

唐纳德·麦金泰尔上尉（Donald Macintyre）（英国）

他是位驱逐舰护航编队的指挥官，曾在"金星"号（HMS Hesperus）和"沃克"号（HMS Walker）上服役。

帕布里奥·马吉尼上校（Publio Magini）（意大利）

意大利皇家空军（Regia Aeronautica）的飞行员和参谋军官。

赫尔穆特·马尔科少校（Helmut Mahlke）（德国）

作为"斯图卡"俯冲轰炸机飞行员参与了在法国、巴尔干和地中海的战斗。

曼加尔·辛格下士（Mangal Corporal）（印度）

第4印度师1连C班通信兵。

路易吉·马尔凯塞（Luigi Marchese）（意大利）

弗尔格师（Folgore Division）第2伞兵团士兵。

乔治·C. 马歇尔将军（George C. Marshall）（美国）

美国陆军参谋长。

阿尔伯特·马丁中士（Albert Martin）（英国）

步枪旅2营士兵。

LIST OF PRINCIPAL CHARACTERS FEATURED / 出场人物

瓦尔特·马祖卡托（Walter Mazzucato）（意大利）
　　意大利皇家海军（Regia Marina）士兵，曾在"维托里奥·维内托"号战列舰（Vittorio Veneto）上服役，后在地中海的护航驱逐舰上作战。

埃尔哈特·米尔希元帅（Erhard Milch）（德国）
　　航空部副部长兼德国空军副司令。

法利·莫厄特中尉（Farley Mowat）（加拿大）
　　哈斯廷斯及爱德华王子团中的步兵军官。

肯·尼尔空军少尉（Ken Neil）（新西兰）
　　第 225 中队战斗机飞行员。

唐·纳尔逊（Don Nelson）（美国）
　　战争生产委员会主席。

让·奥芬贝格少尉（Jean Offenberg）（比利时）
　　战斗机飞行员，隶属比利时空军第 1 航空队第 2 团第 2 大队第 4 小队。比利时投降后，他加入英国皇家空军继续作战，曾在第 145 和第 609 中队服役。

迪克·皮尔斯中尉（Dick Pearce）（加拿大）
　　加拿大皇家海军中尉。

空军中将查尔斯·波特尔爵士（Charles Portal）（英国）
　　1940 年 4 月起担任轰炸机部队指挥官，同年 10 月成为空军参谋长。

晏斯－安顿·波尔松（Jens-Anton Poulsson）（挪威）
　　特别行动队林厄连成员。

恩尼·派尔（Ernie Pyle）（美国）

《斯克里普斯·霍华德新闻报》的战地记者。

埃尔温·隆美尔少将（Erwin Rommel）（德国）

1940年指挥第7装甲师入侵法国，于1942年2月开始率领德国非洲军在北非战场作战，并统领意大利-德国非洲联军。1942年7月他被晋升为陆军元帅。

君特·萨克少尉（Guenther Sack）（德国）

德国空军高射炮部队军官。

朱塞佩·桑塔里诺（Giuseppe Santaniello）（意大利）

巴里师（Bari Division）第48炮兵团的士兵。

劳尔夫·B. 沙普斯中士（Ralph B. Schaps）（美国）

第34"红牛"师士兵。

阿道夫·冯·舍尔少将（Adolf von Schell）（德国）

他在战争经济及军工办公室工作，全权负责摩托化车辆的研发和生产工作。

汉斯·施朗格-舍宁根（Hans Schlange-Schoeningen）（德国）

第一次世界大战老兵及前政治活动家，第二次世界大战期间居住在波美拉尼亚的家族大农庄里。

贡纳·松斯特比（Gunnar Sonsteby）（挪威）

1940年当德军入侵时，他在挪威陆军中服役，挪威被占领后，他加入了抵抗组织。他后来成为英国特殊行动执行局（SOE）的招募对象，前往英国完成破坏培训后，成为了抵抗运动的领袖。

LIST OF PRINCIPAL CHARACTERS FEATURED / 出场人物

中将爱德华·斯皮尔斯爵士（Edward Spears）（英国）
议会议员，益格鲁－法兰西委员会主席，丘吉尔派往法国总理的私人特使，后来成为了驻自由法国的首相代表。

阿尔伯特·施佩尔部长（Albert Speer）（德国）
希特勒的首席御用建筑师，从1942年11月起担任军工和战争生产部长。

约翰纳斯·"麦基"·施坦因霍夫上尉（Johannes "Macky" Steinhoff）（德国）
战斗机飞行员，先后担任过第2和第52战斗机联队的指挥官。

亨利·L. 史汀生（Henry L. Stimson）（美国）
美国战争部长。

阿瑟·"A.G."·斯特里特（Arthur "A.G." Street）（英国）
威尔特郡的农民，新闻撰稿人及广播员。

莱因哈特·"泰迪"·舒伦海军少校（Reinhard "Teddy" Suhren）（德国）
他先在U-48上担任大副，后晋升为U-564的艇长。1942年10月被调离前线部队，开始担任教官。

空军中将阿瑟·特德爵士（Arthur Tedder）（英国）
飞机生产部研发总监，后负责指挥中东战区的皇家空军。1943年成为地中海战区空军司令。

格奥尔格·托马斯中将（Georg Thomas）（德国）

国防经济和军工办公室负责人，1939年至1942年间担任陆军首席经济顾问。

埃里希·托普海军中尉（Erich Topp）（德国）

U-46大副，后来成为了U-57和U-552艇长。

赫德利·维里蒂上尉（Hedley Verity）（英国）

绿色霍华德团1连连长。

保罗·维古鲁（Paul Vigouroux）（法国）

战争爆发时在摩洛哥服役，从法军退伍后，于1941年夏加入法国志愿军团（Legion volontaires francais）参与东线作战。受伤后返回法国，开始编辑反犹杂志《笑柄》（Au Pilori）

瓦尔特·瓦利蒙特将军（Walter Warlimont）（德国）

国防军最高统帅部高级作战参谋。

维尔·怀特-博伊克特海军少校（Vere Wight-Boycott）（英国）

作为中尉在"愉快"号驱逐舰（HMS Delight）上参加了挪威战役，之后分别担任过"罗克斯伯勒"号驱逐舰（HMS Roxborough）以及"冬青"号驱逐舰（HMS Ilex）的舰长，参与大西洋和地中海的护航任务。

文字说明

本书由于结构需要，故事的叙述主角会不断交替登场：从英国人换成德国人，从法国人换成意大利人，又换成美国人，甚至还有荷兰人和挪威人。为了帮助读者可对他们更好区分，我用他们的本国语言显示他们的职位，比如：菲尔德上尉（Captain）和巴隆上尉（Capitaine）；肯尼迪少将（Major General）和隆美尔少将（Generalmajor）（中文译本不作此区分）。这样做的目的可帮助读者适应角色的快速转换。

针对军事单位，我会按照特殊的规则进行区分。一般来说，军或者军以上的部队或者特殊单位用该国语言注明。比如德国空军的中队被称为"Staffeln"，事实上德语里的中队（Staffeln）与英语里的中队（squadron）并不一致。德军伞兵和山地部队分别写作"Fallshirmjaeger"和"Gebirgsjaeger"。这样，在我的第三卷文本中，提及诺曼底登陆的相关内容时，读者能对德国伞兵和美国伞兵作快速区分，同时区分出波兰、加拿大，以及法国的军队。

最后提示下部队番号的书写规则。军以上单位用罗马数字表示。德国空军的大队用罗马数字，中队用阿拉伯数字。每个大队包括三个中队，如：5/JG2 属于 II /JG2，7/JG2 属于 III /JG2。

引 子

1941年6月是世界历史上非常关键的一个月。月初，纳粹德国与英帝国及其各自治领处于交战状态，它通过一连串的辉煌胜利将曾经的敌人通通消灭：首先是1939年9月的波兰，然后是1940年4月的丹麦和挪威，低地国家和法国也被一举粉碎。强大的法国在6周内被击溃，上一代法国人曾在4年里击退了德国人的屡次进攻。岛国英国孤悬在欧洲大陆边缘，虽然眼下是撑住了，但世界上已无人怀疑德国的强大，英国最终屈服似乎难以避免。同时，南斯拉夫和希腊也被德军以外科手术般的高效作战征服。1941年5月，爱琴海上的最大岛屿克里特岛又落入德军手中。英国人被迫组织了战争爆发后的第3次大规模撤退，这又是一次耻辱性的失败。

1941年6月初，只有英国孤身抵挡着看似无坚不摧的德国军事机器。在德国和世界其他地方的新闻纪录片里，充斥着庞大的坦克纵队和飘扬在雅典帕特农神庙上方的万字旗。美国具备大量生产军火的潜能，但潜能并不等于现实，当时的美国工厂还不能持续地提供英国人所渴望的武器。英军在陆地战场上的失败表明这个曾经的全球霸主已过了自己的巅峰期，该帝国在20世纪30年代就陷入了麻烦，其民主体制和所谓的自由价值观在独裁者面前看起来不堪一击。当纳粹大张旗鼓时，自由主义意味着软弱。随着克里特岛上的英军仓皇往南逃到山区，准备搭船逃跑时，整个世界已认为纳粹不可抵挡。国家社主义和军国主义在战争的第2个夏天看起来已主宰了西线。从表面上看，这很容易理解，德国不可抵挡的军事机器延续着辉煌。

战争一般被理解在3个层面进行：战略层面，这指的是高层次的目标和意图；战术层面，这是战争在现场的表现，也是最真实的战斗场面；运行层面，在战略层面和战术层面之间起承上启下的作用，即战争的后勤工作，一个国家坦克和飞机的生产以及运输能力。这3个层面基本上可以涵盖战争的各个维度。

可以简单理解这3个层面：最高层的是战争领袖，比如希特勒、丘吉尔，罗斯福或墨索里尼及其军事统帅们，他们为各自的国家制订整体目标；最底层的是坦克手、飞行员，或者是步兵。大部分的电影和书籍都描述了这个人群。

到这里，组成故事的一个很重要的部分被漏掉了——运行层面。几乎所有关于第二次世界大战的书籍都只关注了战略和战术层面。不少传记是关于丘吉尔、斯大林和罗斯福，以及那些高级指挥官的——评论蒙哥马利的呆板、巴顿的勇猛，或者德军和苏军之间的殊死搏斗。不少书详细叙述了那些蜷缩在散兵坑、地堡或者驾驶轰炸机的士兵——海量的家书、采访、日记、回忆录。

即使部分书提及了关于战争后勤方面的内容，也大多是一笔带过，或者稍微点缀，且很多内容还是基于猜测而非扎实的调查。比如说，虎式坦克是第二次世界大战中最强大的坦克；或者说，德制MG-42机枪是最卓越的轻兵器。它们是不是？谁说的？这些结论的根据是什么？一旦开始发问，有趣并带有启示的答案就开始冒了出来，它们将改变长久以来流行的一些观点。

本书是3卷本《西线之战》的第2卷。首卷结束于"巴巴罗萨"战役的前夜，即德军在1941年6月开始发动对苏联的侵略。本书依旧会详细地论述运行层面，它不会给你带来枯燥感，反而充满了各种戏剧化的事件，夹杂着意外、性格冲突、政治信仰、愚昧、令人惊叹的技巧、远见卓识和勇气。战争需要依靠后勤和统计，比如说我们看当时德国或者英国的新闻纪录片，就常常提到工厂的生产犹如前线的战斗那样激烈。尤其是英国，明确提出他们正进行着一场工业战争，凭借科技的进步使国家能获得更多的食物、飞机和坦克。德国同样也在广播和幕布上宣扬自己发达的机械化程度。

叙述的再平衡能给读者提供一份关于各参战国更为清晰的分析，给予那些耳熟能详的历史一个不同的图景，也许会令人大感意外。英国在战争爆发之初只有一支规模较小的陆军，这并非源于英国政府在1938年秋慕尼黑会议后的绥靖政策，因为建立一支庞大陆军的做法对英国而言是不明智的。英国的盟友法国就拥有能立刻动员起来的庞大陆军系统。联合王国（英国）作为一个民主国家，在20世纪30年代难以无视民众对兵役制的反感，而这是建立庞大陆军的前提条件。此外，英国在地理上是个岛国，客观上容纳、训练和移动一支庞大陆军也非常困难，且非常昂贵。从另一方面来看，英国皇家海军保持着世界上规模最大的名号，商船队也同样独霸全球，庞大的全球贸易帝国网络是前无古人的。英国获取世界资源的能力无与伦比。英国还非常重视空中力量，空军实力不停地得到扩充。即使在1940年6月法国沦陷后，英国也只是将扩军目标定在了55个师的规模上，而入侵法国和低地国家的德国当时动用了135个师。扩军后的陆军被投入战斗，英国仍尽力运用技术和机械化以减少前线的人员战损——他们担心陆军的规模增大会带来更大的伤亡。如果机械和技术可以替代并挽救生命，必须作为首选。1914年至1918年的上次大战让英国人认识到，庞大的陆军只会带来较低的作战效率。

1940年5月至6月初，英国虽然面临法国崩溃以及规模不大的英国远征军从敦刻尔克撤退的不利情况，但仍然坚持不向德国求和。无论是英国的高级指挥官还是政治领袖都被其最大盟友法国的速败深深震惊。英国领袖们无疑感到了恐惧，但新首相温斯顿·丘吉尔成功说服了他的战时内阁和整个国家继续战斗。他认识到和希特勒之间没有任何妥协和信任的可能，实际上英国仍具有一些优势：英吉利海峡、皇家海军、皇家空军，以及世界上首个全面整合的防空体系。这也是德国空军于8月13日发动对皇家空军全面进攻时的背景，虽然德国拥有多达200万人的地面部队，但随着入侵危机的逐渐缓解，英国越来越有信心击败纳粹德国。在一场长期的消耗战中，英国拥有必胜的信念，因为他们拥有获取例如原油、食物、钢铁等战略物资的途径，远胜德国。

英国的战略因此变得很简单：继续战斗，利用海运、全球资源缓慢且持久地反击——用经济封锁拖垮德国，增加轰炸，用经济套索让德国窒息，正如第一次世界大战的进程一样。达到这一目的的关键在于要得到其民主同盟——美国的全力支持。英国对美国稚嫩的军火工业的大力投资就是战略的一部分，美国虽然不能立刻生产出大量坦克、飞机和军火，但英国有把握坚持到这些种子结出硕果的时候。这是一种完全合理且实用的策略。

事实上，到了1941年6月，英国已取得了进展，不仅是在它最为看重的大西洋战场上。如果英国的补给线遭到打击，那么这个国家和整个自由世界都会陷入麻烦，但皇家海军在规模不大的加拿大海军以及皇家空军的协助下已于1941年5月取得了领先优势。德国海军的水面舰艇大部分或沉或伤，德国潜艇部队的规模并未大到可以给英国造成严重威胁的程度。更关键的是，德国恩尼格玛密码器以及密码本被俘获且他们丝毫没有察觉。英国的破译专家大量截获了德军的密码通讯。

在陆地上，英国从整个帝国调集军队和补给，他们在埃及、苏伊士运河、中东和东非消除了意军的威胁。德军对地中海战场的干预使胜利的天平倾向于轴心国一方，英军在希腊、克里特岛和利比亚接连战败，退回埃及。不过，这些区域的得失并未威胁到英国的安全，只有大西洋之战的胜败才能决定英国的生死。到了1941年6月，这场战斗胜负已分：英国在海军实力和技术优势上已取得领先。更好的消息是，大西洋彼端的美国工厂正蓬勃发展，军力不断成长，新当选的总统决心击败纳粹德国，公众观点也渐渐随之转变。

因此，1941年中的英国，除了刚在希腊和克里特岛遭受的挫败外，并无其他什么担心。换言之：战争的最初几年，并非如我们想象中的德军所向披靡的景象。

1939年，德国是欧洲版图内最大的国家，拥有和法国一样庞大的陆军，还拥有最强大的空军。在早期战争中，德国的真正成功莫过于法兰西之战，尤其考虑到法国拥有更大、更强、更多的坦克以及更多的火炮，且防守总比进攻具有更多优势。德国对波兰、丹麦、挪威、低地国家、南斯拉夫和希腊的一连串胜利也令人印象深刻，但从军事角度看，这些国家都很弱小，同时，德国采取了各个击破的军事策略。展现在世人面前的是，俯冲轰炸"斯图卡"、长列的坦克和装甲车，以及自信、冷酷的年轻德军军人。进攻的速度和胜利的辉煌，使德国军事机器彰显出暂时的无敌。

法国手握着多项优势，不应该遭遇如此一边倒的惨败。法国的农业在欧洲是工业化和机械化程度最高的，直至停战时他们也没有实施配给制，他们的军队庞大且装备精良。他们的海军也强于德国，空军仅次于德国，他们还拥有广阔的海外殖民地，可获取丰富的资源和人力，这些都是德国所不具备的。

但不幸的是，他们在政治上陷入了分裂，总理无力整合各怀鬼胎的政治联盟成员，使他们在军事上变得混乱。大部分将军年龄偏大，对政治丧失了敏感度，一味地希望避免战争发生在法国本土。第一次世界大战的回忆，尤其是最惨烈的凡尔登战役带来的巨大伤亡仍令人难忘。他们虽然三心二意地想与英国联合将战火引到斯堪的纳维亚半岛上，但仍避免不了法国北部遭受德国的进攻。

更大的麻烦是，法国将领普遍认为，这场新战争的模式会与上次大战相似，成为一场漫长的消耗战。结果自然是法国军队按照防御固定阵地的形式来训练，根本没有准备打一场高度机动的运动战。他们拥有最好的坦克、最多的火炮和百万大军，但他们忽略了快捷通讯的重要性。法军装备的无线电数量很少，一旦难民堵塞道路，俯冲轰炸的"斯图卡"破坏了电话线，他们部队间的联系将变得困难，缓慢的信息沟通大大降低了他们的有效防御。法军应变能力也很差。德军先锋部队虽然装备的是火力并不强大的坦克，但凭借完备的无线电通讯体系能迅速包围、切割法军。法军士兵在防线被突破后，变得慌乱且不知所措。大多数法军在没开一枪的情况下就举起了双手。这次法军甚至没机会喊出"他们通不过"（on ne passe pas）的口号，当然他们也没遭受太多的伤亡。当法国沦陷并与德国人签订投降书时，他们安慰自己，一代年轻人的生命算是保住了。

德国对法国取得了令人炫目的速胜，这除了有德国人的精明之外，还要归咎于法国的一连串失误。如果色当或者迪南特防线被守住了，毕竟他们当时处于有利条件，又或者法军对侦察报告认真研判，派出大量轰炸机袭击阿登森林，德军装甲部队将成为瓮中之鳖，结局将被颠覆。事实是，这一切并未发生。

德军所取得的辉煌胜利也掩盖了他们的一些严重缺陷。德军传统上习惯于施展运动战（Bewegungskrieg），他们在进攻重点（Schwerpunkt）上集中绝对优势进行突破。设想用快速一击使敌军阵脚大乱，迅速形成包围圈加以消灭。这也被称作"口袋战役"（Kesselschlacht），这是普鲁士和德意志军队的一贯做法，因为他们清楚自己无力支撑漫长的消耗战。

德国处于欧洲的中心位置，自然资源非常缺乏。没有哪个国家能拥有所有的战争资源，但英国和法国可以更轻易地获得进口物资，德国则非常困难。德国几乎算是内陆国家，只是在北海有段狭窄的海岸线，在波罗的海的海岸线虽然稍长，但那片海域有着众多的岛屿和狭窄的海峡。德国进出口货物的通道易于被他国封锁，这正是英国在开战以来所实施的战略。

尽管德国在照片和电影里总会展示出大量的装甲部队，但他们的机械化程度并不算高。在战争爆发之初，他们是世界强国里汽车保有水平最低的国家之一。1940年5月，他们135个师里只有16个实现了摩托化，大部分德军仍旧依靠双腿或者马车行动。整个国家的机械化程度不高，包括农业。德国的农业体系是低效的，他们没有装备足够数量的拖拉机或者其他现代农场机械，大部分仍是小农庄的形式。因此，德国并不具备能喂饱全部人民的足够食物，也不具备足够的石油、铁矿石、铜或者矾土，以及对长期战争能起到关键作用的其他资源。

这些短缺情况并不是德国的新问题，因此他们致力于追求速胜。有时，确能奏效，比如1866年的普奥战争和1870的普法战争；有时，会面临失败，比如1914年在法国的失败。重点在于：只要德国进入消耗战，其获胜的概率会大大降低。

因此，在1941年6月，德国的未来实际上已命悬一线。击败法国是项了不起的成就，德国国内大部分人都认为战争获得了彻底胜利。希特勒和他的高级将领也认为胜利在望。法国陆军和英国远征军被击溃，英国似乎只剩下谈判桌前求和一条路可走了。

但这只是基于希特勒和他的将领们的狭隘的大陆主义者观点。英国作为一个岛国，具备全球最大的海权实力，他们看问题的角度截然不同。皇家海军被称为"高级军种"（Senior Service）并非没有缘由。相对而言，德国海军在希特勒和大多数德国人心中只是个普通军种。

英国不仅没有任何和谈的迹象，还成功击败了强悍的德国空军，希特勒的如意算盘落空了。事实上，他的战略方向一直在东方，那里有乌克兰的广袤良田和草原，可提供他所需要的食物和资源。英国和其他强权国家主要依赖海运，纳粹德国主要依靠铁路，也许以后还能依靠高速公路和石油管道。但当下，德国需要首先消除西边带来的威胁，他们才能对苏联发动致命一击。

问题在于，英国仍旧站立着并未屈服，他们的军队再次强大起来，工厂里生产的坦克和飞机数量也开始优于德国。法国和低地国家本该带来更多产能，可这些国家已被德国搜刮得过度干净。到了1940年底，曾是欧洲机械化程度最高的法国只剩下年初保有量的8%，因为他们遭到了德国人的过度掠夺。这意味着法国工厂的运作效率已大大降低，加上德国对资源和人力的剥削，使这些工厂很难恢复到战前的生产水平。

对德国来说，最担忧的还有仍然躲在幕后的美国，他们在战争爆发之初被孤立主义者控制,陆军微不足道,空军也很弱小。仅过了2年,对德国公开表示不满的罗斯福总统就赢得了历史性的第3个任期,无疑,美国会对德国产生巨大的威胁。到了1941年夏,美国的军工厂缓慢但坚定地开始着扩张,生产出的武器穿过大西洋被运往英国。年龄稍大的德国人都知道,双线战争是致命问题,这是他们在第一次世界大战面临过的困境。受制于现实,希特勒被迫在英国还未退出战争的情况下思考如何对付美国。

美国虽然还未与英国正式结盟,但实质上已走到了一起。美国是世界上领先的产油大国,拥有庞大的劳动力和蓬勃发展的经济,技术领先于其他国家。比较而言,德国的重要盟友意大利更像个累赘而非帮手。意大利甚至比德国还缺乏自然资源,被封闭在地中海里,武装部队落后且缺乏训练。无论是在埃及、利比亚和东非与英军作战,还是在巴尔干半岛与希腊人作战,意军都遭受着一个接一个的灾难性失败。法西斯独裁者墨索里尼承诺,在地中海范围内会打一场与德国无关的战争。这也是希特勒所渴望的:意大利打自己的仗,保护好德国的南翼。希特勒最不想遇到的情况是三线作战,两线作战已足够糟糕。

但意军的失利使元首必须挤出宝贵的部队和资源对墨索里尼施以援手,输送部队前往利比亚和巴尔干。更严重的是,这些分兵是德国空军在不列颠之战遭受挫败之后发生的。这种战略上的灾难选择使短期内入侵英国变得绝望,这也是德军入侵行动中首次遭遇挫折。同时,英国和美国的工厂里正生产着数量巨大的飞机、大炮和坦克,而德国从被征服地区获得的战利品早已挥霍一空,他们无从获取击败英国三军所需要的资源,何况此时的美国还未正式登场。

希特勒原先的战略很简单:首先摧毁波兰,在法国和英国宣战后,将他们一同消灭。在英、法两国屈服后,美国的威胁将会得到极大的缓解,就算美国想干预,也丧失了进攻纳粹控制的欧陆的跳板。在西线稳固后,希特勒将可以积蓄力量进行最重要的意识形态及争夺物质资源的大战:侵苏。这是个一石二鸟的战略:在消灭共产主义的同时将苏联并入帝国的版图。

INTRODUCTION / 引子

到 1940 年底，这个战略已非常不靠谱了。击败法国仅完成了一半的任务，计划里这场战争必须以彻底的胜利告终。英国继续封锁德国，将其部队拖入地中海，轰炸德国的城市（但并不奏效）。到 1941 年 5 月，英国已将德国海军水面舰队几乎击溃。尽管同盟国商船编队仍然面临德国潜艇的巨大威胁，但事实上高达 85% 的编队能毫发无损地穿越大洋，德国绞杀英国补给线的成果并不能在实质上影响英国。海上的战争总是被德国人当作一个单独的故事，给予的重视程度远不如陆地，这和德军高层的观点如出一辙。要想击败英国，德国必须赢得大西洋之战。1941 年 6 月，他们远不能达成这个目标。

因此，尽管德军在巴尔干和地中海取得了一连串的胜利，但英军的顽强抵抗迫使希特勒不得不提前将自己的注意力转向东方。这种战略上的改变是难以避免的。现在，他决定在 1941 年夏对苏联发动闪击战。毕竟，德军已击败了世界上最强的陆军之一，现在对付这支由低等民族（Untermenschen）组成的苏联红军又会多难？德军将发动雷霆一击，在几周内迅速解决苏联红军。取得东线的胜利后，德国可以重返西线，一劳永逸地解决英国。

这就是希特勒的计划，也是一场巨大的赌博，这意味着德国被迫进入双线战争。希特勒知道这样做很不明智，历史上的教训使他的高级指挥官极不情愿进行这样的冒险，他们并不指望英国会在希特勒大军东去时选择隔岸观火。英国在地中海的干预以及意大利的脆弱迫使希特勒卷入巴尔干，并深入希腊和克里特岛。这些战役虽然以胜利告终，但将东线的开战时间推后了 1 个月，这也分散了德军的兵力和物资，最重要的是空中运输力量的折损：在克里特岛战役中损失了 250 架运输机，这可不是在短期内能轻易弥补的。

"巴巴罗萨"战役将成为世界上最大规模的武装冲突，德国的胜利依赖于行动的迅速以及对苏联红军的毁灭性全歼，两者缺一不可。

这就是 1941 年 6 月的战争局势，也是《西线之战（卷一）》结束的地方。《西线之战（卷二）》将覆盖关键的战争中期，与前卷一样,本卷会用尽量全面和客观的方式叙述。《西线之战》并不是一个事无巨细的全历史,我侧重于主要参与者:轴心国方面的德国和意大利,盟军方面的英国和美国。此外,亲轴心国的维希法国以及自由法国也会有一定的篇幅,我还会介绍挪威、荷兰等被占领区域开展的抵抗运动,但不会覆盖东欧国家的情况,也不会给予东线战争与其重要性相称的篇幅,因为本书描述的是西线之战。

那些发生在混乱年代里的个人故事依旧能跃然纸上,无论他们是战争幸存者还是战争牺牲者。我将尽力描绘一幅广阔的图景,不同的国籍、男人、女人、老人、青年、工人、政客、平民、商人、水手、士兵、飞行员。无论是战争领袖,还是普通人,都在这场冲突中占有一席之地,我希望他们能代表千百万曾被卷入这场战争的人们。

这曾是一部史诗般的传奇故事,今天乃至将来仍然如此。

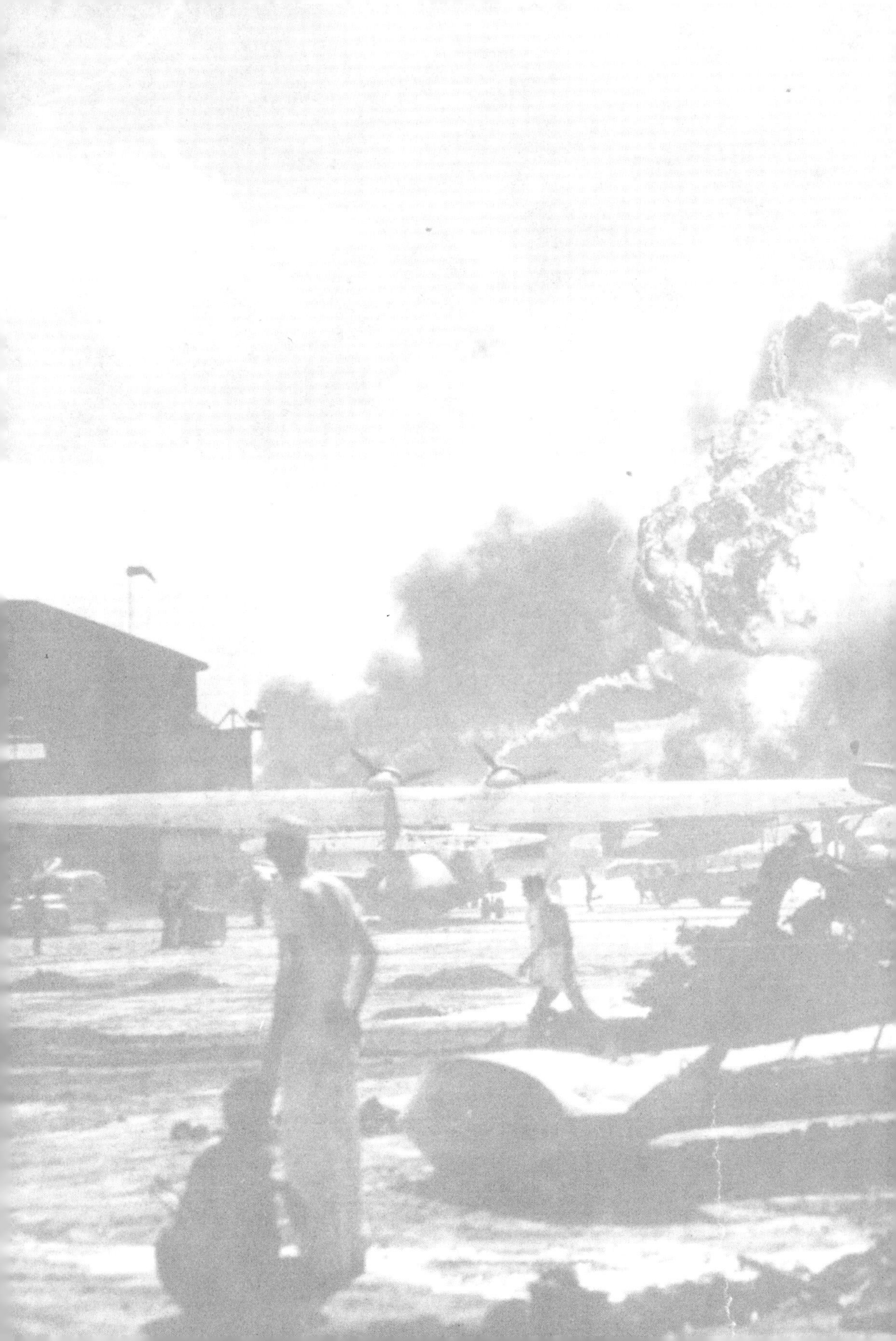

第一部分
美国参战
PART ONE:
AMERICA ENTERS THE WAR

第1章

巨人碰撞

赫尔曼·巴尔克上校是位稳重、上进的德国陆军军官，经验丰富的他和战友们为德国在第二次世界大战初期取得一连串的辉煌胜利立下了汗马功劳。1941年，47岁的他体内涌动着军人的血液——他的曾祖父在惠灵顿指挥的德意志军团里参与了半岛战争（译者注：指1808—1814年伊比利亚半岛上的拿破仑战争）；他的祖父曾与英军阿盖尔和萨瑟兰高地部队并肩作战；他的父亲是德皇麾下的一名将军，获得过代表德军最高荣誉的"蓝色马克斯"勋章（Pour le merite），还是位帝国陆军中公认的最佳战术教官。巴尔克年幼时就知道，自己长大后会成为军人，并对此深信不疑。10岁起，几乎每天和父亲一起练习骑马，在后者的熏陶下，他对战争历史和伟大将帅了如指掌，并培养起对士兵的责任感。他曾写道："这些练习中的所闻所见给我留下了深刻烙印。"他和父亲一样，热衷于研究历史与战争，且具有较高的文化素养。

1913年，他正式成为了帝国陆军步兵团里的一名候补军官，在施里芬计划里加入了首批参战部队进攻法国，在色当横渡马斯河。他在接下来的4年里，经历了西线、东线、意大利战线和巴尔干战线，他曾带领一个连的部队深入俄军战线后方作战长达数周时间。他曾7次负伤，获得了一级铁十字勋章，并被长官推荐授予他父亲曾获得过的"蓝色马克斯"勋章，但在审批程序最终盖章前，战争结束了。

巴尔克在实战中不断表现出自己是一位才华横溢的战场指挥官，并在第一次世界大战结束后成为了为数不多的留在军队里的军官，他并没为了快速晋升而加入总参谋部，因为在一线和部队待在一起让他更快乐。1940年，他在海因茨·古德里安将军指挥的一个步兵团担任团长，古德里安是法兰西之战的实际建筑师。正是巴尔克率领首批部队在色当渡过了马斯河，这仿佛是他1914年经历的翻版。巴尔克在1940年5月13日那个关键日子里向下属发表了激动人心的动员讲话，鼓舞他们在月光下一口气夺取了可以鸟瞰小镇的关键高地。

他被晋升为装甲团团长后，又加入了德军入侵希腊的急先锋，由于战功卓越，他很快被提拔为精锐的第1装甲师下辖的第2装甲旅旅长。即使到了1941年6月，装甲师的数量依然有限，大部分德军师并未完成机械化改装，仍旧依赖于士兵的双腿、马匹和马车进行机动。装甲师是德军的精锐，因此，也汇聚了德国国防军里斗志最高昂、行动最高效的指挥官。

当时，世界上没有哪支军队可以与德军装甲师媲美。完成全部机械化的英军认为，装甲师作为战斗单位应全由坦克构成。法军在1940年6月投降之前也持相同看法。而缺乏车辆的德国人认为，装甲师应该由3个兵种联合构成——步兵、坦克和火炮，这些兵种必须实现完全机械化，才能协同作战。将多兵种捏合在一起的催化剂是无线电，无论是摩托车、装甲车、半履带车、搭载步兵还是坦克都需配备。这意味着他们可以实现快速前进，互相支援。德军的计划是让这些尖锋部队在德国空军的近距离支援下快速突破，笨拙的步兵师和野战炮兵则能从容追赶，不断巩固前进的势头。

战争打到目前为止，没有其他哪支军队能达到如此娴熟的配合程度，他们难以在保持进攻速度的前提下维持有效的通讯。纳粹德国自希特勒于1933年夺权后就热衷于推广无线电，收音机被迅速小型化并廉价化。直至1939年9月战争爆发初期，德国人均收音机保有量世界第一，甚至超过了技术上领先的美国。这意味着德国具备了两种截然相反的特征，既是西方世界里汽车保有量最落后的国家，又是通讯和无线电设备最领先的国家。

　　法国虽然在军队规模上可与德国匹敌，且拥有的坦克更大、更强，火炮的数量也多一倍，但他们对无线电通讯的忽视被证明是致命缺陷。尽管德国陆军里大部分部队的机械化程度并不高，且其中很大部分的训练水平也不高，但这都不是问题的关键。最关键的突破可以交给装甲矛头完成，一支由恐怖火力结合迅猛速度构成的力量。

　　德国陆军当时拥有20个装甲师，其中17个被投入到了"巴巴罗萨"战役，外加7个摩托化师和4个武装党卫军师。后者装备精良，已实现了机械化，但训练水平和陆军司令部下辖的装甲师相比还存在差距。主要原因是他们的指挥官大多来源于纳粹党和党卫队，而非经验丰富的德国国防军。比如武装党卫军骷髅师师长西奥多·艾克（Theodor Eicke）在第一次世界大战时仅是二等兵，他后来在达豪（Dachau）利用集中营守卫人员组建了该师。所以，这样的部队在战斗力上存在欠缺也就不难理解了。

　　换句话说，德国国防军下辖的装甲师才是真正的精锐。在1940年的法兰西之战时，德军仅有10个装甲师，而现在的数量已经翻倍。但是，每个师下辖的装甲营从4个降低为3个。德军在法兰西之战时实际投入的装甲营有35个，而在"巴巴罗萨"战役时投入的装甲营也只有49个，仅增加了30%。

　　但毫无疑问，德军为了这次入侵集结了一支强大的军队。在6月22日穿越苏联国境的德军总计300万人，50万匹马，60万辆车和大约3 350辆装甲车，包括坦克、装甲车和半履带车。从纸面上看，这是一支庞大的军队。如果德军需要快速包围、歼灭苏联红军，他们的确需要足够强大的部队。苏联的作战纵深为500英里（805公里），这也是德军雷霆一击的极限距离，否则敌军将有空间可以缓过神来。

　　其实，德军整体的实际情况与装甲师相似，并非如表面看起来那样强大。1940年5月，德军在对法国和低地国家的第一波入侵即展开了91个师，正面为600英里（966公里），但实际作战宽度不到150英里（241公里）。1941年6月，德国陆军扩充到208个师，但只有121个被直接投入到"巴巴罗萨"战役中，其中仅有64个师实现了机械化或属于第一波次步兵师（即受过正规训练，具有充分战斗力的）。这个数字或许并不算小，但相对于他们需要进攻的1 300英里（2 092公里）宽的正面来说，绝不算多。德国陆军扩充了52个师，其中49个师被用在了维持对西欧的占领任务上。

换句话说，德国陆军需要入侵一个10倍于法国和低地国家领土面积的苏联，但兵力的增加却非常有限。

自满和狂妄再次盖过了理智的军事判断。1940年夏，糟糕的情报工作和过度自信使德国空军严重低估了英国皇家空军的实力，这种误判对进攻方是非常危险的错误。同时，德国空军也为自己的骄狂付出了惨重代价。希特勒只能指望历史不会重演。

赫尔曼·巴尔克认为德国别无选择，只能冒险发动这场过于雄心勃勃的入侵。他相信时间对德国不利。苏联不仅是个老对手，且在意识形态上也与德国水火不容。当前，1941年6月，正是巴尔克预感苏联人在军事上最脆弱的时刻。在20世纪30年代后期，苏联红军的大部分领导层遭到逮捕并被处死：5个元帅被干掉3个，包括睿智的米哈伊尔·图哈切夫斯基（Mikhail Tukhachevsky）元帅；5个集团军司令官被干掉了3个；57个军长被干掉了50个；186个师长被干掉了154个。外界人士并不知晓苏联的具体细节，但如此多的高级将领被清洗实在难以掩饰。苏联红军领导层在大清洗中重建显然需要时间，希特勒对此心知肚明。苏联红军在芬兰战争中的拙劣表现已清楚表明了他们在军事实力上的脆弱。

尽管如此，苏联的军事力量并未停止发展，巴尔克猜想着苏联何时会恢复强大，那时的德国是否将遭受苦难？他在日记里写道："苏联会用一切手段来对付我们，以追求其政治目标。也就是说，苏联会和英国以及美国联合攻击我们。我们刚摧毁的紧密包围圈会被一个更危险更庞大的新包围圈取代。"

巴尔克的心态反映了大部分德国人心中的不安：他们位于欧洲心

脏的地理位置使他们必须面临来自四面八方的威胁。对巴尔克来说，他完全有理由相信，德国被铜墙铁壁般地包围了。此刻的苏联对他来说还构不成真正的威胁，但这样的状态不会维持太久。"英格兰"在西边虎视眈眈，德国人很少把联合王国称作"不列颠"，而习惯称为"英格兰"。英国的工厂正生产出数量庞大的飞机和军火，大洋彼端的美国已表明了自己的立场。巴尔克总结："对我们来说，唯一的办法就是尽快进攻苏联，摧毁它，控制波罗的海国家、乌克兰和高加索，然后才能淡定地将注意力集中到盎格鲁－美利坚身上。"

在这个简洁的总结上，巴尔克完全接受了希特勒的战略观点，这也是纳粹机器试图根植进民众心理的：对德国来说，这是一场存亡之战，先发制人地消除那些潜在的威胁。希特勒和巴尔克的唯一区别在于前者在这场国家兴废之战里还埋入了自己的优等种族理念。在希特勒看来，苏联人是肮脏的斯拉夫人，是低等民族（Untermenschen），数量庞大且缺乏教育，毫无文化可言。只需一拳重击，他们就将和腐朽的布尔什维克政权一起瓦解。希特勒告诉最高统帅部的总参谋长阿尔弗雷德·约德尔将军："即将到来的战役不仅是一场武装对抗，这将是两种世界观的决斗。"

事实上，这与以往的战役完全不同，最高统帅部和陆军司令部加上党卫军从上一年的夏天就开始了这场战役的准备。当时，希特勒已认识到，必须首先消灭东部的敌人，才能给予英国致命一击。从一开始，他们就被告知这不仅是一场军事战役，更是一场理念之争。这里面包括纳粹念念不忘的"生存空间"（Lebensraum），特别是种植食物的土地。最高统帅部制订的"饥荒计划"清楚地指出，会有2000万~3000万的苏联国民可能被饿死，从他们那里夺下的宝贵粮食将送入德国人的嘴里。既然这是一场生死战，那么，这样的计划也被视作为必须。理念之战的另一个含义是，清除苏联的领导层和知识阶层。

具体计划始于希特勒在1941年3月3日批复约德尔将军对苏联的行政草案。整个地区将被新德国兼并，他告诉约德尔："国家社会主义的理念可以作为成立新州和新政府的基础。作为原来压迫阶级的

犹太 – 布尔什维克知识阶层必须被清除。"这种所谓的"清除"将由党卫队全国领袖海因里希·希姆莱的党卫军执行，这个单位将独立于国防军行动，有自己的职责范围。

德国国防军的最高指挥层对此完全支持。3月17日，陆军司令部总参谋长弗朗茨·冯·哈尔德将军参加了希特勒主持的会议，后者再次强调了消灭苏联领导层和知识阶层的必要性。哈尔德记录道："苏联帝国的控制机构必须被摧毁。"他补充道，"暴力必须用最血腥的形式使用。"哈尔德是个传统的职业军人，他一手策划了第二次世界大战德军早期的各次战役，但他并非纳粹党员，甚至在1939年秋还参与了刺杀希特勒的密谋。最终他退缩了，但现在的他对元首丝毫没有质疑。10天后，3月27日，哈尔德的直接上级，瓦尔特·冯·勃劳希契陆军元帅在位于柏林东南方向措森（Zossen）的陆军司令部给高级军官训话。他告诉他们："部队必须明白这场争斗是一个民族针对另一个民族的，必须使用毫不留情的手段。"国防军的最高层毫无疑问已全盘接纳了希特勒的种族主义，彻底咬钩了。

在德国于1939年9月入侵波兰开始，他们的思路就非常明确——只有彻底的胜利，将他们的敌人全部消灭，才能最终结束战争。他们非常清楚，那些参与"巴巴罗萨"战役的军队必须用空前的残酷手段作战。希特勒不仅用他的军队作为赌注，还加上了全部的德国人民。在世界上最大规模的战争前夜，这个评述非常贴切。如果德国人在这次行动中失败了，他们不会指望对手能报以仁慈之心。失败的后果是德国人民无法承担的。

但很少有人去思考这样恐怖的未来，赫尔曼·巴尔克上校肯定不会这么想。因为直至当时，没有哪支军队能阻止德国国防军。那个击败法国和英国强大而现代化军队的国家会被愚昧的苏联农民阻挡吗？苏联红军一年前曾被芬兰人揍得头破血流。芬兰人！那是苏联军力软弱的最好注释。巴尔克写道："现在，我们比苏联人优越太多，他们无法和我们真正对抗。"

在"巴巴罗萨"前夜，德军自信满满。

第 2 章

大军开动

德国夏季时间 6 月 22 日（周日）凌晨 3 点 30 分，"巴巴罗萨"战役终于发动。随着火炮的怒吼，360 万士兵、3 500 辆坦克和 2 700 架飞机沿着 1 200 英里（1 931 公里）宽的前线涌入苏联境内。在遥远的北方，2 个芬兰集团军也展开了行动，与德军协同进攻那个在 2 年前入侵过自己的敌人，这是他们复仇的机会。他们越过卡累利阿（Karelia），向列宁格勒（Leningrad，今圣彼得堡）直扑过去，97 000 名德军山地兵借道挪威与芬军并肩作战。在大军出动之前，800 名伪装成苏联人的"勃兰登堡人"已潜伏至苏联境内，炸掉了电站，切断了电话线并毁坏了其他通讯手段。这样，当"巴巴罗萨"发动时，距离边境 30 英里（48 公里）内的电话线都遭到了损坏。苏联在边境区域的安全工作被证明为形同虚设，这对德军非常有利。

巴尔克上校虽然战绩辉煌，但他并未被放在侵苏的首波装甲部队中，这让他感到沮丧。他甚至被召回了柏林，协助最高统帅部的机动车辆全权代表阿道夫·冯·舍尔将军以及后备军（Ersatzheer）的弗里德里希·弗洛姆（Friedrich Fromm）将军，后者负责协调补充兵员的训练以及兵员送往前线的工作。

简化军用车辆的生产工作在很多方面来看都比与苏联红军作战更困难。冯·舍尔将军从 1938 年起就竭力将德国车辆生产工业变得更高效，以加快军队的机械化速度。问题是直到战争爆发，德国的汽车工业依旧规模小且分散，由数量众多的独立公司构成。与英国、法国相比，德国仍旧落后，更别说与强大的美国竞争了。

这难以在一夜间发生改变，尤其是在一个连石油和钢铁也严重匮乏的国家。德国不仅工厂数量不够，甚至在汽车修理厂和备件上也捉襟见肘。众多小公司生产着无法通用的型号设备，低效的状况意味着大规模量产难以实现。希特勒希望他的大军能加强机械化程度，这个工作落到了冯·舍尔身上去实现。这是个艰难的工作，他虽然殚精竭虑地取得了不小的成就，但德军取得的一连串胜利反而加重了他面临的困难。战利品包括俘获的大量的车辆，但这些繁多型号的车辆的配件严重缺乏。冯·舍尔在给德国车辆型号做了瘦身工作后，又迎来了更多的需要瘦身的新型号。

他不断被告知，陆军想为"巴巴罗萨"战役征集尽可能多的车辆，但德军之前在巴尔干、希腊和北非的战役中遭遇的复杂地形和糟糕道路已大大增加了车辆的损耗。显然，在苏联进行的战斗对车辆的磨损将同样可观，因为那里的硬质公路同样缺乏。

巴尔克在"巴巴罗萨"战役打响几天后回到了柏林，结果得知他担任排长的儿子已在战斗中阵亡。面对如此沉重的打击，他只能用更多的工作让自己暂时遗忘家庭的不幸。摆在面前的工作非常困难，提升国防军机械化程度面临两项挑战——在广袤且落后的苏联作战将使车辆损耗加快；国内的车辆生产仍然分散零碎。不管怎样，他必须想办法储备 10 万辆车，这需要付出很多努力。

尽管"巴巴罗萨"战役与之前的战役相比多了一些意识形态上的问题，但从本质上讲，还是一场典型的德国式战役。这是一场规模空前的运动战——利用先手优势，迅速分割苏联红军，在尽可能靠近西部边界的区域内完成巨大的围歼战役，缩短德国的补给线和作战范围。也就是说，作战计划在本质上与普鲁士军队几个世纪以来的原则完全一致。

"巴巴罗萨"的最初进展对德国人来说异常顺利，部分原因得益于斯大林顽固地坚信战争不会快速爆发的自信。德军在原波兰境内集聚了大量部队，修筑大量道路和机场，不断侵犯苏联领空，"巴巴罗萨"简直是世界上最公开的秘密，但苏联领袖对此完全无视。德军在500英里（805公里）的前线上打出了三记重拳，两周内就已深入了苏联境内。在北方的是陆军元帅威廉·里特·冯·李普（Wilhelm Ritter von Leeb）的北方集团军群，席卷波罗的海地区；在中央的是上将费多尔·冯·波克（Fedor von Bock）的中央集团军，他用装甲部队穿透苏军占据的波兰地区，在比亚韦斯托克（Bialystok）附近包围了大量苏军；在南方的是陆军元帅格德·冯·伦德施泰德（Gerd von Rundstedt）的南方集团军，他们遭遇了激烈的抵抗，但仍旧迅速取得了突破。到了7月13日，"边境战役"阶段已经结束，德军前进了300~600公里的距离，打死、打伤、俘获了589 537名苏军，每天大约44 000人，3个师的兵力。同时，他们还摧毁了6 857架苏联飞机，大部分是在苏军机场直接消灭。

7月3日，在迅速评估了局势后，哈尔德在日记里写道："可以毫不夸张地说，苏联战役在两周时间内已获得胜。"但仍然警告："这个国家广袤的国土和不顾一切的顽强抵抗需要我们在未来几周里继续付出努力。"

7月底，德军依旧势不可挡，这仿佛是波兰、挪威、法国和巴尔干战役的翻版。古德里安已夺取了斯摩棱斯克（Smolensk）并南下，试图与北上的赫尔曼·霍特（Hermann Hoth）将军合围3个苏军集团军。更北方的德军正扑向列宁格勒。胜利似乎指日可待，但实际上，苏联红军渐渐缓过神来，开始组织反击。德军要面临麻烦了。

最高统帅部的瓦尔特·瓦利蒙特将军和他的L处已搬到位于东普鲁士拉斯腾堡（Rastenburg）的二区总部，这里更为人熟知的代号是"狼穴"。一片木屋掩饰了混凝土构筑的地下工事，中央是一座翻新过的乡村旅店，外围拉起了铁丝网。瓦利蒙特实在受不了地下的双人间，选择住进了那个称为非正式军官俱乐部的旅店。希特勒对日常作战的指手画脚使他的部下无比沮丧。哈尔德和瓦利蒙特都有处理国防军事务的丰富经验，而希特勒凭借自学的那点皮毛功夫，完全无视久经考验的军事原则，双方相处很不愉快。

希特勒在7月19日就坚持北方的列宁格勒和南方的乌克兰是战略重点，中央集团军群应该在粉碎斯摩棱斯克包围圈内的苏军后，将两支装甲集群分别支援另外两个集团军群去夺取以上重点目标。他命令德国空军轰炸莫斯科，认为这足以让苏联首都屈膝投降。不明白希特勒为何有如此的自信。

4天后，希特勒发布了补充命令，给南方指派了更多的目标，而德国空军将被派去支援芬兰军队的攻势。他宣称："这会阻止英国试图在北冰洋沿岸干预的决心。"希特勒是如何得知英国会派特遣部队前往北冰洋作战？显然，德国空军应该有更重要的任务。莫斯科并未遭受到大规模空袭。

7月30日和8月12日，希特勒又分别补充了新指令，看来希特勒对自己的侧翼一直忧心忡忡，尤其是对南部的进展缓慢顾虑颇多。实际上，问题正如之前后勤部门担忧的那样，德军已达到了补给线的极限。当下的前进的速度已是德国的机械化程度难以承受的极限。以君特·萨克来说，这位年轻的高射炮炮手正跟随南方集团军群冯·克莱斯特下辖的第9师行动，他们的火炮已丧失了牵引车辆。7月15日，他们的卡车发动机报废，当他们终于获得替换件时，炮连的其他单位早走得没影了。没多久，卡车再次抛锚，这次在师属维修场修了好几天。他们直到7月26日才赶上部队。萨克的经历在当时很有代表性。

古德里安将军和霍特将军的装甲集群成功剿灭了斯摩棱斯克包围圈内的苏军，但这也让他们的部下和坦克透支到了极限。他们只能掘壕固守抵挡其他苏军发动的一连串反击。这就是"巴巴罗萨"和之前各次战役的不同点。苏联红军看起来已经崩溃，但并未彻底倒下。德国人的战争之道是将敌人击倒，再补上致命一拳。苏联军队确实被打倒了，但他们很快又爬了起来，奇迹般地又征召了500万士兵。仅在德军中央集团军群的防线内就投入了17个集团军的反击，而此时的英军甚至1个集团军也没有。

汉斯·冯·卢克此时在第7装甲师师部担任参谋，隶属于中央集团军群作战。他写道："我们必须很快让自己适应对方那用之不竭的士兵、坦克和火炮。"苏联和法国不同，其广阔的国土没有英吉利海峡或者大西洋这样妨碍撤退的天险，和西方民主国家不同的是苏联作为一个极权国家，领袖并不需顾忌士兵的生命，能竭力征兵。

英国对德国入侵苏联怀着复杂的感情。一方面，短期内对英国的入侵威胁解除了，苏联分担了希特勒给他们带来的军事压力；另一方面，德国在苏联取得的军事胜利让人绝望，英国领袖和德国一样清楚，苏联地区拥有巨大的资源储备，能提供大量的燃油、人力和工业潜能。

英国人对共产主义从骨子里不信任，双方在战争爆发前也是磨磨蹭蹭地并不急于达成外交同盟。但现在，不能再受困于政治观点了，现实情况需要忘掉以往的芥蒂。"敌人的敌人就是朋友"是眼下的原则，必须迅速行动。英国国王的沙皇亲戚被苏维埃政权清除，丘吉尔首相是最热衷的反共政治家，苏联的极权性质和纳粹并无太大分别，这些问题必须先放在一边。是的，将希特勒和纳粹从世界上根除才是英国的最终目标，他们得首先确保自己主权的安全。

"巴巴罗萨"发动3周后，1941年7月12日，英国与苏联达成协议，将"对目前对抗纳粹德国的战争提供帮助和支持"。可以想象，签署协议的双方此刻都强忍着复杂的内心活动。克里姆林宫在短期内需要各种补给：坦克、飞机、卡车、制服，只要是对苏联红军有帮助的，全部都要。此时的英国也不宽裕，但不得不按照缓急程度来安排。在7月的第2周，苏联的局势变得微妙，他们需要立刻获得帮助。不管怎么说，给苏联送去坦克和飞机这类装备总是合算的，毕竟是苏联红军士兵承受伤亡，而不是英军士兵。一贯信奉"钢铁挽救血肉"战略的英国完全接受给苏联送去援助的做法。但运输工作加重了已精疲力竭的皇家海军和商船队的负担。运输当然存在风险，但如果苏联被击败，未来的代价或许更加恐怖。

美国也愿意在援助英国的同时援助苏联，用英军和苏军的伤亡减少美军的伤亡必然是划算的。罗斯福非常清楚，美国必须迅速支援苏联，故而让自己的密友哈利·霍普金斯首先前往英国拜会丘吉尔，然后直飞莫斯科。

这几周，对总统的特使来说并不轻松。霍普金斯虽然才50岁，但长年的疾病把他折磨得够呛，旅行需要接连搭乘美国重型轰炸机和飞艇，这给他脆弱的健康带来了巨大挑战。他在安全到达英国后，首先和丘吉尔重温了友谊，并参与了战时内阁的会议，这可是首个获此特殊待遇的外国人。他们商议丘吉尔、罗斯福和双方的参谋长于8月9日在纽芬兰的普拉森舍湾（Placentia）会面。

当霍普金斯在伦敦的时候，他还见到了苏联大使伊万·麦斯基（Ivan Maisky）。双方在交谈中一致认同，访问莫斯科将带来很大成果。霍普金斯通过拜访斯大林，能明确了解苏联的意愿，明确他们对美国增援的具体要求。斯大林也能通过会晤罗斯福的全权特使得到可靠的承诺。

7月27日（周日）晚，霍普金斯通过英国广播电台发表了一篇讲话。他告诉听众："我并不是孤身来自美国。""我乘坐一架轰炸机而来，同行的还有另外20架美国制造的轰炸机。"他指明罗斯福和丘吉尔一致决心"粉碎盘踞在柏林的邪恶势力"。此后，丘吉尔和霍普金斯在首相别墅的花园里继续深谈，虽然已是晚上10点，但天空仍有余晖。首相谈到，现在让苏联继续战斗将是非常关键的战略，英国将全力支援。霍普金斯询问是否可以把这些话转述给斯大林。

"告诉他，"丘吉尔说，"英国现在只有一种想法，一种愿望，打垮希特勒。告诉他，他可以依赖我们。"

霍普金斯于次日飞抵苏联。这趟旅途虽然令人疲惫，但结果颇丰。他再次展示了娴熟的人际关系处理能力，哪怕对方和他观点不一致，也会充满对他的敬佩。在和斯大林的两次长会后，他判明了斯大林坚持战斗的决心。同时，他也向对方表明了美国真心实意地希望对苏联提供支援的态度。霍普金斯巧妙地避免了让苏联人觉得有嗟来之食的感觉。斯大林提出的需求清单确实惊人。苏联领袖最急需的物资是铝，这表明他已做好了打持久战的准备，且有信心在短期内不会被击败。两个意识形态和政治理念完全不同的人却能走到一起紧密合作，让人有种超现实的感觉。这需要双方娴熟的外交技巧来配合，而他们都是这方面的大师。

霍普金斯飞回英国后，正好赶上首相带着英军总参谋长乘坐"威尔士亲王"号（Prince of Wales）战列舰起航，前往大西洋与罗斯福会面。这艘巨舰本是德军游猎潜艇的诱人目标，但凭借英军破译的德军恩尼格玛通讯以及战舰本身高达40节的航速，其在1940年夏天称得上是最安全的交通工具。总之，他们顺利到达了普拉森舍湾，并于8月9日（周六）早上与美国人会合。

这对丘吉尔来说是重要的时刻。他自回到海军部开始，就希望与美国建立起紧密合作的关系，双方要树立相同的目标并增进友谊。丘吉尔的秘书乔克·科尔维尔在首相离开时记录道："他激动得就像学期最后一天的学童。"当然，登上"威尔士亲王"号让他如沐春风，他可是以国家战时领袖的身份，一边被高级将领簇拥着，一边乘坐强大的战舰在大西洋上航行。他对此非常满意。

他们在美国军舰"奥古斯塔"号（Augusta）上进行了餐会，次日又来到"威尔士亲王"号上举行了礼拜并共享午餐。生产大臣比弗布鲁克勋爵于11日（周一）赶到，一起参加了丘吉尔和罗斯福的非正式的午餐，气氛十分融洽。他们详细讨论了日本近期咄咄逼人的举动，但美国再次明确会先和英国并肩击败纳粹德国，再回头教训日本帝国。美国海军一定会加入大西洋之战，他们还同意于9月召开美、英、苏三国的联合会议，最后他们起草并签署了《大西洋宪章》（Atlantic Charter），阐明了双方一致的目标。

丘吉尔和罗斯福用这份文件向世界宣布了8项准则。他们不寻求"任何领土或其他领域的扩张"。他们尊重所有民族"选择所处政府形式"的权利。第6点是直接针对德国的："在最终摧毁纳粹暴政后，他们希望建立一个各国遵守各自疆域，和平相处的环境，让所有人类可以免受恐惧和匮乏的折磨，得到自由生活的保障。"这只是一种乌托邦式的理想，丘吉尔在返回英国后就遭遇了尴尬，比如印度在战前就不断争取着独立，但他们并未被给予选择自己政府的机会。事实上，《大西洋宪章》容不下帝国这种形式的存在。

不管怎样，《大西洋宪章》意义非凡，它让英国和美国有了进行联合战争的道义基础。仅这一点就使目前的战争与过往的性质完全不同。

另外一个重要的意义在于罗斯福和丘吉尔终于有机会进行详谈，他们虽然是公事公办，但双方相处很融洽。罗斯福是国家总统，丘吉尔是政府首相，虽然身份有所差别，但他们都是全球性的军政领袖，说着相同的语言，有着共同的目标。普拉森舍湾会议的重要性一直被低估，这实际上是不应该的。

当德国空军主力被派往东线时，其顽强的夜间战斗机部队继续在欧洲大陆上空拦截只发动夜间空袭的英国皇家空军。夜间战斗机部队被集中到第12航空军，司令官为约瑟夫·卡姆胡贝（Josef Kammhuber），此君于上一年夏天被晋升为将军并担任夜间战斗机部队总监。

年仅23岁的赫尔穆特·楞特已是参加过波兰、挪威和不列颠空战的老兵，他于7月被任命为驻守在荷兰吕伐登（Leeuwarden）的第1夜间战斗机联队第4中队的指挥官。凭借27个击坠战果，拥有数个王牌飞行员的该中队已非常出名，传奇的里佩－韦森菲尔德王子艾格蒙（Egmont Prinz zur Lippe-Weissenfield）少尉当时也在这支部队。除了这些年轻的空战王牌之外，该中队还对夜间战斗的战术研究作出了不少贡献。德国人和英国人一样不断用新技术提高自己的截击能力。

当楞特接手第1夜间战斗机联队第4中队时，卡姆胡贝已构筑了一条由雷达和探照灯构筑的分段式防线。这些被称作为"天床"（Himmelbett）的防线段为20英里（32公里）长，15英里（24公里）宽的一片区域，包括1套"弗莱娅"雷达（后来为2套"维尔茨堡"雷达）、1台雷达引导的探照灯，以及几台手操探照灯，配属了2架夜间战斗机（1架执勤，1架预备）。当1架敌军轰炸机进入"维尔茨堡"雷达的探测范围后，1组雷达开始跟踪目标，另外1组雷达观察本方巡逻夜间战斗机的轨迹。该区域的控制员将预设拦截区域通知夜间战斗机飞行员，当拦截机接近时，地面上的探照灯将为他照亮目标。

第1夜间战斗机联队第4中队最出众的地方在于其飞行员拒绝使用探照灯引导他们截击目标，他们认为这种光亮反而会促使被锁定的轰炸机展开机动规避。他们认为，最好只利用战斗机上的设备追上敌机，在敌人机组还未意识到的时候发动攻击。这种被称为"暗黑猎杀"（Dunkle Nachtjagd）的战术显然需要高超的驾驶技巧。

楞特写信告诉父母，新的部下"精明干练、斗志高昂"，在熟悉新型的道尼尔-215型夜间战斗机后，他立刻驾机进行了实战。在进入新中队仅7天时间，他就击落了3架敌机，这可是了不起的战果。他继续写道："昨晚，我的第8个战果坠地了，那是我的第15次胜利。我对于自己在新中队取得如此好的开门红而兴奋。"

回头看看美国，其陆军正积极备战，大西洋会议的产出是其全面参战的重要一步。斯大林不断催促霍普金斯，丘吉尔也在施加压力，虽然美国民众仍旧不愿意被卷入大战，但明眼人都能看出美国参战只是时间问题，而不是是否参战。此外，他们的海军事实上已经对德开战了。

美国陆军正迅速扩大规模准备战斗，之前闲适的氛围一扫而空。最高层已明确了目标和决心，欲将美国陆军打造成一个高效的现代化战斗机器，其服饰装备首先发生了变化。

自上次大战以来，美国陆军的士兵们就装备着标准的圆边托米头盔，和英军的装备一样。现在开始换装为全新设计的M1头盔，佩戴起来更舒适，能更好地保护后脖和耳朵，其系绳比老款头盔使用起来更贴合。这种新型头盔于1941年5月7日开始供部队采购，被推荐为"优先装备物资"。全部部队换装还需要时日，但很多民用公司也加入到了军备物资的生产，使得生产速度大增，比如底特律的麦克科德散热器公司在一年内就达到了每月40万顶M1头盔的产量。

新的制服也开始了发放。美国陆军之前使用的羊毛质地橄榄绿作战服，和其他很多国家的制服类似——大腿位置有宽大的口袋，并配有黄铜纽扣。1940年初，陆军参谋长乔治·马歇尔将军认为应该对服装做些改变，鉴于目标是建立一支现代化军队，军服应该设计得更为舒适、更方便士兵行动。他们检验了多款民用防风衣，但性能无法满足要求，因此第5师师长J.K.帕森斯（J. K. Parsons）少将领命负责了对新型作战服的设计、测试和最后的采购工作。马歇尔在给后者的信件里提道："如果要考虑使用何种面料，必须将步兵的需求放在首位。能满足要求的最合适的夹克不仅要保暖、舒适，还必须轻便、简洁。"

很快，一款新的制服被设计出来。虽然仍旧是橄榄绿，但样式上很接近民用风衣，中间是拉链和纽扣的组合，长度刚刚及腰。帕森斯将军用手下的400人当小白鼠，进行了高强度的试用。然后，根据这些士兵的反馈，作了一些改进，比如将侧袋的盖口取消了。

军需局把这份制服设计送到《绅士》（*Esquire*）杂志征询意见，后者对样式提出了一些建议，不可避免地对美观度有所指责，这引来了帕森斯将军的抨击。他回复道："《绅士》也许在时髦人士如何穿着上有着绝对权威，但他们对军队制服设计提交的评论透视了他们对军队服装的用途并不了解，他们忽略了战场上士兵的需要。"也有一些文职军官评论制服太短，在寒冷的天气里可能会导致肾损伤。帕森斯回应："也许，大部分人在面对敌人的时候都会遇到肾脏问题，但这恐怕不是制服的长短而引起。"

被命名为M1941型的新野战制服也被称作"帕森斯夹克"，可谓是实至名归。这种防水面料和轻质保暖内里的制服有着其他国家制服所没有的独特风格，既舒适又现代，在设计期间就由大量士兵直接测试过。在美国陆军开始备战时，制服这个案例展示了一种务实且具备前瞻性的改变，可见这个国家完全不受缚于自己的传统。

拥有崭新且干练的制服感觉非常不错，但新加入这支迅速扩展中的陆军士兵们更需要符合新情况的战术和作战条令。华盛顿的陆军总司令部（GHQ）被更名为陆军地面部队（Army Ground Force，缩写为AGF），这期间中校马克·克拉克（Mark Clark）成为冉冉升起的明星，他超过一堆资历更深的军官，连升两级，成为了一名准将，并成为了陆军参谋长莱斯利·麦克奈尔（Leslie McNair）将军的主要幕僚。时年45岁的克拉克在经历了20世纪30年代的原地踏步后，终于时来运转。

麦克奈尔要求克拉克策划一系列大规模的军事演习，以考验陆军地面部队后勤体系的有效性，并让士兵们在接近实战氛围的状态下演练生活、休息和作战等活动。8月举行的"路易斯安那演习"没有白费克拉克和麦克奈尔手下参谋们的心血，美军步兵、炮兵、装甲兵以及空中单位首次联合演习，救护兵、通讯兵等支援单位也接受了锻炼。在这场规模巨大的演习中，第2集团军和第3集团军互为假想敌，进行了较量。

汤姆·鲍尔斯（Tom Bowles）和亨利·鲍尔斯（Henry Bowles）这对来自亚拉巴马州拉塞尔维尔（Russelville）的兄弟也参加了这次演习。他们刚遭受了沉重打击，因为在那个7月，他们收到了父亲病重的电报。当时，正值紧张的演习准备阶段，这场雄心勃勃的演习实际上是模拟美军对达喀尔和亚述尔群岛的登陆作战。刚一上岸，他们立刻搭便车返回拉塞尔维尔。亨利说："父亲在7月31日过世了。"年仅54岁，他们现在已是父母双亡。

此后，他们及时回到军营参加演习，这也让他们清楚地看到了美国陆军对战争的准备有多么糟糕。他们仍旧穿着旧式制服，带着宽檐帽，唯一值得慰藉的是已领到了新式的M1加兰德步枪，而那些国民警卫队的士兵仍旧使用着老旧的木质步枪。他们没有见到坦克，只看到了在卡车前堆起的圆木假装为装甲。亨利说："天上飞机飞过，投掷下装满面粉的纸袋子以模拟炸弹。"

来自明尼苏达州拉斯特拉普（Lastrup）的劳尔夫·B.沙普斯（Ralph

B. Schaps）中士也参与了这次演习。时年 20 岁的他也有弟弟、妹妹，和鲍尔斯兄弟一样，他也只能靠自己——他的母亲于 1937 年去世，父亲在 1930 年的一次车辆维修厂火灾中被严重烧伤，后被送进看护所接受照料。叔叔、阿姨们收留了他的弟弟、妹妹，而他则只能自己出来闯天下。他在 1939 年从位于圣保罗（St Paul）的技术高等学校毕业后，加入了明尼苏达州的国民警卫队，原因不外乎是只要每月参加 3 小时的训练以及每年参加 1 次为期 2 周的夏季野营就能领取到每月 8 美元的津贴（3 个月领取 1 次）。这似乎是笔划算的交易。他毕业后在明尼苏达州奥斯丁（Austin）叔叔的汽车修理厂里找了份正式工作，因此被调往驻扎在那里的国民警卫队第 34 "红牛"师第 135 团 2 营 H 连。沙普斯猜想自己的生活将是平淡的——在修理厂工作并每月参加军训。但到了 1941 年 2 月 10 日，他所在的团被启用，归入美国陆军进行了为期 1 年的训练和执勤。不愿正式参军的人员可选择自行离队，但沙普斯决定留下来。他们团被调往路易斯安那州的克莱伯恩（Claiborne），他进入了重武器连的 1 排，并被送去参加了士官培训。佩戴士官臂章的他有责任尽快把新兵带出个样儿来。

　　该团也要参加大演习。他们仍旧穿着老式制服，戴着蒙大拿式鸭舌帽，沙普斯和他的明尼苏达同乡都不喜欢路易斯安那的沼泽地，那里到处是臭虫和蚊子。最让他们失望的，无疑是手里只有一些老古董级别的装备。沙普斯写道："士兵们私底下抱怨不停。"不管怎样，他认为演习还是起到了作用。"我们学会了如何生存，如何适应战场；学会了互相依赖，互相信任。我们学会了建立默契，知道如何像一个团队那样合作。"

　　当美国陆军在路易斯安那州学到宝贵的经验教训时，美国陆军航空队也在扩张备战。1941 年 6 月 21 日，航空兵团（Air Corps）改名为陆军航空队（Army Air Forces，缩写为 AAF），由"哈普"·阿诺德（"Hap" Arnold）将军担任司令，"图希"·施帕茨（"Toohey" Spaatz）准将担任首任参谋长，后者还继续担任空战计划局（Air War

Plans Division，缩写为 AWPD）的负责人。陆航虽然隶属于陆军，但也算个独立兵种，现在还拥有了自己的参谋部。不过，缺乏自主性也会给他们带来一些问题，比如 7 月 9 日，当罗斯福要求陆军和海军预估击败潜在敌人——日本帝国和纳粹德国——时，施帕茨发现陆军欲提交一份未征询过他们意见的空战计划，他赶紧要求阿诺德进行干预。

让施帕茨放心的是陆军战争计划局接受了空战计划局的意见，同意后者制订自己的需求评估报告。他们在 8 月初只花了 1 周时间就提交了报告，这也成为陆军航空队的备战纲要。他们在借鉴了战前的研究成果和对不列颠之战的考察后，勾勒出了自己的战略。这份被称作 AWPD/1 的文件的价值极高。战略重点放在了保持对德国和日本的持续战略空袭上。该文件针对德国罗列了需要战略轰炸的工业、民用和交通目标。这些目标制订得非常细致，包括发电站、飞机制造厂、炼油厂和其他战争生产设施。他们还预见到在重返欧洲大陆时需要提供的支援。为了精准轰炸，他们预计行动必须要在白天展开。这是战前流行的观点，施帕茨于去年夏天在英国的经历让他坚定了这一想法。高空、大编队、重装甲和重火力、速度、精准导航以及轰炸瞄准镜是确保成功的关键。严格保密的"诺顿"轰炸瞄准镜可以测量飞机的地速以及飞行参数，便于提高轰炸精度。为了达成目标，AWPD/1 文件提出了准确的数量需求：2 164 916 人以及 63 467 架飞机，其中 4 300 架分给英国。

在 AWPD/1 文件制订出来的时候，陆军航空队仅有 150 000 人，距离所需的规模相差甚远，但有利的情况是美国有越来越多的人员正参加飞行训练。空中力量正逐步壮大，这也导致了缺乏足够的设施和机场以应对人员如此急剧的增长。因此，不少民间飞行学校也被动员起来。政府对一些培训项目提供支持。来自俄亥俄州的亚克朗市（Akron）的戴尔·R. 丹尼斯顿（Dale R. Deniston）就通过了民用飞行员培训的考核，他父亲在固特异橡胶公司工作，自己从小就迷恋航空。固特异公司在亚克朗建造了 2 艘飞艇，还是小男孩的他对整个建造过程非常着迷，并和数千人一起观看了飞艇的首航。他 11 岁那年，被父母的朋友带去乘坐飞机领略了尼亚加拉大瀑布的壮美。那是令人终生难忘的奇异经历，那时，飞机还是很稀罕的事物，他沉迷于在亚克朗机场边上观看那些起降的飞机。当他长大后，他确立了自己的人生理想——成为美国陆军航空队的飞行员。

1939年，丹尼斯顿进入肯特州立大学学习，正是在那里的期间有了学习飞行的机会。在他通过民用飞行训练后，立刻申请了参加美国陆军航空预备训练。凭借他具备的水平，通过了严格的身体检查，他被录取了。1941年2月，他被编入42C班，前往俄亥俄州哥伦布的海耶斯堡（Fort Hayes）受训。他写道："开心的一天！我在梦想成真的道路上前进。"在完成了海耶斯堡的训练后，他又乘火车先到了加利福尼亚州的洛杉矶，再转车到奥克斯纳德（Oxnard）参加了初级飞行训练。他到达那里后的第4天就登上了"斯蒂尔曼"（Stearman）双翼训练机，享受着飞行的乐趣。他脑子里丝毫没有为作战而训练的思想，对他而言，最重要的是飞行本身。

丹尼斯顿的同学里有不少人被训练淘汰了，飞行学员弗朗西斯·"加比"·加布雷斯基（Francis "Gabby" Gabreski）也差点遭受这一命运。这位波兰移民的第1代孩子来自宾夕法尼亚州的石油城（Oil City），他也是自幼就对飞行充满热情。在进入圣母大学（Notre Dame University）后，他开始参加一些非正式的飞行课程，但让他失望的是自己似乎没有飞行的天分。在上完6小时的课程后，他就没钱继续了，这时陆军航空军团的招聘组来到了校园。欧洲刚刚爆发了战争，加布雷斯基深知他的祖国波兰被入侵、蹂躏了，因此他毫不犹豫地报名参军了。

他于1940年7月来到了伊利诺伊州东圣路易斯（East St Louis）的帕克斯空军学院（Parks Air College）。但2个月后，他仍旧没能熟练掌握飞行的基本动作，看来他太手拙了，特别是在飞行课里他连简单的"8"字形机动都完成不好。教官说，他如果继续这样的表现，可能会死在坠机中，还会连累自己的同伴。加布雷斯基被教官安排了最后一次测试飞行。

这是能证明自己的最后机会。前一天晚上，加布雷斯基来到附近的天主教教堂，虔诚祈祷能成功。忽然间，他重拾了信心。

次日，他成功地在测试飞行里完成了"8"字形机动，翻滚非常顺利。他甚至在考官不小心关掉了发动机后，仍旧顺利降落。考官对他说："我想，你也许是需要多一点时间才能追赶上同学。"学校给加布雷斯基换了名教官，他获得了继续学习的机会。

1941年3月，他带着200小时的飞行经验毕业了。任何一名英国皇家空军或者德国空军的飞行员都不可能在参加实战前积累如此多的飞行小时。加布雷斯基清楚自己不是最棒的飞行员，但他确实赢得了胸前挂着的飞行员徽章。他被分配到了驻扎在夏威夷的第45战斗机中队。

在夏威夷，加布雷斯基每月能继续增加30个小时以上的飞行经验。这样，他和战友们之间的水平逐渐缩短了距离。他写道："训练能增长经验，随着经验的积累，你能达到最后一级——专业水平。我在每次战机离地时都竭力做到最好。我希望将战机变为自己身体的一部分。"

快速扩张的美国陆军航空队拥有巨大的有利条件：广阔的训练腹地、理想的天气条件，不受敌军的威胁。英国皇家空军在加拿大和罗德西亚的帝国训练计划也拥有同样的便利，在世界上握有广阔殖民地和自治领被证明在一场长期战争中非常有价值。

德国空军和意大利空军则是截然不同的处境。战争持续的时间越长，他们越难达到所需要的规模，这还只是说飞行员和机组的需求，更别提飞机的产量了。也正是因为如此，德国的战略注重于短期且决定性的战役。

赫尔曼·戈林帝国元帅不仅是世界上唯一一位六星上将，担任着德国空军总司令，还是普鲁士邦总理，他强烈反对"巴巴罗萨"计划。在1940年5月10日，展开西线攻势之后，德国空军是三军里唯一那支马不停蹄，没有任何时间休整的兵种，其在战斗首日就灾难性地损失了大约353架飞机。他们在东线之战的首日可未遭受这样的灾难，现在的他们要兼顾北非和地中海战场，在法国北部和挪威抵御英军的袭扰，兵力已被牵扯到极限。

戈林希望元首可以慎重考虑。他声称："德国空军到目前为止在英国做出的牺牲将成为白费。""英国的飞机工业将有时间重整旗鼓，德国会损失一些唾手可得的成功（比如苏伊士运河、直布罗陀）。凭借那些胜利，也许我们可以迫使英国求和，可以使苏联的备战面临完全不同的局面。"希特勒回答："你还有6周时间用以继续对付英国。"

如果戈林的"闪电"袭击可以给英国的战争工业带来明显的毁灭，那么，他的争辩也许更有说服力，他的说法在原则上是正确的。事实上，他最终在"巴巴罗萨"战役前夕向元首屈服了。他告诉空军作战负责者埃尔哈特·米尔希空军元帅："我们这些凡人只能跟在他后面前进，我们必须完全坚信他的能力。这样，我们就不会犯错。"

他们怎么可能不犯错，事实上，他们犯了个致命错误。

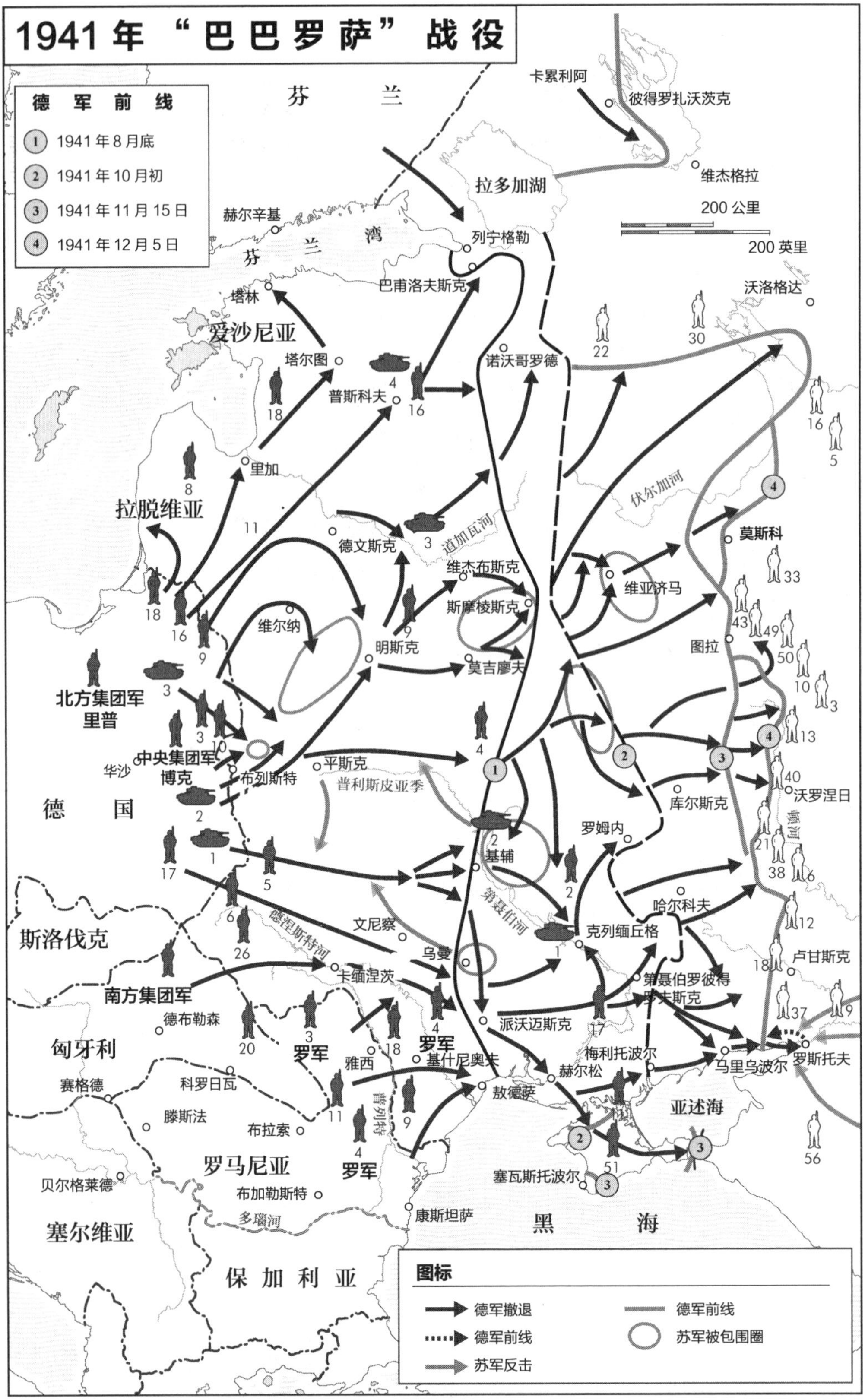
1941年“巴巴罗萨”战役
德军前线
1941年8月底
1941年10月初
1941年11月15日
1941年12月5日
芬兰
卡累利阿
彼得罗扎沃茨克
拉多加湖
维杰格拉
200公里
200英里
赫尔辛基
芬兰湾
列宁格勒
巴甫洛夫斯克
塔林
爱沙尼亚
塔尔图
普斯科夫
诺沃哥罗德
沃洛格达
里加
拉脱维亚
伏尔加河
莫斯科
德文斯克
道加瓦河
维杰布斯克
斯摩棱斯克
维亚济马
维尔纳
明斯克
莫吉廖夫
图拉
北方集团军
里普
中央集团军
博克
华沙
布列斯特
平斯克
普利斯皮亚季
库尔斯克
沃罗涅日
顿河
德国
罗姆内
基辅
第聂伯河
哈尔科夫
斯洛伐克
文尼察
乌曼
克列缅丘格
德涅斯特河
卡缅涅茨
第聂伯罗彼得罗夫斯克
卢甘斯克
南方集团军
德布勒森
派沃迈斯克
罗斯托夫
匈牙利
罗军
雅西
基什尼奥夫
梅利托波尔
马里乌波尔
赛格德
科罗日瓦
赫尔松
敖德萨
亚述海
滕斯法
普列特
布拉索
塞瓦斯托波尔
罗马尼亚
贝尔格莱德
布加勒斯特
多瑙河
康斯坦萨
黑海
塞尔维亚
保加利亚
图标
德军撤退
德军前线
苏军反击
德军前线
苏军被包围圈

PART ONE / 美国参战

第3章

四一年夏

1941年夏，德国的战争机器已被拉扯至极限，德国空军的状况无疑是最好的印证。约翰纳斯·"麦基"·施坦因霍夫上尉和赫尔穆特·马尔科少校现在都来到了东线战场。这两位在战前就加入了空军的老兵都经历过波兰、西线战役以及不列颠之战。马尔科还参与过巴尔干半岛、希腊和马耳他岛的战斗。

20岁的海因茨·科诺克少尉也参与了"巴巴罗萨"战役，但在7月2日就被调往西线，在那里负责为海军进行巡逻。他在东线开战前一天写道："如果我们在西线不受牵制，我们可以毫不留情地消灭苏联红军和布尔什维克分子。那将挽救西方文明。"

齐格弗里德·贝特科中尉自法兰西之战开始以来就一直在法国执行任务。他已经连续执勤超过13个月，无休止的任务也给德国空军带来了极大的压力。他在6月终于获得批假，得以和他心爱的海蒂完婚。但婚后的他更加忧虑，在海蒂于1939年9月送给他的日记本上多次写下自己对在战时结婚是否正确的怀疑。未来有那么多的不确定：无论是他自己的命运，还是德国的命运。这对海蒂公平吗？日子还得继续下去，他在7月初结束短暂的蜜月后，回到了布雷斯特港。德军的"沙恩霍斯特"号和"格奈森瑙"号战舰正在那里进行维修，这些巨舰不仅和邓尼茨的潜艇抢夺维修工，还要占用战斗机部队以获得保护。

7月24日,"沙恩霍斯特"号移泊拉帕里斯(La Pallice),结果留下来的"格奈森瑙"号遭遇了英军多达上百架轰炸机和战斗机的袭击,报告说被命中6次。贝特科参与了那次激烈的战斗。他的手下击落了1架"喷火",他虽然将1架英军轰炸机打燃,但对方还能继续飞行。他总结道:"我们大队取得了12~15个战果,但本方也损失了5人,我中队的施莱彻尔和舒曼以及莱恩斯、赖彻和福克都被'惠灵顿'轰炸机的尾部机枪手击落。非常艰难!战斗白热化了,起飞、降落、起飞、降落,就在敌人的眼皮底下!"事实上,他们击落了10架英军飞机,他承认自己的神经已疲弱不堪。这在持续的前线作战状态下是很常见的。现在,已经结婚的他有了更多活下去的理由。

德国空军的"秃鹰"仍旧在潜艇司令部的指挥下在大西洋上空盘旋,在地中海战场上,德国空军也与海军联合作战。汉斯-赫尔穆特·基什内尔(Hans-Hellmuth Kirchner)的经历很好地阐释了两个兵种微妙的分界线。他曾是"沙恩霍斯特"号上的水兵,随后被挑选去参加飞行员训练,成功结业后参与了5月在希腊的作战行动。尽管现在执行的是支援德国海军的任务,但其毫无疑问是属于空军的:戈林一直强调所有的飞行器都归他管辖。基什内尔当时在第126侦察大队第1小队负责驾驶海上飞机,5月在克里特岛战役期间参加了海空战役,现在执行护航和反潜任务——英军潜艇活跃于亚历山大港和马耳他岛之间,不断制造麻烦。埃尔温·隆美尔将军在北非战场上的成败依赖于跨地中海航运的顺利与否,因此基什内尔此刻所扮演的角色非常重要。

他们驾驭的飞机是荷兰制造的"福克"T-8型飞机,产量极少。他们从雅典附近的斯卡拉马格卡斯港(Skaramagkas)基地起飞,经停克里特岛之后,飞往利比亚。克里特岛并不是个宜人的休息站,因为苏达湾仍旧塞满了废弃物,而马里姆机场的跑道边上堆积着数百架飞机的残骸,这些都证明了之前的战斗异常残酷。基什内尔写道:"那些残骸给我们的起飞和降落造成困扰,但它们正被一点一点地挪走。"此时在岛上闲逛属于不安全行为,克里特岛游击队非常活跃。

需要注意的是,驻留在西西里岛和北非的德国空军单位和之前比已大大减少了。离开的人员里包括轰炸机部队的哈尤·赫尔曼少校，他参与了几乎所有之前的作战行动：波兰、挪威、法国、不列颠之战、马耳他那个英属小岛、南斯拉夫和希腊。4月，赫尔曼曾在空袭比雷埃夫斯港时击中了1艘英国军火船，引起了恐怖的大爆炸，他几乎凭借一己之力摧毁了整个港口。在大战前，他还是德国干预西班牙内战"秃鹰军团"的成员。

  英军轰炸机飞行员只需要执行2个任务期，首先是30次作战，在短暂休整后，再进行20次作战，然后他们就不必出击了。而赫尔曼则是不带喘息地执行了4倍于上面那个数字的作战行动后，才被调往第9航空军担任作战参谋，首先驻扎于荷兰，后又于7月调往巴黎附近。尽管他不必再每天冒着生命危险作战，但他还是全力以赴地工作。他晚上在作战室里关注天气预测情况，白天负责处理那些遗留的棘手问题。当电报机传来"巴巴罗萨"战役实施消息的时候，他正值夜班。他写道："俄国战役在我看来非常大胆，但却是非常必要的。"

  埃尔哈特·米尔希元帅是戈林的2号人物，他的看法与赫尔曼不同。他不仅反对入侵苏联的计划，而且对此前景非常惊恐。当有人告诉他苏联会在入冬前被击败时，他的回应是："说这话的人，一定是疯了。"似乎是为了证明自己的观点，他立刻命令工厂开始生产新型的羊毛内衣、皮靴，并为上百万空军人员预定羊皮制服。他是唯一一个这么做的德军高级军官。

  米尔希非常清楚，德国空军的力量在1941年夏秋之际已开始了下坡路。德国在开战时拥有世界上最精良的空军力量，能在短期战役中表现优异，可轻易地将弱小的对手消灭，一度独霸天空，帮助德国陆军横扫对手。德国空军张狂的"梅塞施米特"和尖叫的"斯图卡"成为了快速扩张的代表形象：肆虐于挪威、法国和低地国家、巴尔干。

  德国空军在建立之初就以此类作战类型为出发点，即主要为地面部队提供近距离空中支援。德国空军事实上属于战术空军的范畴，正因如此，主要领导人物中的参谋长汉斯·耶申内克将军和采购负责人恩斯特·乌德特将军会如此热衷于适于支援地面部队的俯冲式轰炸机，对独立的战略轰炸行动则非常冷漠。因此，每当德国空军试图充当战略角色时，就会显得很不称职。他们在侵苏战役初期将大量的苏联军机消灭于地面，可谓战果辉煌，但他们无法有效压制莫斯科或者是苏联后方的飞机工业。哈利·霍普金斯访问莫斯科的时候虽然也遇到过德军空袭的骚扰，但情形并不紧张，实际造成的损失也很轻微。当时的苏联防空力量非常薄弱，德军错失了给予他们致命打击的黄金机会。

戈林也指出了更为糟糕的可能性，如果德国空军不能够迅速重新展开对英国的攻势作战，所谓的"闪电"袭击将会变得徒劳，无法实质性损害英国继续参战的能力。对伦敦的轰炸几乎没能起到任何战略上的作用，如果持续轰炸英国的港口设施，尤其是他们西海岸的港口，或许能取得更显著的效果。不管怎么说，如果执行得当，英国积蓄反击力量的时间将会被严重拖后。

1941年夏季的德国空军看起来正处在危机中，虽然希腊人、南斯拉夫人或者"巴巴罗萨"战役期间的苏联人并没有这种感受，但这是事实。在德国，产量已跟不上需求的节奏，新的飞机项目迟迟不见成果。其规模不足以支撑在多条战线上的全面出击。德国的战争策略是集中优势兵力，但德国空军被拆得七零八落，同时使后勤问题变得更为棘手。燃料、零件、工具、弹药和其他装备，以及人员和机械都需要被送至各个偏僻的角落。德国领导层最担心的问题就是双线作战，希特勒甚至在他的纲领性传记《我的奋斗》中还强调了这个问题。但现在，德国已陷入了三线作战：东线、地中海和北非、大西洋。与海军和陆军不同，德国空军在这些战场中均不能缺席。

罗斯福总统宣布美国将生产50 000架飞机，这让德国空军的指挥层感到震惊。他们不仅无法在可预见的未来达成这样的数量，现存的机型也无法胜任作战任务，不列颠之战已证明了这点。花费了大量时间和金钱，被寄予厚望的Ju-88轰炸机并不比战前的双发轰炸机强多少。Me-110在空战中被揍得找不到北，在很多方面出彩的Me-109也不是一种让人能享受飞行乐趣的型号，其扭矩和翼载荷的问题使新手很难驾驭。在长期作战中，德国空军不可避免地承受了大量损耗，像麦基·施坦因霍夫或者齐格弗里德·贝特科这样能持续飞行的老手迅速减少。这也意味着越来越多的新飞行员将被补充进来。Me-109对这些新人而言，反而是致命的威胁，机毁人亡将变得越来越常见。

纵观1941年，大部分在前线作战的飞机型号都是在1936年之前研发成功并投入使用的。那年，正是才华横溢的德国空军参谋长瓦尔特·威弗尔将军在事故中身亡，恩斯特·乌德特加入空军参谋部的关键年份。乌德特作为戈林的老友是上次世界大战时的王牌飞行员。他既是位了不起的飞行员，也是个花花公子，喜欢享乐。鉴于这些性格特点，空军采购部门的负责人这个职务并不适合他，但在纳粹马基雅维利式的政治游戏中，乌德特混得如鱼得水。由他掌管的军备计划进行得一塌糊涂，Ju-88和He-177重型轰炸机只是其中的2个牺牲品。

糟糕的是，研制新机型需要花费较多的时间。从设计、试制、试飞，到生产机床开始量产是个复杂的过程。在乌德特的管理下，问题如滚雪球般迅速变大，某个项目的失败必须要求其他项目的时间提前。为了能尽快让新机型试飞成功并量产，他允许飞机生产商略过一些步骤，超捷径研发。显然，这会带来致命的后果。

Me-210就是一个典型的例子。它只是Me-110"驱逐机"的简单升级，除了一些气动外形改变以适应更强大的戴姆勒-奔驰-603发动机。乌德特希望，这些简单的改造不会对Me-210的生产造成阻碍，但威利·梅塞施米特博士在未知会他的情况下，设计了一款全新的飞机。最后，由于戈林在梅塞施米特股份公司拥有不少权益，梅塞施米特本人也是纳粹党员且颇受希特勒青睐，这件事情最后不了了之。虽然试飞工作还没全部完成，但没人敢改变生产计划表，首批Me-210在1940年底就生产了出来，其容易陷入失速的设计问题到最后也没得到解决。

按照计划，到1941年春应能生产出1 000架Me-210，但最后只生产出了少量的飞机。除了该型飞机外，四发的He-177轰炸机同样达不到设计目标。资金和物资都被白白投入水里，随之浪费的时间更是灾难性的。这意味着1941年的德国空军和开战时的装备相差无几。唯一的一丝希望则寄托于新型的福克-伍尔夫-190战斗机，但其装备的宝马发动机仍然存在适配性问题。

米尔希元帅是个非常适合负责装备的人选，但由于戈林的刻意排挤，他一直被蒙在鼓里。由于帝国元帅在5月整月休假，米尔希才有机会发现乌德特的采购部门已陷入了一片混乱。乌德特直接分管着26个部门的主管，这些人似乎都不待见他。全部门有超过4 000名职员，乌德特对这些职员几乎不了解。"我从来没被像这个部门那样隐瞒、耍弄和欺骗过。"戈林了解到这里的管理失职后暴跳如雷，"这是绝无仅有的。"

在"巴巴罗萨"战役前夕，戈林要求将前线作战飞机的数量增加到4倍，因此特别指派米尔希越过乌德特直接掌管该项目。米尔希立刻找到了希特勒最信赖的建筑师阿尔伯特·施佩尔新建造3个大型飞机工厂。所有生产瓶颈必须扫除，大量增加新招募的工人数，这意味着需要解散3个已投入到东线的步兵师，大量资金和资源将被投入进来。这样的举动很有魄力，但至少需要9个月的时间才能看到产出。可东线的实际战况表明，6周内无法解决问题，抽调3个师人力的计划只能作废，戈林要求增加至4倍数量飞机的命令也成为一纸空文。

当时，仍有接近40种新机型处于研制的不同阶段，其中11种是梅塞施米特公司的产品。当米尔希在8月视察梅塞施米特工厂时，惊讶地发现，Me-109的生产线几乎陷入停顿。梅塞施米特博士向他展示了根据最新型喷气发动机所设计的战斗机模型。但米尔希非常清楚，这样的设备距离投产还很遥远。他预感到，梅塞施米特博士只对研制新飞机有兴趣。因此，他下令暂缓Me-262喷气机的项目，加快生产Me-109F战斗机。梅塞施米特对此置若罔闻。

运输机的缺乏也摆上了台面。随着东线补给线的拉长，对Ju-52运输机的需求飞速增长。在克里特岛战役中，这种运输机展示出了良好的空运能力。不过，在克里特岛，他们损失了250架此型飞机，到了"巴巴罗萨"战役时只存有150多架的数量了。面对1 500英里（2

414公里）的漫长战线，杯水车薪。残酷的现实是，Ju-52机队一直没有从1940年5月的损失中恢复过来。

德国空军的规模并未得到扩大，但仍在艰苦支撑，新的产量用以填平损失已非常不易。每当数量稍微积蓄起来，就会被立刻抽调到数不清的次要战场，哪里都需要空军的支援。

克里特岛的胜利从现在来看，显然是惨淡的。如果不迅速采取扭转措施，德国军事威力的矛头（德国空军）必然陷入下滑曲线。

6月初，英国贸易委员会的主席奥利弗·利特尔顿（Oliver Lyttelton）被召集到首相位于战时内阁办公室的小公寓里共进晚餐，那里能饱览圣詹姆斯公园的景致。他到达时，发现那里只有一张小餐桌、一瓶香槟和一名侍从，首相看起来精神不错，穿着拉链式的套装。丘吉尔想和利特尔顿讨论一下中东的局势，他认为英国在那里并未取得料想中的优势。这位总指挥不仅要考虑政治上的问题，还要负责军事上的统筹。埃及的港口正变得越来越拥挤，对军事胜利起重要作用的补给工作显得混乱。很明显，当地的资源还未充分调动起来。无论是海军舰队还是商船队都撑到了极限。越来越多的问题需要有位政治人物站出来解决，而不是将军。

美国商人兼外交官埃夫里尔·哈里曼（Averell Harriman）作为罗斯福的新一批使团成员已在英国待了几个月，他将前往中东去实际考察当地的困难。首相的儿子伦道夫·丘吉尔（Randolph Churchill）此时也在埃及，哈里曼建议他让父亲派名国务大臣来解决问题。首相接到儿子的电报后，立刻同意了。此刻，他希望利特尔顿能担任被派往中东的国务大臣职位，这个职位在战时内阁也有一席之地。

在1940年10月选举中进入议会的利特尔顿决定接受这一挑战，丘吉尔在次日就把他加入了内阁。7月初，利特尔顿带着自己的妻子和2名来自贸易委员会的得力部下启程前往中东，他们途经马耳他岛，视察了一下当地的防御情况。他们一行人于7月5日到达开罗，利特尔顿立刻开展了工作，将三军参谋长、迈尔斯·蓝浦生（Miles Lampson）

大使和埃及总理侯赛因·西里帕夏（Hussein Sirry Pasha）召集起来了解情况。他快速组建了中东战争委员会（Middle East War Council），并在下面设置了中东防御委员会（Middle East Defence Committee），后者的成员包括三军参谋长和大使。

利特尔顿是丘吉尔有意召集在身边的具有现代意识的技术专家和密友圈子成员之一。利特尔顿是这个内阁新职位的理想人选，他头脑清晰、商业直觉敏锐，具备军事经验和地缘经济洞察力，他完全有能力帮助新晋中东总司令克劳德·奥金莱克将军分担管理责任。

他们的重要任务是确保在叙利亚、巴勒斯坦、伊拉克和伊朗地区的平静态势。叙利亚的战斗刚平息，维希法国在当地的政权已经求和，英军在自由法国的大力帮助下终于取得了这场胜利。现在，由自由法国负责那里的管理，这表明英国对叙利亚的土地没有任何觊觎之心。由爱德华·斯皮尔斯爵士率领的使团在那里给法国的高级专员乔治·卡特鲁（Georges Catroux）将军提供建议，确保在叙利亚达成的停火协议可以顺利实施。对英国而言，幸运的是，斯皮尔斯和利特尔顿相处得非常融洽，可以高效地合作。

但斯皮尔斯和夏尔·戴高乐将军之前的关系则完全不同。后者对英国人的居心有着深深的怀疑，对他来说，英国人的所作所为一定会削弱他统治的权威性。他尤为不满的是，自己竟被排除在停火谈判之外，英国那边也对戴高乐的地位处理得小心翼翼。斯皮尔斯坚信戴高乐不信任任何人。事实上，英国人也不相信戴高乐，更不愿意给他提供太多支持，因为大部分反对维希政权和纳粹统治的法国人也未支持戴高乐。戴高乐要求英国中东空军司令阿瑟·特德空军中将将皇家空军中的所有法国飞行员调拨给自由法国，遭到了后者的断然拒绝。他告诉戴高乐，如果有人自愿转移，他不会阻止，但他绝不会强迫他们转移。特德声称："这些法国人是英军军官。"当时，陪同这位自由法国领袖的斯皮尔斯写道："戴高乐气疯了，我发现他几乎接近失控，他的脸色变得和鼹鼠丘一样难看。"

这只是天天都在发生的众多分歧中的一个例子。戴高乐被英国不断的干涉所激怒,他写道:"这种对我们事务一贯以来的干预以及持续的侵蚀已触到了我们所能容忍的极限。"

但戴高乐没有提到的是,对叙利亚和黎巴嫩以及整个中东的军事防御工作实际上全靠英国人承担。自由法国甚至没有足够的人力去履行在叙利亚的责任。为了解决人力匮乏的问题,卡特鲁甚至邀请前维希政权的官员重新回到黎凡特的新政权里。斯皮尔斯对此坚决反对,要求立刻将那些人清理出去。一场新的争执正在酝酿,但斯皮尔斯和利特尔顿联合开展外交和胁迫手段,使卡特鲁有了体面的台阶让步,维希官员均遭到了解职。

在法国沦陷之前,英国和法国并非真正默契的盟友。戴高乐的自由法国和英国之间的关系同样紧张。不管怎样,黎凡特地区不用再担心了,伊拉克的问题也解决了,只有伊朗还不能让人安心。一些德国人仍旧待在那里,有些人还在政府工作,德黑兰政府拒绝驱逐他们。这使那里成为了在中东地区对同盟国利益产生威胁的温床,还对从波斯湾到里海的关键补给线带来了威胁,那是英国对苏联提供支援的重要通道。

苏联和英国于8月17日给波斯政府送去了联合要求,但遭到了驳回。伊朗成为了英军驻印总司令阿奇博尔德·韦维尔爵士考虑的首要问题,在莫斯科的配合下,英苏联军于8月25日发动了入侵。这是一场全面的胜利,到当月月底,整个波斯湾已被全面控制。9月中旬,德黑兰也被占领。在几个月前,这是不可能实现的任务。现在,英国和苏联成为了关系密切的伙伴。如果英国外交手段更高明点,他们或许在1939年就结成同盟了。

随着东非和中东的安全不再受轴心国的威胁,英国的注意力回到了北非,首要任务是将隆美尔率领的德意联军从昔兰尼加赶出去,确保利比亚的东部海岸线回到自己手里。在伦敦的丘吉尔又开始动脑筋如何让自己的部队取得成果了。

利特尔顿给予战区指挥官最大的帮助无疑是如何应对首相,前任韦维尔爵士就处得很不愉快。利特尔顿注意到奥金莱克讲话的口气很容易冒犯丘吉尔，因此要求所有发往伦敦的电报要先由他审阅。他写道："奥金莱克对白厅的工作方式并不熟悉，他也不知道如何巧妙地与丘吉尔争辩。"利特尔顿修改后的电文可以更容易地被首相接纳。

奥金莱克决心必须在积蓄足够力量后才会向西进攻，再也不能发生类似6月"战斧"行动那样不成熟的作战了，英军在北非试图掌握主动的行动很快陷入了僵持。9月，他所管辖的英军进行了彻底的改组。他在伊拉克组建了第10集团军，在巴勒斯坦组建了第9集团军。在埃及的西部沙漠部队改编为第8集团军，采用这些编号的原因是法军之前编组了7个集团军，而当时的英军只有1支英国远征军。这样，像第8集团军这种番号就不易造成误解。第8集团军首任指挥官是艾伦·坎宁安中将，他是东非战役的获胜者，他的兄弟是地中海舰队的指挥官——海军上将安德鲁·布朗·坎宁安爵士。

越来越多的士兵和物资涌入埃及。7—10月，送来了不少于300辆英制的巡洋坦克，300辆美制的"斯图尔特"轻型坦克、170辆步兵坦克、34 000辆卡车、600门野战炮、80门重炮、160门轻型高射炮、200门反坦克炮和900门迫击炮，它们都安全到达了苏伊士。

这对奥金莱克和新成立的第8集团军可是个好消息，这对诺丁汉郡谢尔伍德游骑兵团来说也是好消息。他们在1939年就带着战马驻扎到巴勒斯坦，可后来羞辱地被要求将战马送回国，部队改编为炮兵。从那时起，他们就被拆散使用，团里的一部分被送到克里特岛，一部分被送到托布鲁克，后者随后遭到了围城。他们团最近刚从托布鲁克和克里特岛撤离，回到巴勒斯坦进行机械化换装。斯坦利·克里斯托弗森上尉当时正在开罗休假，他见到了团长爱德华·"闪光"·凯利特（Edward "Flash" Kellett）上校。他从后者那里得知他们部队将主要使用新型的美制坦克组建成一个新的装甲旅。克里斯托弗森回忆："上校在洲际酒店门口的台阶上告诉我这个消息，他对掌管一个坦克团非常期待。"

克里斯托弗森几周后开心地发现自己被晋升为少校，将指挥A中队。他们在卡尔库尔（Karkur）的训练强度很高，但这并不妨碍派对和板球比赛的进行。这支战前半动员状态的郡团终于缓慢且坚定地拥有了皮实的铠甲。克里斯托弗森是个风趣、随和的人,但他意志坚定、雄心勃勃,这样的性格特征也正是该团的特色。他并非独自战斗,大部分战友都迫不及待地学习战争新的进行方式。他们刚到这个团的时候还在练习马背上的技艺,然后掌握了炮兵的技能,现在又要面临换装坦克的挑战。一支新的英国陆军正慢慢适应这场和他们几年前不敢想象的战争。尽管其核心部队还有一些是战前的常备军,但更多的已经是大战爆发后加入的志愿者和义务兵了。

从某些角度来看,这并不是坏事。那些未受军事传统熏陶的人不易被传统规矩束缚。英国军队拥有不少头脑灵活、受过良好教育的军官,斯坦利·克里斯托弗森就是其中一员,他们都具有开放的观念。大英帝国的全球覆盖力无疑能为其提供巨大的优势——借此,很多人得以去长途旅行、担当殖民地的管理者、进行海外贸易、体验非英国或欧洲的异域风情。在20世纪30年代,英国人统治了沙漠探险项目。原先在皇家工兵服役的劳尔夫·巴格诺德(Ralph Bagnold)在沙漠导航中取得了突破,他首次使用汽车探索了西部沙漠和撒哈拉,并完成了地图绘制,这在以前是不可想象的。巴格诺德还研制了日光罗盘,并发现降低轮胎胎压能让车辆在松软的沙子上行驶得更稳当。苏丹的殖民官员比尔·肯尼迪·肖(Bill Kennedy Shaw)是能干的植物学家、考古学家和领航员,他陪同巴格诺德一起进行了无数次的沙漠探险。

这两人和探险家帕特·克莱顿(Pat Clayton)在沙漠战争爆发后,立刻回到军队,组建了沙漠突击队(Long Range Desert Group)。他们从南翼包抄敌军防线的后方,搜集情报、破坏和突袭的效果甚佳。意大利人和德国人并未组建这样的组织。

1941年夏末,英军又成立了特种空勤旅(L Detachment, the Special Air Service Brigade,缩写为SAS)。他们的核心人员来自之前由鲍勃·莱科克(Bob Laycock)上校指挥的"莱特遣队"。这支突击队也被称作第8突击队,由各近卫团的精锐组成,曾被派往克里特岛执行任务,只是参与的时间太晚,只赶上了最后撤往南部山区的行动尾声。回到中东后，这支特遣队由于没有明确的作战目标，于7月被解散了。

来自苏格兰近卫团的戴维·斯特林（David Stirling）中尉也曾在莱特遣队作战，他很有人格魅力，但有时也会表现出一副懒洋洋的样子。随着莱特遣队解散，斯特林活跃起来，他认为特遣队的失败主要是由于他们缺乏机动性。当斯特林得知前第8突击队战友乔克·刘易斯（Jock Lewes）带着几名被误派到埃及的伞兵正滞留在当地，他立刻联系他们欲进行一场试验性的跳伞。他们搭载一架老旧的，并不适合跳伞的维克斯"瓦伦西亚"飞机进行试验，刘易斯、斯特林和另外6名伞兵跳伞。他们都活了下来，只有斯特林的背部受了伤。

在进行康复治疗时，他给开罗的副参谋长内尔·里奇（Neil Ritchie）少将呈上一份备忘录，详细阐述了他关于成立一支小规模精锐突击队的想法。他说，广袤的沙漠非常适合跳伞作战，因为对手很难有效防御所有地方。只要他们选择得当，小股突击力量就能造成很大的破坏和混乱。他成功获得了前往开罗司令部与里奇面谈的机会，更让他吃惊的是，3天后他就被召回面见奥金莱克。"奥克"认为斯特林的想法值得一试。斯特林立刻被晋升为上尉，被许可召集6名军官和60名士兵。他们的番号是空中特勤团L小队，他们希望通过这个虚张声势的策略让轴心国误以为英军有一个旅的空降部队出现在中东战场上。

约翰·库珀（Johnny Cooper）二等兵在第8突击队解散后，回到了自己原先所在的第2苏格兰近卫团。库珀身材高大、头发乌黑，有着电影明星般的脸庞，他只有19岁，相当年轻。他在英格兰北部约克郡的布拉德福德长大，父母都是苏格兰人。他在文法学校的成绩并不好，因此被送到维克斯·威勒斯公司作学徒。显然，课本不合他的胃口，他的兴趣在于旅行和探险。1939年，他攒够钱之后，就去了阿尔卑斯山区的夏蒙尼（Chamonix）学习滑雪和登山。

战争爆发时，他正在回国的路上。在安全返回布拉德福德后，他已对继续学徒生涯毫无兴趣。有同伴表示将加入苏格兰近卫团，他立刻附议报名，毕竟他父母都是苏格兰人。1940年4月2日，距离18

岁生日还差 75 天，他瞒着父母找到了征兵官，并获得了前往萨里郡（Surrey）凯特勒姆的火车通行票。

尽管他年龄偏低，但军方还是接受了他，征兵官要求他必须告知父母。库珀答应了，然后打电话给父亲通知了这个消息。电话那头停顿了一刻，他父亲说道："你自己做决定吧！照顾好自己！"他很快证明了自己的能力，甚至还赢得了连里的射击奖章。他对军队生活非常习惯，当他看到征集突击队志愿者的消息时，立刻申请并获得了批准。随后，他跟着莱特遣队被派往中东。

他在苏格兰近卫团 2 营的不少战友都加入过莱科克的突击队，当斯特林来到他们的沙漠营地，为空中特勤团 L 小队招兵买马时，库珀和第 3 连的战友们纷纷举手希望加入。他们很快被派往运河区的卡布里特（Kabrit）进行训练，那个地点孤悬在开罗以东 90 英里（145 公里）处，就在大苦湖（Great Bitter Lake）的边上。

那里除了他们的两座长条帐篷之外，一无所有。他们的首次突袭对象就是附近的新西兰师营地，在夜幕的掩护下，他们搞到了不少帐篷和补给。他们依靠手里残缺不全的装备开始了训练，乔克·刘易斯全权负责。他告诉手下，必须学会如何完全独立地进行作战，或者单人，或者数人组队。他们要培养出高度的自信，掌握导航技能，依赖极低的补给生存，习惯主动出击。夜间行动是他们训练中的最重要部分。他们需要掌握所有轻武器的使用技巧，包括德军和意军所使用的装备。

他们还要接受跳伞训练，这对英军来说属于新鲜的作战方式。跳伞行动本身极具危险，在他们的首跳中就有 2 人因降落伞没能正常打开而摔死。库珀在跳之前也很担惊受怕，但当他迈出舱门往下跳时，周围壮丽的景象让他忘记了恐惧。他写道："落到一片柔软的沙地上，我在收伞包的时候非常开心，一路小跑，奔向等着我们的卡车。"

L 小队和新成立的第 8 集团军继续抓紧训练。丘吉尔虽然渴望尽快行动，但这支正在成长的部队需要时间练就成熟。正如奥金莱克指出的：部队不仅需要正确的装备，还需要明白如何使用。意大利人是最好的反面教材，如果缺乏合格的训练，军队数量再庞大也没有意义。

英国远征军在法国耻辱性地失败1年多后,英国陆军重新站了起来。他们需要重新学习如何作战,虽然这段时间能提高的仍很有限,但它正在变得强大。很快,第8集团军将经受实战考验。奥金莱克将派他们对付隆美尔的轴心国军团,这场被寄予厚望的行动代号为"十字军"（Crusader）。

第4章

美国海军参战

9月初,德国海军潜艇部队司令官邓尼茨海军上将在大西洋上采用了新的狼群集结战术体系。在这之前德军潜艇的拦截成功率下降很快,同盟国海运的损失迅速缩小,邓尼茨希望改变原来潜艇待在指定区域守株待兔的方式,用更大范围的巡航来提升战果。

他的策略看上去似乎立刻取得了效果:SC42商船编队于9月9日被发现,很快遭到狼群围剿。尽管有5艘护卫舰和1艘驱逐舰护航,但这些加拿大海军的舰艇缺少新型的反潜战(ASW)装备,船员也多为新手。最后,在2天的围猎中,有15艘船只被击沉。客观评价,加拿大护航舰队的表现已算可圈可点,不过,这无力改变SC-42编队成为这段时期大西洋之战中损失最惨重的受害者。

不过,这种程度的损失不足以使英国战争机器停下来,按照邓尼茨的计算,他需要每月至少击沉50万吨盟军船只才能让英国屈膝投降。事实上,即便是德国潜艇加上空军的战果,距离这样的目标仍非常遥远,此外,该数据还是依据英国战前食物自给率不高的情况下估算的。德军在7月击沉了43艘轮船,8月击沉了41艘,9月击沉了83艘。英军方面,由唐纳德·麦金泰尔第5护航大队护航的商船编队在那个夏天只损失了不多的几艘船。他们发现,德军一旦遇到护航严密的编队,通常会很快撤退。

事实上,同盟国对商船队的保护绝非停留在空中侦察层面,而是得到了全方位的提升，德国海军通过恩尼格玛加密传递的讯息已由布莱齐利庄园的政府信号密码学校的工作人员破译。代号为"超越"（Ultra）的破译行动使皇家空军的海岸司令部能大大缩小目标搜索范围。现在，从英国以西至冰岛以东范围内，有200架飞机专供执行反潜巡逻。当然，由于大西洋实在太浩瀚，即使在"超越"的帮助下，这些机组成员也需要在无尽的灰暗大洋上进行令人疲惫的巡逻任务。正是他们这些卓越的付出才使德国潜艇被迫更多地进行潜航，且远离商船编队的主要路线。海岸司令部监视整个西航路以及冰岛以南海域，确保在1941年秋的时候没有潜艇能轻易闯入这片地区。将大片德军潜艇容易潜入的区域变为禁区，这极大地推动了盟军跨大西洋的海运得以顺利进行。

加拿大皇家海军和他们的纽芬兰护航编队从5月开始参加到护航中来，这已经起到了很明显的作用，美国海军的大西洋舰队也在当年9月加入了护航。美、英两国在3月签署了《ABC-1》协议，又于8月在纽芬兰的阿真舍签订了更为正式的协议，协议规定美国人将负责船队的护航工作直至大洋中心会合点（MOMP），这个位置是英国和加拿大之前划分护航工作而商议设立的。事实是，加拿大海军只是在美国海军参战之前的一个应急手段，当后者正式加入游戏后，加拿大人不再归属西路指挥部指挥，转而归属美军第4特遣队司令官马克·布里斯托尔（Mark Bristol）海军少将调度。严格来说，美国现在仍是中立地位，布里斯托尔只能请求加拿大人配合，而不是命令。当然，加拿大人乐于合作。美军利用其快速驱逐舰为快速商船编队护航，加拿大人依旧凭借其主要装备的护卫舰为慢速的SC编队护航。

美国电影巨星小道格拉斯·范朋克（Douglas Fairbanks, Jr）也加入到第4特遣队，他在好莱坞拥有国王般的地位。外貌英俊的他有着唇红齿白的笑容和铅笔般细长的胡须，非常风趣。他和自己的父亲一样，以冒险片享誉世界。但他现在不是在一艘虚构的海盗船上，而是在一艘真实的美军驱逐舰里。

范朋克自大战爆发起就是个积极的干预主义者。他听到开战消息时，正和自己的妻子玛丽·李（Mary Lee）驾着租来的游艇在加利福尼亚州外海游玩，同船的还有他们的朋友戴维·尼文（Daivd Niven）、劳伦斯·奥利弗（Laurence Olivier）和费雯·丽（Vivien Leigh）。张伯伦宣布英国开战的广播让他们惊呆了，绝望中喝得酩酊大醉，劳伦斯·奥利弗爬上救生艇，划到周围停泊的游艇旁大嚷："你们都完蛋了！死定了！喝酒吧！你们活该！一切都完了！"

当他们酒醒之后，范朋克决定尽自己所能来报效国家。他受邀成为怀特委员会（White Committee）南加州分会主席，这是个干预主义者的游说组织，他很乐于接受该职位。他和总统建立了联系，甚至还被邀请去白宫过夜。罗斯福明确地告诉范朋克，他需要类似怀特委员会这样的组织和媒体给总统酿造支援英国的舆论压力。在白宫的一次会谈中，罗斯福当着范朋克和另外一群人的面表示："现在去外面，去发动公众推动我吧！"

范朋克在战前就想过加入海军，他是个热爱海洋的人，但直到1941年4月他才被海军部长弗兰克·诺克斯任命为海军后备役上尉。他的首个任务是被派往南美洲，表面上是去了解美国电影对拉丁美洲公众舆论的影响力，实质上是去了解当地有影响力但又倾向于纳粹思潮的民众团体，评估他们的破坏力。75天后，他成功完成了这次远途任务，回到美国继续为米高梅公司拍摄电影，然后才进入海军现役部队。

他从波士顿海军码头出航接受首次海训。妻子和小女儿去给他送行，他在那一刹那才意识到之前梦寐以求的航海生活成为了现实。他沿着舷梯爬上舰船，回头看到玛丽·李仍在朝他挥手。他写道："我差点崩溃了，我是否真正知道自己在做什么？"

在东线，德军部队持续取得惊人的辉煌胜利。希特勒决定停止向莫斯科的突进，转而加强插入乌克兰的力量，这使4个完整的苏军集团军被合围在基辅区域，最后665 000名苏军遭到了俘获。负责实施这一战略转向的是海因茨·古德里安（Heinz Guderian）将军，其指挥的装甲铁拳由莫斯科方向转往东南，从北边实现了对乌克兰的合围，而1940年还是他上司的冯·克莱斯特将军从南边与他实现了顺利会师。

将战略重点转离莫斯科，集结重兵于东南方向完全是元首的构想。他不断插手部队的调动，除非在完全遵照计划行事时，才会放手于那些高级将领去执行。即便出现最轻微的偏离，也会导致他直接干预一线的指挥。苏联并未如预期的那样在6周内被击溃，这头现代版的九头怪兽让德军束手无策。希特勒自诩为世界上最伟大的军事天才，他认为是时候在冯·布劳希奇和哈尔德面前示范如何正确地统领一场战役了。

确实，基辅附近集结了大量苏军部队，将其围歼是一场举世震惊的胜利。但哈尔德认为这违背了战略核心。"我们希望击败敌军？还是取得一些经济上的战果？"他在与最高统帅部参谋长约德尔的会议上这样向后者发问。

"元首认为，我们可以同时完成这两个目标。"约德尔回答。

哈尔德并不认同。他坚信，莫斯科才是关键所在。夺取莫斯科可以逼迫斯大林带着他的政府逃亡，政权将会轰然而倒。北方集团军群和南方集团军群都在没有增援的情况下守住自己的战线。因此，集中突击力量在中部直捣莫斯科才是正途。但希特勒并不同意这个战略。

当然，上面这些计划也许只是哈尔德一厢情愿的想法。斯大林在德军入侵后只陷入了短暂的慌乱，就恢复了原先的敏锐和坚定。6月24日，他命令成立了疏散管理小组。大部分苏联工业区和储备物资都将转移至乌拉尔地区，那里位于莫斯科以东600英里（966公里）处，远离战火的威胁。到1941年8月，计划就已经开始有条不紊地被实施。被疏散的不只是工业，苏联的国家档案也被送到乌拉尔山区的乌法（Ufa）。换句话说，斯大林早就做好了莫斯科沦陷的准备。即便莫斯科沦陷，他依然会意志坚定地继续指挥反击，不会摇白旗投降。只要苏联依旧拥有足够的人力和物资，加上国家机器依旧运作，德军占领苏联首都的意义远达不到哈尔德的期望。

8月18日，瓦利蒙特将军的L处为约德尔准备了一份递交给希特勒的形势评估，再次列举了各种应全力向莫斯科突击的理由。陆军司令部的参谋们提交了一份辅助备忘录，继续向元首施压，要求将军事目标转向莫斯科。8月23日，在拉斯腾堡（Rastenburg）的狼穴举行了一场会议。古德里安将军是唯一代表陆军提出向莫斯科进发意见的人，但他的意见并未被采纳，因为其他纳粹高层和希特勒的参谋们都和元首保持一致立场。

尽管基辅的胜利是辉煌的，但瓦利蒙特认为那"不过是场战术胜利"，这个观点是正确的。虽然大量苏军被俘获，但东线战场上最需要的是恰当的战略，而不是多少场围歼战的胜利。军事规模大小并不一定等同于战略重要性，这也是瓦利蒙特的观点。基辅的胜利并未改变德军面临的根本问题：苏联国土的广袤超过了德国国防军的运转能力，而苏联红军的后备资源取之不尽。

在取得基辅胜利之后，希特勒终于同意将战略中心调整回莫斯科。3个集团军和3个装甲集群将向苏联首都扑去，其中包括古德里安统帅的第2装甲集团军。这样的行动需要部队的大规模调动，耗费更多时间去准备，尤其需要克服诸多后勤上的困难。进攻莫斯科的战役被命名为"台风"行动（Typhoon），行动直至9月30日才得以发动，那时已进入了雨季。

战役的初始阶段再次迎来了一系列辉煌的胜利。在2次围歼战中，德军又消灭了6个苏联集团军，俘获了惊人的75万名战俘。但由于硬质路面的缺乏，秋季的暴雨将道路变成了泥潭，使德军迅速前进的计划难以实现。苏联的秋雨还预示着冬雪和急速降温即将来临。德军从6月以来战无不胜，俘获了多达200万苏军，但战争已进行了3个半月的时间。车辆开始不断抛锚，坦克因缺油而趴窝，很多前线作战单位只剩下一半的兵力。阿道夫·冯·舍尔将军竭力去满足前线的需求，但差距仍然越拉越远。他后来回忆："问题从1941年10月突然开始集中爆发，机动车辆无法承受无休止的磨损。"与此同时，赫尔曼·巴尔克上校也近乎绝望地希望，部队可以保持车辆的有效运转，但情况很快失控了。无论是人员、武器还是配件，军需补充都难以达到需要的数量。

更糟糕的是，斯大林任命他手下最能干的格奥尔吉·朱可夫（Georgi Zhukov）将军负责莫斯科的防御，并将新组建的西方面军交给后者指挥。越来越多的士兵和装备正涌入前线。当德军中央集团军群正在泥泞中蹒跚前行时，莫斯科的防御正一天天加强。对德国人来说，这是一场与时间的赛跑，胜利正从他们手缝间滑落。

当莫斯科战役正变得越来越激烈的同时，北翼德军部队仍在向列宁格勒（Leningrad）进发。到9月8日，德军距离这座城市只剩下10英里（16公里）距离，他们确信很快能夺下那里，毕竟他们已渡过东南方向的涅瓦河（Neva），抵达了拉多加湖（Ladoga）。更北面的芬兰部队也在积极南压，占领了该湖60%的湖岸线。

这意味着列宁格勒只在波罗的海和拉多加湖之间有30英里（48公里）宽的走廊，其他方向则被完全包围了。苏军只能通过湖南面沃尔霍夫镇（Volkhov）和季赫温镇（Tikhvin）的铁路和公路给列宁格勒送入补给。希特勒非常渴望占领这座苏联的第2大城市，但德军也意识到占领后会带来很多新问题。在发布于9月6日的元首第35号指令里，元首提到占领该城后应如何处理那里的居民。9月21日，德军最高统帅部提出一些方案。他们列出："不应该占领该城，否则，国防军将需要负责喂饱当地民众——提出一种建议，用电网辅以机枪手围困城市。但也会带来新问题，饥民很可能将疾病传染到德军部队中；还有一些建议，允许老弱妇孺离开该城，但该计划很难实施，因为这同样会造成疾病流行；最后一个建议，德军撤离，让芬兰人解决。"

最高统帅部最后建议他们向世界宣布，列宁格勒变成了一个堡垒，该城及其居民都将被认定为军事行动的目标。备忘录还提道："罗斯福应允许在该城接受投降后，在保证安全的情况下，给该城居民提供补给，并将他们转移到他那里去。当然，这种提议完全不现实，只能作为一个宣传手段。"

最终，被核准的计划如下：使用火炮和轰炸将列宁格勒变为齑粉，让该城在饥荒和恐惧中被吞噬，所有幸存者流放至苏联内地，让那里承担流行病的威胁。如仍有滞留在城内的苏联守军，将让他们苟延残喘地过冬。次年春天，德军部队将进城扫荡，"用爆破器材将列宁格勒彻底炸平"，把涅瓦河区域交给芬兰人。曾是这个星球上最美丽和文化最悠久的列宁格勒将被彻底抹除。

8月底，瓦利蒙特将军完成了一份《最高统帅部备忘录（元首批准）》，对德国的战略形势进行了全面评估。概要来说，其承认苏联的总崩溃将比预期需要花费更长的时间，东线将是最终目标前的关注重点。哈尔德在收到备忘录之后写道："我们的目标和之前一样，击败英国并迫使其求和。"围困和入侵是达到这一目标的手段，但把握制空权仍是一切的前提。德军必须大量制造"一流"的登陆舰艇，打造强大的空降兵，"建立庞大的海战利器以消除英国海军对我方运输编队进行打击的能力。"这些利器指的是潜艇和鱼雷快艇，不过这样的描述是典型的假大空，似乎写下来的东西就会魔术般地实现。这显然不现实。

备忘录里承认："围困战"需要每月击沉100万吨英国船只。截至目前，他们通常用3个月的时间才能达成该数字的一半，只有1个月达到了60万吨。德国海军要求获得更多的空中侦察单位，更新型的空投水雷和鱼雷，持续地对英国港口进行轰炸，当然，还有更多的新潜艇。备忘录里承认："这些计划无法在1942年完全实现。"里面并未提到英国的防御正逐渐变强，即使每月真能击沉100万吨船舶，也无济于事。东线正在消耗比预期多得多的人力和物资，德国在这种情况下如何筹集足够的资源对付英国？这也根本没提。

地中海毫无意外地成为了未来战略的重要环节，但备忘录也承认，最早也要到1942年春才有可能取得新的进展。他们的希望寄托于土耳其会加入轴心国一方参战。备忘录甚至宣称："地中海战役和大西洋战役的重要性不相上下。击败苏联是取得这两场胜利的前提条件。"这完全是战略上的误判，因为地中海战场的重要性无法与大西洋战场相提并论。德国的大陆主义再次混淆了他们的判断，他们无法把握住击败英国的最佳方案。

就在 2 年前，希特勒下决心入侵波兰。1 年后，战争看起来已然获胜，欧洲已匍匐在他的脚下。现在，仅仅 15 个月之后，德国的战争机器已拉响了警钟。

1941 年秋，大西洋之战的胜利对邓尼茨海军上将来说已变为了遥不可及的幻想。美军和加军覆盖了北大西洋的护航任务，英国皇家海军得以腾出手来，专注于保护直布罗陀到西非的航线。9 月，拥有 27 艘船只的 OG-74 商船编队正驶往直布罗陀，参与护航的有 4 艘护卫舰、1 艘炮艇，以及 1 艘新型护航航母。最后那种舰艇有着奇怪的外表，实际上这是用俘获的 1 艘德国香蕉船改装的，在船身上安装了 467 英尺（142 米）长的短飞行甲板。改装让这艘船看起来就像整个脑袋被削掉了一般。舰桥被塞到侧面，和飞行甲板等高。总计有 6 架舰载机留在甲板上，所有的维保工作也都需露天进行，这在恶浪翻滚的大西洋上可不是个容易事。这艘原名为"汉诺威"号（Hanover）的船被俘后，挂上了英国国旗，并被改称为"辛巴达"号（Sinbad），改装完后名字最终定为"帝国大胆"号（Empire Audacity）。

这艘船确实称得上大胆。当第 802 舰载机中队指挥官告诉自己的手下，他们即将成为这艘护航航母首批飞行员时，大家沉默不语。

这里面包括艾瑞克·布朗（Eric Brown）中尉。在战争爆发时，他侥幸带着自己的名爵牌马涅特轿车逃离了纳粹德国。回到英国后，他作为爱丁堡大学飞行中队的成员，被皇家空军征召入伍，派驻到东洛锡安区（East Lothian）的德雷姆（Drem）。没多久，舰载机部队去空军征集志愿者。他说："我感到在待的地方无所事事，而我又渴望回击德国人，我已经被闷坏了。"他立刻被接纳了，并于 1939 年 12 月来到新部队。凭借自己 100 个飞行小时的积累，他完全可以被立刻送去参战，但他却被送到北爱尔兰接受进阶培训。尽管有些沮丧，这对他不是坏事。当他被调往第 802 中队时，已拥有了超过 200 个飞行小时，这比大多数新飞行员多了很多。

PART ONE / 美国参战

　　成为"帝国大胆"号的新成员后，布朗和他的飞行员同伴们被告知这艘船上装备的是 6 架美制格鲁曼"野猫"战斗机（该型战机被皇家海军称作"岩燕"）。400 英尺的跑道并不充裕，只有 100 米多一点，飞机降落极具挑战，正常时只使用甲板上的 2 道拦阻索。如果飞行员错过了这 2 道绳索，后面还有 1 道障碍和第 3 道应急绳索。指挥官把这个称作"救命"绳索，在需要使用它时飞机也基本上快解体了。布朗写道："我们沉默地坐在那里。"在正式入驻该船前，每个飞行员都测试了 6 次降落，顺利通过后才能随船出海作战。

　　"帝国大胆"号离开苏格兰西海岸的阿兰岛南下，布朗他们不断练习降落技巧。他们在其上方 300 英尺（91 米）高度盘旋时，发现船身非常窄小。他是与小队指挥官"羊羔"拉姆（"Sheepy" Lamb）一同起飞的，后者顺利地完成了一次升降。

　　这让布朗的信心大大增强，他准备好了尝试。他并未先绕着船只盘旋几圈，而是决定直接对准目标降落。在注意力高度集中时，之前的紧张感消失了。他松开油门，速度降到了 70 节（130 公里/小时），当看到蝙蝠侠（甲板降落控制官）手势时，立刻急停。之前，他被告知，降落的诀窍在于让飞机处在几乎失速的状态，即毫无机动的能力。

　　幸运的是，布朗完美地控制了飞机。随着一下颠簸，飞机停了下来，勾住了第一根拦阻索。这让他非常得意。很快，他的"岩燕"就被推送到了起飞机位上。他踩下油门，同时扳起制动阀，随着信号旗挥下，他推开制动阀，飞机沿着甲板冲了出去。飞机在腾空时，并未损失任何高度。他写道："自此以后，一切都变得容易了。"他继续完善自己的起降动作，这种艺术般的技巧能给人带来强烈的成就感。

　　当他们给 OG-74 编队护航时，"帝国大胆"的名字已被简化为"大胆"号，这也是她的首个任务。布朗和拉姆升空时发现了 1 艘德军潜艇，那是 U-124。他们很快俯冲过去，用点 50 口径机枪招呼对手，可潜艇眼睁睁地在他们面前紧急成功下潜，子弹没能对其压力壳造成损害。不过，总算是逼迫对方下潜了。

　　5 个晚上后的 9 月 20 日，布朗再次发现 1 艘潜艇出现在附近，商船编队立刻进行"Z"字形机动躲避。当夜晚降临后，潜艇还是发动了袭击。随着浓烈的火焰和巨大的爆炸声，2艘船沦为了牺牲品。次日早晨，2艘寻找幸存者的救援船又遭到了福克-沃尔夫"秃鹰"轰炸机的袭击。2架"岩燕"起飞拦截，但编队又损失了1艘船——"沃尔默城堡"号（Walmer Castle），其被击中后燃起了大火。"岩燕"好不容易逮住了1架"秃鹰"并将其击落，"秃鹰"的整个尾翼被切断了。布朗写道："从其漂浮的残骸里捞起了一件飞行罩衣。"

就在他们快抵达直布罗陀时，1架几乎已到其航程半径极限的Ju-88轰炸机又光临了编队，炸沉了1艘船，德军潜艇也趁机用鱼雷击沉了3艘。护航舰队在抵达直布罗陀5天后，又要为前往英国的HG-74编队护航，这个编队有超过70艘船。德军潜艇在围攻完OG-74编队后，返回基地补充弹药。德军鱼雷的触发引信仍然故障不断，他们要多用几乎一倍的鱼雷才能达到本该轻松获得的战果。对防御方来说，返航的编队就不用特别担心德军潜艇的袭击了。

尽管如此，"岩燕"的飞行员们仍需要对付德军不断的骚扰，在某次作战中，艾瑞克·布朗在追击1架"秃鹰"时，舷窗忽然破碎，飞溅开的有机玻璃碎片击中了他的嘴巴，让他疼痛难忍。在返回"大胆"号时，他竭力确保自己神志清醒。糟糕的是，此时海面波涛汹涌，船只也飘忽不定。他成功瞄准甲板降落，但之后并不顺利，前2根阻拦索都未勾住，最后靠那根"救命索"才拦住。"岩燕"一个急停，布朗身子往前一撞，脑袋狠狠地撞在了瞄准具上。尽管他很快就康复了，但之后的航程并未再给他安排飞行任务。10月17日，他们到达克莱德河，"大胆"号的首个往返任务顺利完成。

尽管8月底得到元首批准的最高统帅部备忘录里承认德国空军需要更多支持才能对英国进行有效封锁，但此时他们面临的情况可比1940年夏更为困难，因为英国本土的战斗机实力正不断增长。

英国皇家空军的夜间战斗机部队在数量和战斗力上都得到了提高，他们可以更好地应对德军导航雷达，获得了更优良的空中拦截雷达，以及更强大的火力。初夏，他们已克服了早期空中拦截雷达的使用困难，也解决了火炮在开火时会卡壳的问题。空中拦截雷达被证明在 5 000 英尺（1 524 米）以下难以发现敌军小股突入的机群，比如那些来偷偷布设水雷的德机，因此新技术被研发出来，让英国夜间战斗机可以保持在足够的高度监视敌机，直至距离足够近为止。仍在第 29 中队的盖伊·吉布森现在已晋升为中队长，他于 7 月 6 日击落 1 架试图在泰晤士河口布设水雷的"亨克尔"。机炮用 2 秒的一串连射将对手打得凌空爆炸，残骸坠入海中，没有机组成员幸存下来。如果这么高效的机炮在去年夏天就可以装备给战斗机部队，那将产生完全不同的结局。

德国空军的夜间袭击大幅减少，这让英军的这些技术提升用武之地大大减少，这也意味着吉布森在肯特郡的西马林过上了悠闲的社交生活。但昼间战斗机部队的处境就没这么愉悦了，随着德军在东线发动攻势，战斗机司令部需竭力牵制更多德国空军留在西线。他们的战略是在帮助苏联减轻压力的同时尽量削弱德军在西线的防空体系。因此，从 6 月底开始，战斗机司令部下辖的昼间和夜间战斗机部队承担了截然相反的不同角色。

在法国和低地国家进行的这些突袭行动非常奏效。从"巴巴罗萨"开始到 7 月底的 6 周时间里，战斗机司令部组织了大约 8 000 次出击，包括给轰炸机护航和单独作战的行动，统计显示在空中和地面共击毁 322 架敌机，本方损失 123 架。事实上，德国空军只损失了 81 架。300 架以上的战果还算对得起他们巨大的努力，如果只是 80 架就说不过去了，特别是还要考虑地中海和中东战场仍急需战斗机的支持。

实际上，战斗机司令部面临的处境正如德国战机去年夏天在英国遭遇的困境一样。首先，飞越海峡本身会大大增加燃料的消耗；其次，失去了主场作战的优势。在法国上空被击落的飞行员遭到了捕获，被送进了战俘营，很多皇家空军的王牌飞行员都落入了这样的命运，包括战斗机部队里最著名的王牌飞行员——无腿的道格拉斯·巴德（Douglas Bader）空军中校。

在经常需要飞越海峡作战的部队里包括驻扎在比金山的第609中队。乔治·达利中队长已经被调走，新来的是迈克尔·罗宾森（Michael Robinson），中队里原来那些美国人和波兰人也分别被调到雄鹰中队和波兰中队。第609中队现在接纳了不少比利时人。让·奥芬贝格被他的英国战友昵称为"派克"，现在也来到了第609中队，几周后传来了他荣获优异飞行十字勋章（Distinguished Flying Cross）的好消息，他是首个获得该勋章的比利时人。

同日，该中队里久负盛名的飞行员西德尼·希尔（Sidney Hill）在法国上空的作战中阵亡，晚餐时的气氛非常沮丧。听到奥芬贝格获得优异飞行十字勋章的消息后，中队长罗宾森将自己的那枚勋章别到了派克胸口上，坚持要给他们进行庆祝。罗宾森明白，不能让手下沉湎于失去同伴的悲痛中，酒精和玩乐可以让他们的思绪放松一下，最好能尽兴地喝个酩酊大醉。

7月底，罗宾森获得晋升并被调走，与此同时，奥芬贝格也被提拔为空军上尉，负责B小队。飞越海峡的行动仍在继续，有时是双机编队，有时是给轰炸机护航，或者攻击敌军那些扫雷艇和驳船。他们有时候一无所获，有时候会与德军的"梅塞施米特"编队交火。在8月底前的几次行动中，奥芬贝格甚至负责指挥整个中队的作战。由于现在无法通过坠落的敌机确认战果，战果变得难以验证，但奥芬贝格的名下还是多了2个"可能战果"。

红头托宾以及他在第71雄鹰中队的美国志愿者们也同样在继续奋战。到了9月，由于仍有美国人不断加入，战斗机司令部又特意组建了第133中队来容纳他们。

新来的人里包括吉姆·古德森，他是"雅典娜"号沉船事件的幸存者之一。在美国上岸后，他很快就越过边境返回了加拿大，并加入了加拿大皇家空军（Royal Canadian Air Force）。1940年底，他完成了飞行技巧的培训，怀着极大的热情返回英国，期望可以驾驭"喷火"进行作战。但让他失望的是，在通过作战训练单位的考核后，他被派到了装备"飓风"的第43中队，日常任务只有无尽的巡逻，并追逐那些偷偷溜进来的零散敌机。在这样过了几个无聊的冬季后，他的激情已消磨殆尽。他这样记录在第43中队的生活："我们既沮丧，又疲惫，按照皇家空军的说法就是'颓废'。"不过他很快就被调入了第71雄鹰中队，随着夏天的到来，他们开始飞越海峡，发动攻势作战，还换装了"喷火"。古德森的热情再度燃起，他和红头托宾也成为了挚友。

到9月，托宾已在2个前线作战的中队里飞了超过1年时间，这可真算得上漫长了。直到那时，他的运气一直不错。不过，9月7日，好运终结了，当天他要深入法国北部执行任务。行动刚开始就不顺利，出击的9架飞机很快有3架因机械故障返航，托宾和另外5架继续前进，越过法国海岸线后，在进入内陆75英里（120公里）处遭遇到庞大的Me-109机群，这是德军第26战斗机联队的75架飞机，他们从29 000英尺（8 839米）的高空直扑而下。很快，1架"喷火"被击中并开始燃烧，托宾立刻掉头咬住袭击者。但旋即，他就被亚辛·慕钦贝格（Joachim Muencheberg）击落。慕钦贝格在年初还带着他的中队驻扎在西西里岛上，在短短几周时间里就取得了击毁50架"飓风"的辉煌战绩，而本方无一伤亡。慕钦贝格本人已取得了52个战果，现在他又增加了2个，其中之一就是红头托宾。这个美国人没能顺利返回基地，后来有消息确认他阵亡了，身份被识别后埋在了坠机地点。当天，总计有3名美国飞行员遇难。

托宾的逝去让人难过，因为他一直是个开朗、乐观的角色。当朋友们给他收拾遗物时，发现他只剩下1个先令3便士，差不多2美元的样子。1份美国报纸这样报导："这就是在异国天空上驾驭异国战机的英雄所拥有的全部财富。"

酷热的夏天变成了潮湿的秋季。海峡两岸的飞行员都受够了无止境的消耗战。齐格弗里德·贝特科在10月21日的日记里写道："我再也没有激情了。"一想到要飞越海峡就让他神经紧张，虽然战斗任务到了秋季已没有夏季那么频繁，但绷紧的弦一旦松下来也会让人无精打采。"这样的平静和备战状态让我变得麻木。我现在一点想法也没有了。"

几天前，奥芬贝格完成了一次雨中任务，在返场降落的时候，跑道变得滑溜不堪。他在日记里写道："比金山就像我们的巢穴，每次出击后都能安心返回的地方，我们可以伸展一下疲惫的四肢，温暖一下冻僵了的手指。今天的游猎并不顺利，我们没有遇到敌手，甚至一炮未发……"

从去年5月敦刻尔克撤退一直到这年11月，奥芬贝格和第609中队已在前线连续作战了18个月。这已是很长的时间了，大部分一线飞行员在6个月后就能得到休息。现在，中队终于被调往林肯郡的迪格比（Digby）进行休整。那里天寒地冻，设施简陋，大伙都受不了。奥芬贝格在23日的日记里写道："在飞了1.5个小时后，迪格比塔台呼叫我回去。尽管戴着皮手套，我的手还是冻僵了，我的脚也是冰凉。事实上，我都已感觉不到它们的存在了。"

很明显，由于天气恶化加之白昼变短，战斗也随之减少。也许，应该把这些使用不足的"喷火"送到那些急需增援的战场上，比如地中海或者中东地区，那里依然阳光明媚，天空湛蓝，但皇家空军在那里面临着飞机不足的问题。退一步说，使用战斗机在法国上空扫荡并未得到明显效果，还带来了飞机和飞行员的大量损失。遗憾的是，在中东的皇家空军得不到足够的关注。战斗机司令部的肖尔托·道格拉斯（Sholto Douglas）空军上将和特拉福德·利-马洛里（Trafford Leigh-Mallory）空军少将更靠近权力核心以及航空部，他们可以面对面地对高层提出自己的诉求。自他们于去年秋天取代休·道丁空军上将和基斯·帕克空军少将之后，新的战略同样缺乏想象力，且效率很低。英国各处的工厂都在赶制大量"喷火"，由于后勤运输的问题，它们无法在第一时间被运往马耳他和埃及，不过这也并非不可克服。"喷火"的维护工作确实也要比"飓风"难处理一些，但在沙漠里或者小岛上维护飞机无疑会增加操作难度。

最显著的问题在于，英伦本土已经并不需要这么多的战斗机来保护领空，也不需要这么多战斗机去大陆寻找德国空军决斗，尤其是冬季。他们应该想办法将这些飞机送到中东去发挥更大作用。英国皇家空军正在错失时机。

第 5 章

"鲁本·詹姆斯"号的沉没

9月底,代表英国的比弗布鲁克勋爵和代表美国的埃夫里尔·哈里曼(Averell Harriman)飞往莫斯科参加一个援苏会议,在此之前,对苏联的援助已经开始了。这些军事和其他物资的供给使美国和英国的工业需要增加产出,同时对盟军的海运也提出了更高的要求。英国皇家海军的本土舰队负责保护商船编队前往摩尔曼斯克(Murmansk)和阿尔汉格尔(Archangel),前者靠近苏芬边境,后者处在更东南的方向。受冰封的影响,编队在夏天的路线为冰岛以西,斯匹次卑尔根岛(Spitsbergen)以南,冬季路线则是冰岛以东,更为靠南的位置。同盟国海军对挪威所属的斯匹次卑尔根发动袭击,摧毁了那里的矿业设施,将在那里工作的苏联人和挪威人都运走,率先行动使德军无法使用这个位置极佳的岛屿,这场行动规模不大,但意义显著。8月21日,北极船队搭载着48架"飓风"开启航程,可以装备2个战斗机中队的飞机于10天后安全抵达阿尔汉格尔。尽管英国本土舰队规模浩大,但开战后已被无数任务牵扯,现在又增加了北极船队的护航任务,更是难以招架。

不过,英国人也有值得高兴的消息。9月最后一天,丘吉尔对下院汇报战争局势,他开篇就提到,在对英国最性命攸关的大西洋战场上,船舶损失在最近几个月已大幅下降;越来越多的物资正抵达英国,而且国内产量也在迅速增加。

英国在农业领域已经取得了革命性的进展，重心放在种植更多的农作物上，减少肉类的产量，随着机械化程度的加强，目标一一实现。改变饮食习惯并增加本土粮食的产量，使战前大量被食物进口占用的运力被释放出来，从而能够运输更多的武器装备和其他物资。耕地也从1939年的1 187万英亩（480万公顷）增加到1941年收获季的1 500万英亩（607万公顷）。农业部主导了这样的战略改变，具体实施则由各郡设立的战中农业执委会负责。"战时农业"的实施者则是各地的自耕农和农场主，他们要确保政府的命令得到贯彻实施。他们能够按照实际的效率情况进行农场分类，如果有人拒不合作或者故意捣乱，他的农地将被征用。因此，农业部并不需要忙着到处严查，或者兼并农场，在有效的指引下，大部分农业成员都能负责任地高效生产。当然了，他们也为农民提供了大量帮助：资助拖拉机和其他农机的购买；价格优惠的化肥；有效的专家指导。

6月底，农民作家A.G.斯特里特在他位于威尔特郡西南部威尔顿的农场接待了4位前来检查的专家，其中2位负责耕地和家畜，1位负责种育，1位负责亚麻。他写道："我们在迪彻安普顿农场附近边走边谈了好几个钟头。"大家讨论了如何增产的问题，在方法上达成了一致。总的来说，斯特里特的工作完成得很出色。他补充道："农场经受住了严苛的评审。"

1941年的收获季让人寄予厚望。这也是斯特里特记忆里最盛产的一次，无论是耕地面积还是单位产量都创了新高，这主要归功于新的化肥以及更高效的播种方法。他于9月3日（英国参战2周年的日子）写道："毫无疑问，国内的农民差不多成功完成了战争需要他们所做的工作，也就是通过增产食物来打赢半场大西洋战役。"他又补充道："我说差不多成功，是因为我们虽然耕作出了有史以来最多的谷物，但却要在最糟糕的天气下进行收获。"

不过，几周后的9月21日的晚上，他可以开心地坐下来休息了，由于动员了各方面的力量，秋收顺利完成。他的农场里来了大量不熟练的劳动力：学童、城里的志愿者、士兵、妇女土地服务队（Women's

Land Army）的成员，进行了全天劳动。他的老婆、女儿和其他女性也来帮助准备餐食、开车带士兵们来往营地，将新打的粮食送到收购者那里。这也是收获季历史上首次连周日也连续工作。当斯特里特打量自己的农场时，有点不敢相信现在的景象。他从未有过如此多的耕地在如此短的时间里就处理得妥妥当当。他写道："农田里已清理干净了所有上一季的作物，准备好开始新一轮的耕种。"

这些辛苦的工作并未白费。在丘吉尔9月30日的演讲中，他可以放心地表示，英国的食物储备已超过了战争爆发时的水平，比18个月前的水平高了很多。他补充道："粮食大臣的工作很艰巨，现在已经为全国的食物配给做出了了不起的改善，尤其是对餐食的质量和种类提高很多。"这可不是简单的声明。此刻，欧陆上的食物问题正变得越来越严重，配给制愈发严苛，而英国人却比以前能获得更均衡和公平的食物供给。这给他们带来了更为高昂的士气，疾病更少，人们更健康。这当然能提升生产效率。

9月11日，罗斯福总统向世界宣布，美国海军已获命将消灭一切出现在美国海域上的轴心国武装。显然，这个宣告比较戏剧性，美国海军实际上早已承担起了大西洋上划定的美属护航区的安全责任。因此，美国战舰击沉德国潜艇已成了时间早晚的问题。这样的事情一旦发生，美国与德国的全面对抗也就更近了。

这一时刻于10月31日凌晨终于来临。

8艘德国潜艇正在格陵兰岛东南方向巡游，包括艾里希·托普指挥的U-552。他和艇员刚到达预设阵位，就发现了拥有44艘船舶的HX-156编队，保护它们的是5艘美国驱逐舰。托普并未直接攻击商船，他将目标瞄准了美军驱逐舰"鲁本·詹姆斯"号（Reuben James）。早晨8点34分，他发射出的2枚鱼雷直接命中了后者的左舷，爆炸将其撕成两半。船首立刻下沉，燃烧着的船尾坚持了5分钟后也消失在海面。随着舰上装载的深水炸弹在水下发生爆炸，整个海面被剧烈的爆炸激起巨浪。漂浮在海面上的幸存者被黑色的燃油包裹，此时的海水冰冷刺骨，不少人因吞入燃油或者海水而呛死，一些无法摆脱燃油的人被海面上的大火烧死，焦黑的尸体漂浮在船只残骸之间。另外4艘驱逐舰赶来救援，可大部分船员已经遇难，最后只有45人获救。包括舰长在内的115人丧生在危机四伏的大洋。

在攻击的那刻，托普并未认识到护航的舰艇是美国海军，但没多久他就获知了真相：在他的指挥下，德军击沉了1艘并未与德国开战国家的战舰。他很清楚，德国在1917年重启无限制潜艇战直接导致了美国参加了上次大战，这次击沉事件将会成为一次严重的政治性事件。他回忆道："直到我回到基地前，脑子里已过了好多遍。从国际法来看，我的良心并不需要被谴责。毕竟，我攻击的是有战舰护卫的英国船队。当然，我仍然面临压力，不管是否有意，谁都会紧张得要死。"

他确实创造了历史，本国军舰被击沉的消息让美国公众震惊且愤怒。托普当时并未立刻返航，他与包括U-567（艇长是其好友恩格尔伯特·恩德拉斯）在内的3艘潜艇继续追猎商船编队，并和英军护航舰队展开恶战。当他们最后于11月26日终于返回圣纳泽尔时，托普被立刻召集去巴黎，当面向邓尼茨海军上将汇报情况。

罗马，墨索里尼的女婿，意大利外长加莱亚佐·齐亚诺伯爵于1941年万圣节那天听到了"鲁本·詹姆斯"号被击沉的消息。他写道："看起来，遇难者众多。我担心这次事件在此时会引起或者起码会激化危机。"这个"危机"并不仅指美国参战的可能性，还包括意大利每况愈下的处境。墨索里尼已经一遍遍地受辱，徒劳地用喜怒无常和怨气来掩盖自己内心的无力。

领袖对自己被瞒在"巴巴罗萨"战役之外感到愤怒。希特勒又一次对他的这个轴心伙伴刻意保密，元首命令瓦利蒙特和最高统帅部只允许将情况通报给和苏联直接接壤的伙伴，也就是1940年11月加入轴心同盟的罗马尼亚和匈牙利，以及并无正式结盟的芬兰。苏联顽强抵抗的消息传到罗马时，墨索里尼评价："我对东线之战的唯一愿望就是德国人将在那里被拔掉很多羽毛。"就在几天前，他还坚持要派一些意大利部队前往东线，但德国人明确表示并不需要。尽管如此，首个意大利师还是于7月底出发，但这并不会改变领袖对德国人越来越反感的情绪。

为什么德国人取得了那么多成就，而他们却如此少？10月底，齐亚诺飞到普鲁士，然后前往拉斯腾堡的狼穴指挥部。德军部队在那时距离莫斯科只剩下60英里（97公里），他看到希特勒状态很好，德国外长冯·里宾特洛甫大谈希特勒在欧洲要延续千年的新秩序。齐亚诺指出千年过长了。"那说一个世纪吧。"里宾特洛甫退让说。齐亚诺发现德国运转良好，碰到的人都神态淡定、穿着得体，气色很好。他写道："美国人乱扯什么内部崩溃，他们一定搞错了。至少，他们的判断过于幼稚，德国人可以长期撑下去。"

与之相对的，意大利国内面对的是长期的战争和艰苦环境。就连墨索里尼也认识到这一可悲的现实，所以他也意兴阑珊。英国皇家空军正在轰炸他们，比如那不勒斯在7月初遭遇了猛烈的轰炸，损失了6 000吨宝贵的石油，使得补给更为窘迫。民众的面包配给已降到了200克每天，齐亚诺注意到民众的士气极为低落。西西里岛的情况更糟糕，民众生活在贫困中，缺衣少食。德国人留给意大利人治理的希腊则更加一塌糊涂。那里的面包配给甚至只有90克每天。齐亚诺写道："他们已经一无所有。如果一车谷物明天到不了比雷埃夫斯，面包炉就会熄火。解决方案是什么？"可齐亚诺才是该给出答案的人，他无能为力。到10月第2周的时候，食品部副部长向齐亚诺汇报，需要进一步削减意大利国内的配给水平，否则将在1个月内断粮。这对农村居民来说，还能想想办法，城市居民可就艰难了，包括妇女在内的抗议队伍一触即发，那将难以弹压。此时的墨索里尼，脑子里却想的是如何将更多的部队派往东线。

简直是疯了，意军仍然占据的利比亚即将弹尽粮绝，地中海上的轴心国航运受到以马耳他为基地的英军舰艇、飞机和潜艇的威胁，正变得越来越靠不住。在10月的首周，只送去了与上月同期20%的物资和50%的人员。

似乎这还不足以让意大利人崩溃,希特勒将空军元帅阿尔伯特·凯瑟林派来统领地中海战区的所有轴心国武装。凯瑟林名义上要向意大利最高统帅部汇报,但意大利总参谋长乌戈·卡瓦莱罗(Ugo Cavallero)元帅和墨索里尼都明白这项任命的真实意义。齐亚诺写道:"墨索里尼只有吞下苦涩的药丸,他明白这对战争和本国的大局来说意味着什么。但作为一个好的伙伴,他必须忍耐住打击,装作没事的样子。"墨索里尼和意大利人最后会因为他的骄傲自大而付出多么惨重的代价!

北非的战争在6月的埃及—利比亚边境战斗结束后短暂平和了一段时间,现在又开始蠢蠢欲动了。隆美尔的部队抓紧时间积蓄力量,但这场利比亚的冒险和东线的战争比起来只能算是开胃小菜。

苏联那边的战争和卷入人数的规模令人惊叹:大约700万人在"巴巴罗萨"爆发后相互厮杀。不过,这并不代表西线将变得悄无声息。德国的首要敌人仍然是英国:发动"巴巴罗萨"是为了迅速消灭一个潜在的敌手,使德国可以获得新的力量和资源对英国杀个回马枪,一劳永逸地解决这个麻烦,且最好是在美国搅局之前完成。

北非之战与东线那些规模庞大的战役相比确实是小菜一碟,尤其从人力投入方面来看。不过,这并不意味着希特勒和高层指挥官们对其战略上的忽视。他们希望通过这块战场让英国屈膝投降。他们相信,一旦在这里将英国耻辱性地打垮,后者将别无选择,只能求和。同时,希特勒也神经质地越来越担心英国会尝试入侵科西嘉岛、西西里岛甚至撒丁岛。元首在10月会见齐亚诺时表示,他可以给予地中海更多支持,尽管他自身也比较吃紧。德国人有些近视般地把地中海的战略重要性拔高到大西洋的地位。

英国的情况没多少变化:到处寻找机会,获取优势胜利,打击意大利,牵制更多德国的资源,利用自己正扩张的陆军巧妙地消灭轴心国部队。损失中东无疑会是个沉重的打击,但大英帝国和全球网络是建立在制海权上的,庞大的船运资源是轴心国所不具备的。换句话说,即使北非和中东丢失了，英国也不见得一定会丢失印度和远东。

德国非洲军的机械化装甲部队对东线来说犹如金子般宝贵。德国和意大利对北非的补给工作也将在整个秋季接受考验。兵力不足的德国空军和能力不足的意大利空军无法压制马耳他，后者再度拥有了进攻的力量。

更多的英国轰炸机来到岛上或者从中东地区过来经停。第10潜艇支队也变得更加精干，表现卓越的无疑是"支持者"号（HMS Upholder）和"催促"号（HMS Urge），他们名下早已战果累累。比如9月，"支持者"号就击沉了"大洋洲"号（Oceania）和"海王星"号（Neptunia）2艘排水量都是19 500吨的运兵船。这些大船是难以补充的，因为意大利人缺乏金钱、时间和资源重造那样规格的船舶。

10月，几条航速快、火力猛的水面舰艇被临时调驻马耳他。这支由2艘巡洋舰和2艘驱逐舰组成的K舰队对轴心国船队造成了毁灭性打击。11月8日，根据破译的电文加上皇家空军的侦察，他们发现了1支敌军船队刚驶离意大利母港。K舰队立刻出海拦截，他们在11月9日凌晨拦截到这支由10艘商船和6艘驱逐舰护航的船队。坎宁安海军上将欢快地写道："这对意大利人来说，是一场一边倒的屠杀。"经过短暂、激烈的交火，10艘商船里的9艘沉没，剩下的那艘油轮在海面上燃烧，3艘护航的驱逐舰沉入了海底。

齐亚诺惊恐万分。他们从9月中开始就没法成功地派船队前往利比亚了，但他清楚地知道那边的形势有多么令人绝望。他写道："所有的，我确认是所有的船都沉了。这毫无疑问地将对意大利、德国，尤其是利比亚带来严重影响。在这种情况下，我们无力反对希特勒派凯瑟林来统管整个南翼战场。"

大西洋上的战斗仍在继续。10月24日，U-564刚完成了3周半的令人疲惫不堪的巡航任务，此时正在直布罗陀以西300英里（483公里）的位置。艇长"泰迪"·舒伦一开始被调往北大西洋，在那里一无所获地度过了几周时间后接到了新命令："舒伦前往直布罗陀作战。"因此，他们开始往南进行长途跋涉，结果在指派区域一头扎进了浓厚的海雾。这对潜艇来说非常危险，因为他们的航行主要在海面上进行。他们只得不断地下潜，测听，然后再上浮，查看四周情况。如果可视度仍然糟糕，必须再下潜，这样折腾使他们的进展很慢，也让艇员的神经绷得很紧。6天后，舒伦终于失去了耐性，他发电报给潜艇司令部要求继续往南。回复非常简短："U-564请保持无线电静默。"舒伦写道："这让全艇士气低落，浪费燃料和精力却什么也做不到。我们需要战果就好像演员需要掌声一样。"

果然，在第7天，有1架"秃鹰"发现了1支商船编队正驶往直布罗陀，那是HG75。舒伦总算放心了，他预计在次日中午能拦截到对方。不过，让他垂头丧气的是，他们迟到了。次日晚上，他们得到新命令，转向另一片海域。

这次，他们终于逮住了1支编队。天刚蒙蒙亮，那支编队从他们的右舷方向直直地撞了上来。舒伦刚刚来得及让潜艇下降到潜望镜深度，船队就来到了他们上方。5个鱼雷发射口都做好了准备。领头的那艘货轮距离他们只有几米的距离，看起来就像大楼那般高。舒伦把眼睛贴在潜望镜上，感觉对方触手可及。这时他发现了1艘油轮。

"水手长，我们的速度怎样？"舒伦问。

"大概10节，中尉先生，偏左30度。"

"格吕奈特，请报告准备情况！"

"1号管，2号管，准备完毕！"

"水手长，偏左60度时，告诉我。"

"偏左50度。"水手长汇报。

"格吕奈特，正舵。"

"偏左60度，现在！"

"1号管——准备完毕！1号管——发射！"

很快，又发射出4枚鱼雷，前3枚在3艘不同的船只上爆炸。燃烧着下沉的船只冒出浓烟，使潜望镜的视野被严重遮蔽。舒伦命令潜艇继续下沉，相比深水炸弹，他更担心的是被混乱的船队误撞。他们上方传来的螺旋桨噪音渐渐消失了。有时，敌军的护航舰队会对上浮的潜艇来个回马枪，因此舒伦首先升到潜望镜可出水深度，四处打量了一番。那里仍然浓烟密布，视野很差，他们什么都看不到。情况很微妙，舒伦可不打算拿自己的潜艇冒险。他上浮，也许能再次追上商船编队，但如果有驱逐舰躲在烟雾里发起突然袭击？那将是灾难性的。他写道："我决定继续往南走。"

舒伦知道，这些直布罗陀编队都防守严密，很难被偷袭成功。好几艘潜艇被派去拦截 HG75，但在 6 天的尾随追击中，总共才击沉 4 艘商船，其中 3 艘还是舒伦击沉的。英军的护航舰队装备了雷达、"哈夫－达夫"以及 ASDIC 定位器和声呐，这使德国潜艇突破外围防线更加困难。

在大西洋另一端的美军负责的海域里，道格拉斯·范朋克海军上尉正在"勒德洛"号（USS Ludlow）驱逐舰上服役，这艘崭新的军舰属于美军第 34 特遣舰队，正护送商船编队前往大洋会合点。首次出海对这位成为初级海军军官的前好莱坞明星来说非常有挑战。尽管他已是个老练的水手，从未晕过船，但在狭窄的驱逐舰上经受大西洋怒涛的洗礼，加上舰船还要不断进行"Z"字形机动，并在编队旁如牧羊犬般前突后奔，他也快撑不住了。范朋克竭力用纳尔逊将军当年克服晕船的办法安慰自己，可这并不顶用。他慢慢地意识到，自己也许并不是因为晕船而呕吐。他写道："事实上，我是对未知充满了恐惧，因为我对自己的职责并不清楚，我害怕战争。"

慢慢地，他终于又找回了在海上的感觉。他发现士官比军官更管事，自己也很快学会了无线电和旗语的基本功，以及炮术基础和瞭望的重要性。他习惯了 ASDIC 不停发出的乒乓声。在这次出航中，声呐发现了一个类似潜艇的信号源。警报鸣响起来，船上广播传来了命令："注意警报！所有人！进入战斗阵位！进入战斗阵位！所有人进入战斗阵位！"范朋克这时还没被分配到战斗阵位，因此来到了舰桥，竭力用双筒望远镜四处瞭望，希望他能帮上忙。

驱逐舰忽前忽后地航行着，不断投下深水炸弹。很快，ASDIC上的乒乓声消失了。他们希望已击沉了对手，但却看不到任何迹象。

几天后，他们在白天追击一艘潜艇，结果最后在一团浓雾中不仅跟丢了敌人，连船队也联系不上了，还碰到了发动机故障问题，很快舰艇停滞不动了。周围是浓密的海雾，一片死寂，他们随波漂流，犹如待宰的羔羊。

第一天很快过去了，第二天也随之而去，机械师疯狂地努力抢修发动机。浓雾终于在第三天散开，他们重见阳光。这时，他们才发现舰艇已漂流到了英军负责的海域。根据《中立法案》，美军舰艇只能在美军区域进行护航任务，不能进入英军区域。机械师总算在这时修好了一台发动机，他们终于能重新起航了，这让大家松了口气。在这期间，没有德军潜艇来打搅，他们慢慢地向冰岛的港口驶去。

第6章

"十字军"行动

德国在北非的军队数量与在苏联的军队数量相比，可谓微不足道，但如今的战斗规模仍然超过了上年。隆美尔的非洲军已扩充到3个师，意大利人有2个军。与之对抗的是英国第8集团军下辖的2个军，双方所有部队都完成了机械化，至少装备了摩托化车辆，即使是一些防守的据点也有车辆联系后方。伦敦来的阿尔伯特·马丁在步枪旅2营服役，他最近刚被晋升为下士。已经来到北非一年的他对任何变化都很敏感。小打小闹的日子已经过去，他发现储备的弹药物资已到了惊人的规模。随着10月结束，11月的到来，新的作战已箭在弦上。夜间巡逻变得更为积极主动，新型坦克正在集结，补给站和弹药库不断拓展，空军的行动也更为频繁。他和战友一致认为这种优势令人放心。

马丁没有错。皇家空军在北非的实力正在增长。在"十字军"（Crusader）行动的前夜，皇家空军已拥有了554架飞机，而德国空军只有121架，意军只有192架可作战。也许比数量优势更重要的是作战方式上的领先。特德空军中将不仅尽力为中东争取到了更多飞机，还强调了提高前线飞机的完备率的重要性。他们的飞机备件库体系得以完善，能确保7天作战所需的设备供补给，此外还能提供额外2天的补给。在10月的4周里，有不少于232架次的飞机完成了返修。在陆空协调作战上也涌出了一批新条例和方法。特德和奥金莱克决心改进两兵种协同作战的效力，他们通过联合演习探索如何能最有效地发现目标、进攻目标和消灭目标。

双方的分歧也消除了。陆军曾要求空军提供更多的俯冲轰炸机和战斗机,直接在头顶上充当保护伞。但这是不现实的,无论是飞机数量还是战略的有效性都不支持这么做。空军的战略是尽可能在敌机还未袭击本方陆军时,将对手消灭于起飞前。丘吉尔在9月初签发了关于空地协同作战的新指令,这主要是根据特德草拟的空中支援大纲制订的。丘吉尔写道:"陆军指挥官将明确告知空军指挥官他所需要打击的目标和任务,无论是准备攻击敌军的设施还是战斗过程中所需的支持。最终由空军指挥官根据最有效的方式来决定兵力的投入使用情况。"

另外一项新举措是成立陆空联络处(Air support Control)。每个陆空联络处单元将由陆军和空军人员联合组成,他们乘坐装备无线电的卡车,进驻到每个军级单位。皇家空军在每个旅会增派一个联络组,装备一辆配有电台的卡车。地面部队可以请求空中支援,所有请求汇总到陆空联络处之后,由后者决定是否接受。如果通过,他们会召集合适的空军力量,即合适的飞机数量和使用时间来完成任务。

最高指挥层也发生了人事变动。现在指挥沙漠空军部队的是亚瑟·坎宁安(Arthur Coningham)空军少将,这是位坚毅且充满个人魅力的领导者,充满想法,精力充沛。他出生在澳大利亚,父亲原来是个板球选手,但后来由于被曝光试图要挟和勒索当地的牧师,而被迫带着5岁的坎宁安逃往新西兰,并在那里把他养大。在上次大战中,坎宁安先是在新西兰陆军里转战于萨摩亚和中东。由于健康问题,他短暂离开部队,身体养好后再次前往英国,加入了当时的皇家飞行军团(Royal Flying Corps),跟随第32飞行中队在西线作战。正是在此期间,他得到了"玛丽"(Mary)的外号,一方面这个词听起来像是"毛利人"(Maori),另一方面是他当时正和一个叫这个名字的新西兰护士热恋。不管怎么说,这个名字和一个极阳刚的男子汉形象很不协调。坎宁安是个天生的领袖,还是个有天赋的飞行员。他在西线几乎成为了双料王牌,在皇家飞行军团改称皇家空军后,他继续负责探索西非到埃及的航线。到大战爆发时，他在轰炸机部队负责指挥第4大队。

坎宁安现在来到北非，接受了在中东战场最为重要，也最具挑战的指挥职务。11月，他重组了部队，使力量更为强大。没人怀疑空中力量的威力，但坎宁安是那种相信空中力量能决定地面胜败的人。

"十字军"行动预备于11月18日打响，此前5周，中东皇家空军和马耳他岛上的轰炸机就开始了准备工作。在出动的3 000架次攻击中，摧毁了大约70架轴心国的飞机，这样的回报虽不算丰盛，但确也有效削弱了敌军的空军力量，让类似阿尔伯特·马丁那样的英军第8集团军士兵欢欣鼓舞。

特种空勤旅也以自己的首秀参与了战役前的准备工作。他们计划空降到敌军后方，进攻其机场。但11月16日的空降行动恰恰遭遇了有史以来最恶劣的雷暴天气，这把他们吹离了航线，错过了原定时间表。因此，他们不仅不能对敌方机场发动袭击，还要历经千辛万苦去和沙漠突击队会合，才得以回到本方阵地。当晚出发的54个人里只回来了21个，其他人或俘或亡。生还的约翰·库珀写道："在颠簸的卡车里坐着的我们心灰意冷，对于我们这样的小单位来说，如此大的损失总是难以承受。"他清楚地记着那些军官脸上扭曲的表情。库珀继续写道："对戴维·斯特林来说，他需要重新考虑我们作战的方式，特种空勤旅的首次出击简直是灾难。"

10月21日，已经掌管飞机生产大权的米尔希元帅向来自飞机制造业的200名代表人物宣布，即日起将把Fw-190战斗机和Me-109战斗机的生产比例调整为3∶1，而之前是1∶4。这对梅塞施米特来说可谓沉重一击，米尔希清楚地表明了他不会顾及博士的面子而手软。德国空军的采购将不再受制于那些行业寡头或者其与纳粹的关系亲疏远近。

接下来的几周里，米尔希发现，乌德特的手下实际上进行了数据造假，形成对Fw-190有利的结论，对生产计划的剧烈改变使战斗机的整体生产工作在几个月里受到阻碍。米尔希、乌德特和弗里茨·塞勒（Fritz Seiler）召开了一个会议，后者是梅塞施米特公司的副主席和财务总监，他在会上提交了造假的数据。

"这可不是什么同志间的做法啊，塞勒先生。"米尔希说道。

"这就像下棋，"塞勒回答，"我开始下第2步了。"

受到这个重磅炸弹的袭击后，米尔希别无选择，只能向塞勒承诺他会修正生产比例的决定。这对他是极大的羞辱，对乌德特来说就更为致命。这一事件对正在快速衰落的德国空军来说丧失了重整旗鼓的机会。

为了弥补两者的关系，米尔希建议乌德特和他一起游览巴黎几天，这是德国人最喜欢的城市。他们曾一度是密友，米尔希认为现在是重续友谊的时机了。让他感到宽慰的是，乌德特立刻答应了。他们计划于11月17日从柏林的坦佩尔霍夫机场（Tempelhof）乘坐乌德特的西贝尔–104专机出发。

浓雾使米尔希无法从布雷斯劳（Breslau）飞回柏林，因此他开车上路。当他先回到航空部，再准备出发前往坦佩尔霍夫机场时，得到了一个糟糕的消息：乌德特在自己的公寓里开枪自杀了。死者的床边倒着2个空的白兰地酒瓶，他之前已沉醉于各种麻醉品有段时间了。不断加重的负担击垮了这位曾经的王牌飞行员：他被情妇抛弃，作为空军采购总监受到了极大的羞辱。毒品和酒精送了他最后一程。米尔希听到这个消息后，内心不禁感到深深的凄凉。

乌德特的死亡被伪装成在测试新型武器的过程中遇难。在他的葬礼上，希特勒把米尔希叫到一边："你需要独力承担艰巨的任务了。"米尔希被正式任命为空军装备总监，负责重建德国空军。毫无疑问，他的任务艰难且浩大。

伴随北非战场重燃烽火的倒计时，美国正思考如何应对"鲁本·詹姆斯"号的击沉事件。民谣歌手伍迪·格斯里（Woody Guthrie）甚至还为此创作了歌曲。大部分美国人对此感到震惊，罗斯福很快将事情给淡化处理了，他告诉媒体一切照旧，美国不准备对德国宣战。

在权力走廊里的人，没人会相信这话。沉船的时间点也正好对上了新"胜利项目"的宣布，这个计划要将目前的军火产量翻倍。

对美国军火工业的掌门人来说，1941年是个困难而又令人沮丧的年份。此起彼伏的罢工严重影响了产量；有些项目走进了死胡同；原材料的紧缺成为了瓶颈；对比尔·努森和生产管理办公室（Office of Production Management）的尖锐批评持续不断。前通用汽车的首席执行官努森在去年5月被罗斯福请来优化美国的军火工业。虽然他在汽车行业有着25年的辉煌历史，但对军火工业来说还是新手，这个行业被华盛顿的政客和记者死盯着。努森不断提醒总统和相关人士，那些坦克和飞机不可能在一夜之间投入大规模量产。我们得先造机床，建设厂房，招募人手，培训工人，驯服大企业。

主要的障碍有两个：首先是生产速度太慢，其次是太多原材料被民用物资的生产占用了。

努森一贯认为军事增产不应该牺牲民用物资的产能，增加产能是一个逐步的过程，因为需要制作新的机床，公司也需要有序切换。这些过程显然需要时间，努森在当初加入国家防御顾问委员会的时候就提醒说，他需要18个月的时间。

国家防御顾问委员会改革为生产管理办公室后，继续负责协调军工生产，这与价格管理和民用补给办公室（Office of Price Administration and Civilian Supply）会产生一定的冲突。这不能怪努森或是他的副手唐·纳尔逊（Don Nelson），而是当初设立这些机构的人所未想到的。

瓶颈在于没人可以统一处理生产上的优先级顺序，罗斯福必须思考如何分配物资。他的答案是设立另外一个机构：供给优先和分配委员会（Supply Priorities and Allocations Board，缩写为SPAB）。在新的架构里，唐·纳尔逊负责供给优先和分配委员会，钢铁业巨头爱德华·斯特蒂纽斯（Edward Stettinius）接管《租赁法案》的运行工作，努森继续负责生产管理办公室。唐·纳尔逊需要在军事、民用和海外援助之间分配资源，这个任务可不能令人羡慕。算上新开始的对苏援

PART ONE / 美国参战

助,这是令人头疼的任务。

临近 1941 年末,越来越多的迹象表明,美国工业即将进入全面爆发期,因为最重要的设备改造阶段已差不多快结束了。钢铁工业已增加了 600 万吨的产能,使总产能达到了惊人的 8 800 万吨。飞机工业将其厂房面积从 1939 年 1 月 1 日的 9 454 550 平方英尺(878 356 平方米)增加到 1941 年 11 月的 54 000 000 平方英尺(5 016 764 平方米)。1940 年 9 月,月度国防支出仅 2 亿美元,现在已达 13.6 亿美元。从 7 月开始,美国的工厂已生产出价值 20 亿美元的弹药,而航空工业在 1941 年制造出了接近 2 万架飞机。英国新设计的"自由轮"正从亨利·凯泽的船厂源源不断地下水,新船型也于 8 月开始了正式生产。亨利·凯泽不仅接受了英国人要求量产 1 万吨商船的挑战,他还布局全美的船厂做到了几乎天天有新船完工下水的速度。

也许,最为显著的成就是机床的产量。1932 年,整个机床工业的年产值是 2.2 亿美元,随着努森的老友弗雷德·盖尔(Fred Geier)成为机床制造者联盟(Machine Tool Builders' Association)的领袖,这个曾经规模不大却很被重视的行业到了 1940 年已能年产 110 000 台机床,1941 年更是增加到年产 185 000 台的水平。1942 年初,辛辛那提铣床公司(Cincinnati Milling Machine Company)已达到平均每 17 分钟出品 1 台机床的效率,且生产工作全年无休。这些产品可用于生产装甲板、飞机机翼或者炮管,它们都是大规模量产必须依赖的基础。

正如努森预测的,美国工业需要 18 个月的时间完成质变,在 1940 年和 1941 年初看起来完全不可能实现的生产量级正渐渐成为现实。美国的工厂看起来已为空前规模的军火生产做好了准备。直到此时,仍然有不少怀疑论者存在。汉森·W.鲍尔温(Hanson W. Baldwin)在《纽约时报》上撰文:"眼下和未来的主要问题是那些拥有大量高速运转机器的人从哪里获得充足的原材料,同时不危害到我们工业的其他分支,以及如何控制价格和工资。这是这个国家从未接受过的最大任务。"鲍尔温说的确实一点都没错。

海上的战斗还在继续。11月，皇家海军的西路指挥部显然希望他们的大西洋同伴能为他们提供更多支援。加拿大人的护卫舰由于船型太小，无法应对中大西洋的惊涛骇浪，这让他们疲于奔命，他们舰只本身的质量也出现了问题。这些护卫舰平均每月需出海28天，对于那些还在学习的新兵水手来说已非常苛刻。他们的装备也不合适，他们的舰桥还是开放式的，这意味着船员们每天都要经受寒冷的海浪洗礼。

英国皇家海军非常看不上这些表兄弟的旗语水平和护航水准。但客观地说，加拿大皇家海军事实上已作了超水平发挥，在西大西洋和北大西洋合格完成任务，给予了英国人意义重大的帮助。

西路指挥部发现，美国海军携带的护航指引里提到，他们的首要目标是击沉敌军潜艇，而不是安全保护商船前往大洋会合点，这让英方感到恼火，但他们无能为力。美国人并未正式参战，军事上，他们因此不能制订联合作战准则。

对同盟国海运来说，幸运的是，在加拿大皇家海军快撑不住的时候，希特勒又来干预了。他对地中海和南翼有着病态般的担忧，这影响了他的判断。以马耳他为基地的K舰队和第10潜艇支队持续封锁轴心国前往北非的运输线路，当英军于11月18日发动"十字军"攻势时，元首命令邓尼茨从大西洋抽调6艘潜艇进入地中海作战。出于假想的对英军在挪威登陆的担忧，他再次发出直接干预，抽调潜艇进入北海作战。到了12月，即战争爆发2年半之后，在最重要的大西洋战场上，仅有5艘潜艇在执行战斗巡逻，驻守着地中海通往大西洋的口子。

虽然地中海很重要，但希特勒难以理解的是只要继续有同盟国商船将物资运往英国，后者就不会被击败。

在北非的西部沙漠，《每日快讯》的艾伦·穆尔黑德和其他记者一起于11月16日被召集到第8集团军位于埃及巴古斯（Bagush）的司令部。指挥官艾伦·坎宁安爵士告诉他们："我准备在后天发动进攻。一切就交给前线了。"计划准备由配备大部分装甲部队的第30军突袭，消灭德国非洲军的装甲部队,第13军则沿着海岸朝托布鲁克前进,那里被围困的部队会在时机成熟时进行突围。英军还大胆地利用突击队深入敌军后方,于11月17日至18日夜突袭隆美尔的指挥部。那时,隆美尔恰好在罗马,在"十字军"行动发动当天才返回。

不管怎样,英军的袭击将轴心国打了个措手不及。当隆美尔返回前线后,他误判了英军的企图,将装甲师都派往巴迪亚。这样,南翼的第30军及英军装甲部队能顺利前进到位于托布鲁克东南10英里(16公里)处的西迪雷泽(Sidi Rezegh),而第13军也沿着海岸线顺利推进。2天后,坎宁安将军认为时机成熟,命令托布鲁克防守部队进行突围。可此时,隆美尔已纠正了自己的错误,命令非洲军掉头迎击。这就爆发了截至那时,在北非规模最大的坦克战。艾伦·穆尔黑德恰巧目睹了这一幕。他在坎宁安的新闻发布会之后,沿着海岸公路赶往前线,于11月19日夜来到第30军下辖的第4装甲旅营地。

东边冒起了浓密的黑烟,穆尔黑德和同伴爬上卡车观察亚历克·盖特豪斯(Alec Gatehouse)将军麾下那些刚从美国运来的"斯图亚特"轻型坦克穿越开阔的沙漠,像旧时的骑兵一样向隆美尔的装甲部队发起冲锋。穆尔黑德写道:"这样的景象堪称神奇,奋不顾身,出其意料而又果敢勇猛,他们直接冲入德军坦克和火炮所隐藏的那片由扬尘和火焰构成的帘幕。"在那以后,他就看不清楚了。"灰尘、烟雾、燃烧的燃料,爆炸的炮弹将天空填满。从远处看,全是一片嘈杂和混乱。"夜晚来临时,战斗逐渐平息,双方都撤离了接触。

次日晨,阿尔伯特·马丁随着第7装甲师朝西迪雷泽机场进攻,那里已满是燃烧的飞机残骸。他写道:"到处是战斗的声音,25磅炮弹从几码外的地方呼啸而过,远处有一堆坦克在射击,无法分辨他们是敌是友,我也分辨不出目标在哪儿。"马丁和同伴乘坐轻型履带输送车前进,装备着步枪和布伦机枪,但这场战役的主角是坦克和火炮。他们不停地射击,但马丁知道他们其实起不到什么作用。德军坦克甚至出现在他们200码(183米)外的地方,所幸他们隆隆地又开远了,并未交火。当战场被扬尘遮蔽时,双方的战斗也会出现少许平静。

在西迪雷泽附近，激烈而又混乱的战斗在次日继续，英军装甲部队此时已丧失了进攻的势头。德军反坦克炮的高爆炮弹比英军坦克的火力强得多，具有比德军坦克更高的杀伤力。为了夺回主动权，隆美尔用典型的隆式风格亲自率领非洲军朝埃及边境杀去，试图切断第8集团军的前进补给站。与此同时，英军第13军也正朝自己的目标继续前进。

沙漠战役的进展混乱不堪，在黄沙飞扬的迷雾中，坎宁安将军对局势产生误判也完全能理解。一方面，他对本方的损失开始担忧；另一方面，他知道隆美尔正试图从侧翼包围他的集团军——因此，他认为应该终止行动，立即后撤至埃及。但奥金莱克及时干预了，他撤销了坎宁安的所有命令，将总部的参谋长内尔·里奇（Neil Ritchie）少将晋升为中将，并派其前往前线取代坎宁安。

这时的隆美尔也碰到了麻烦，因为他的部队已散布在犬牙交错的战场，处处遭到英军沙漠空军的袭击。为了收拢非洲军的力量，隆美尔也打算将部队后撤。他自己也在战场上漂泊无定，从一支部队赶往另一支部队，有一次甚至去到了新西兰师的野战医院。尽管那里是敌军阵营，他临走前还是向那些被吓傻的伤员和医护人员允诺会送来一些补给品。

第13军已成功和托布鲁克守军建立了联系。隆美尔将部队撤退后重新集结，希望能再次围困托布鲁克，但他的反击被英军击退，后者虽然在西迪雷泽遭遇损失，但仍有足够的力量进行防御。双方都发现，防守方对从空旷沙漠上的进攻方占据明显的优势。非洲军对意军的糟糕表现咬牙切齿。意军摩托化部队在12月5日没能赶上大部队反攻，次日又报告说他们疲惫不堪，无法参与隆美尔对托布鲁克的进攻。12月7日的行动，意军再次掉链子。隆美尔在12月9日给妻子的信中写道："我被迫取消在托布鲁克城外的行动，意军表现不佳，德军也完全透支了。我希望我们能成功逃离敌军的包围，保住昔兰尼加。"

在进行了差不多3周的战斗后，他成功地将原来包围托布鲁克的部队撤离，未被英军第 8 集团军吃掉。一些英军部队已穿越沙漠，准备截住隆美尔的部队。阿尔伯特·马丁在 12 月 6 日的日记里写道："我们再次出发了。"此时第 2 步枪旅的损失也不小，A 连和 S 连合并到一起。"我们的意图是将敌军的防御阵地彻底孤立，然后粉碎一切敌方的补给行动。" 5 天后，马丁也上了受伤名单，他所乘坐的卡车被 1 架 Me-109 扫射，手臂和腿受了轻伤。

随着托布鲁克解围，以及英军突破意军第 20 摩托化军的防线，隆美尔别无选择，只能将部队完全撤离昔兰尼加。到圣诞节时，尽管"十字军"行动还在最后一个阶段，双方实际上已回到了去年的位置。

整个局势此时已发生了巨变，更准确地说，与隆美尔发动对托布鲁克进攻的 12 月 7 日的态势截然相反。

第 7 章

强弩之末

7月底,汉斯·冯·卢克少校离开第7装甲师师部,开始担任师属侦察营营长。他们部队隶属于中央集团军群第3装甲集群,参与了斯摩棱斯克(Smolensk)围歼战,这座城市位于莫斯科以西120英里(193公里)处的第聂伯河畔。

2个月后,他们继续朝苏联首都突击,又完成了维亚济马(Vyazma)围歼战。尽管取得了一系列辉煌的胜利,冯·卢克仍然感到担忧。他们的补给线实在太长,随着时间的推移,那些被打散的苏联红军部队在他们身后又组织起来给他们制造麻烦。口袋战役的意义在于包围敌人并将其全歼,问题是德军确实击溃了被围苏军但并未将他们彻底消灭。毕竟,全歼25万敌军可不是什么容易的事情,大股苏军成了漏网之鱼。苏联某个集团军甚至某个集团军群遭到围困,即便指挥部被打散,但大部分部队仍能分散逃走,或者返回本方战线或者逃到树林里打游击。

在进攻维亚济马之前,冯·卢克见到了师长中将汉斯·冯·丰克男爵(Hans Freiherr von Funck),后者告诉他:"这场战争要长过我们此前的希望。闪电战的日子结束了。"

他们成功地在维亚济马完成了另一次辉煌的围歼战,但敌军的抵抗变得更为激烈,战斗的时间也更长。冯·卢克和他的战友难以置信地发现,即使俘虏了上百万敌军,对方仍有用之不竭的部队。不仅如此,防御也更加顽强。10月，他们的目标已是距离莫斯科只有60英里（97公里）的沃洛克拉姆斯克（Volokolamsk）。现在，他们发起攻势的间隔正被越拉越长，他们不是在等燃油，就是在等食物或者弹药，补给线实在太长了。

到了月底，冯·卢克的侦察营已经到达了莫斯科—伏尔加运河边的小镇亚赫罗马（Yakhroma），夺取了小型桥头堡。他们现在距离苏联首都已是触手可及。但冬天也在此时来临，大雪代替了秋雨。部队还未换上冬装，周围的雪已积起很厚，苏军在这时反击了。让冯·卢克头疼的是，敌军穿着白色的迷彩服，能容易地从德军防线上渗透进来。他写道："我们感觉到了灾难，拿破仑的命运在脑海里挥之不去。"

11月初，赫尔曼·巴尔克上校被调入陆军司令部担任机动部队将军（General of Mobile Forces），尽管职位被称作将军，仍是上校军衔。他首先去东普鲁士的莫尔瓦尔德森林的前线司令部向勃劳希契和哈尔德汇报了工作，然后又去奥廖尔（Orel）拜会了海因茨·古德里安将军，1940年巴尔克还是第1步枪团团长时，他的军长就是古德里安。他们从奥廖尔出发，开了3天车才到前线。11月25日，在前往火车枢纽图拉（Tula）的路上，他们看到路边堆放着大片德、苏两军士兵的尸体，原来是1个逃出包围圈的苏军西伯利亚师击溃了德军第25摩托化步兵师的2个营，在付出沉重代价后逃走了。

他们来到了古德里安麾下的1个装甲师，士兵们看起来非常积极。古德里安对他们谈话鼓劲，巴尔克注意到部队已是强弩之末。他们曾是德国国防军的精锐：斗志昂扬、训练有素、纪律森严，但现在的数量正快速损失。巴尔克写道："由于数量上不占优势，他们不断陷入困难的危机，只有通过加大投入最优秀的部队才能解决当下之危局。当这些部队损失后，我们陆军最核心的部分也慢慢逝去了。"

次日，巴尔克看到了他的老友盖伊尔·冯·施韦彭堡（Geyr von Schweppenburg）将军，后者正指挥第24摩托化军准备进攻图拉。他的3个师只剩下编制实力的10%，故督促巴尔克赶紧将这里的真实情况反映上去。他们已经到达了所能克服的极限。古德里安在总结会上告诉巴尔克，他希望自己仍能打下图拉，但本方也只剩下了空壳。他和盖伊尔·冯·施韦彭堡一样，要求巴尔克不加掩饰地将这里的真实情况汇报给司令部。

11月30日，巴尔克根据自己在前线所看到的情况，提交了一份很直率的报告。陆军总司令冯·勃劳希契陆军元帅看起来病恹恹的，他崩溃了。希特勒仍在要求部队不断进攻，声称胜利唾手可得。但巴尔克很明白，把严重缺编的部队投进去将一无所获，只会将自己最好的年轻士兵葬送。冯·勃劳希契在这个关键时刻撑不住了。"你为什么不去直接告诉他？我们完蛋了。"

"我被深深地震惊了。"巴尔克写道。

仍然是那月，1941年11月，帝国军火部长弗里茨·托特派了一组军火工业的代表去莫斯科前线了解情况，他们来到了中央集团军群，在第2装甲集群的指挥部见到了古德里安将军。代表团的团长是托特最信任的助手瓦尔特·罗兰德（Walter Rohland）博士，时年43岁，负责领导托特为坦克生产组建的一个特别委员会。

罗兰德的家族数代从事冶金行业，这并未阻止他参军的热情，在1916年他刚满18岁时，就参加了凡尔登血战。他活了下来，不过他哥哥弗里茨在接下来的5月战死在他身旁，这让他刻骨铭心。

当希特勒成功夺权时，年轻的罗兰德已是德意志埃德尔钢厂（Deutsche Edelstahlwerke）的负责人，这家特殊钢公司专门生产装甲板，是军火巨头维斯塔克（Vestag，为Vereinigte Stahlwerke的缩写，即钢厂联盟）的下属企业。罗兰德以头脑清晰出名，是个杰出的组织者。他坚信，德国需要强大的军力，他很早就加入了纳粹党。在德国重军火工业的领导者里，他很特别，因为他真正驾驭过坦克作战，现在又管理其生产工作。当希特勒于1935年宣布德国重新武装开始，他立刻决定加入陆军，成为后备役上尉，隶属第11装甲团。他的外号自然就成了"装甲"罗兰德。

他很显然是去前线的合适人选,但他发现这趟路途让人压抑。苏联红军在他看来远未到完全崩溃的境地,他们还装备有难缠的坦克——T-34,配备了火力良好的76.2毫米火炮,且有皮实的前装甲,质量优于德国陆军里现有的所有坦克,尤其适应于极寒恶劣天气下的作战。东线德军(Ostheer)显然已遇到了大麻烦,曾横扫一切对手的装甲部队已蒙上了阴影。他写道:"我们的士兵穿得太少,一些人不得不裹起毯子!被冻住的汽车只能推向路边,部队用当地征集的苏联马车艰难地运输少得可怜的补给品。"他报告里称,那些坦克完全不堪使用,即便变速箱和发动机还能运转,武器也被冰冻至无法开火的程度。

当罗兰德回到德国后,他要求与维斯塔克管委会主席阿尔伯特·福格勒(Albert Voegler)会谈,将之前发现的情况详细讨论。他们随后于11月28日共同向托特作了报告。即使是希特勒最信任的纳粹党老党员托特也认为这场对苏战争难以获胜。他们于次日一起飞往希特勒位于东普鲁士拉斯腾堡的狼穴,在前方指挥部里向元首和冯·勃劳希契汇报。罗兰德将他在莫斯科附近看到的情况细节原原本本地说了一遍,提醒道,苏联、美国和英国联合起来的工业产出难以击败。作为一个资深军火专家(考察过英国和美国,有德军装甲部队服役经验),一个刚从东线德军战场回来的人,他的话极具分量。为了明确重点,托特直面元首说道:"这场战争无法用军事手段打赢了。"

令人惊讶的是,希特勒的表现极为镇定:"那我该如何结束战争?"

"或者只能通过政治手段。"托特回答。希特勒没有回应。

12月初,德军尽管已在苏联长驱直入,已叩响了莫斯科的大门,但实际情况已变得越来越微妙。南方集团军群占领了哈尔科夫(Kharjkov),横扫克里米亚半岛,到11月底又占领了顿河边上的罗斯托夫(Rostov),这打开了前往石油资源丰富的高加索地区的大门。可在莫斯科前线,苏联的朱可夫将军已集结了规模惊人的80个师、125万士兵、7 600门火炮和990辆坦克。德军继续着自己的攻势,但进度越来越慢，损失越来越大。没为冬季战争做好准备的失误正显现着恶劣的后果，尽管他们距离莫斯科只有30英里（48公里），但对手的情况和本方高度的伤亡已让这一步显得遥不可及。

更糟的是，苏联红军没有任何被击败的迹象。自斯大林于6月24日发布疏散令后，数目惊人的2 593座工厂被东迁，其中1 360座是军工厂。同时还有40%的工人、工程师和技术人员随同转移。150万节火车车皮完成了这一规模空前的战略转移，有力保证了德国人不可能获得快速且决定性的胜利。

英国的支援物资在这几个月里也发挥了重要作用，7月作出的承诺正源源不断地变成现实，送至苏联红军手里。到1942年中，总计2 000辆坦克、1 800架"飓风"被运到苏联。斯大林不仅要求送来更多武器装备，还热切希望打开第二战场。送来的武器数量已经很大了，在莫斯科城外抵御德军的坦克里有30%来自英国。

苏军部队在罗斯托夫发动了反击，冯·伦德施泰德陆军元帅艰难地打退了苏军的反击。12月2日，中央集团军群和北方集团军群纷纷向陆军司令部告急，各部队都已濒临崩溃，饥寒交迫，伤病减员使他们难以为继。

德军最高统帅部的参谋们竭力帮一线部队搞到各种补给物资，但德国经济也陷入了危机。战前储备的食物到现在基本耗尽。之前征服行动中获得的红利也不足以支撑了。乌克兰新一季的谷物还未成熟，配给到了残酷的程度：官方的标准是1 990卡路里每天，这比健康妇女所需的热量还稍低一些，对男性肯定不够。可事实上，能发放下去的还达不到这个水平。根据军事医学院（Military Academy of Medicine）的研究，德国各大城市正处在饥荒状态。比如，鲁尔区的埃森（Essen），每天只有1 500卡路里。有些短缺是因为运输困难造成的，从而使问题更加严重。位于埃森的克虏伯军工厂医院的统计数据显示，即使是享有最高配额的矿工也平均掉了6公斤的体重。消费品被进一步压缩，这导致了黑市的兴起，还意味着钱能买到的商品越来越少。流通中的货币已超出了需求，一旦帝国银行出现失误，那将导致超级通胀，从而破坏生产，引起暴乱，这一切在 20 世纪 20 年代曾发生过。

与此同时，德国的战争机器也感受到了短缺带来的痛苦。紧张的燃油问题甚至使德国海军的水面舰艇只能躲在港口和挪威的峡湾。英国皇家海军的封锁不如燃油短缺的效果来得迅速。燃煤的储备也已用完，只有进一步压缩被占领区域的配额。这使他们的工业产能被更大地浪费，也使德意志帝国的占领成本变得昂贵。这是一个恶性循环的怪圈。

减少燃煤的使用也会带来钢铁产量的下降。本来德国的钢铁企业可以生产 200 万吨钢材，现在只能生产 165 万吨，这无疑将加重德国国防军的装备短缺问题。米尔希元帅大规模增产飞机的计划成为了牺牲品。他和戈林现在对能弥补损失就谢天谢地了：无法得到扩充的德国空军面临着糟糕的局势，因为英、美的工厂正快速增产。国防军里的两个兵种——空军和海军都已陷入了严重危机，而英、美两国的空军和海军在规模和战斗力上正迅速提升。

1941 年年底，陆军司令部的重心放在了东线。任何短缺的问题都被搁置在一边。希特勒没有心情去听抱怨。最高统帅部军事经济办公室的负责人格奥尔格·托马斯将军写道："他拒绝相信原材料短缺的报告，毕竟他已征服了欧洲。"对德国人来说，不幸的是，他们被迫要对被占领区域杀鸡取卵。这些国家对德国战争经济做不出丝毫贡献。比如法国，其车辆拥有数只是 1940 年战败时的 8%。1940 年时他们是最后一个实施配给制的大国，而现在的配给额度少得可怜。在几乎所有的车辆、燃煤和燃油都被送往德国后，法国的工厂已经停摆，年轻人被拉到德国做工。德国进入新征服区域后，像蝗虫一般掠夺：金钱、食品、自然资源、设施、机械、车辆、人力，任何对战争有用的东西都被贪婪地抢走。随着德国陷入资源的严重短缺，他们对被占领区域只能搜刮得更加变本加厉。在这场严重的危机中，橱柜早已空荡无物。

尽管面临如此危机，纳粹却继续着惊人的挥霍和低效。士兵们华美且贴身的制服、长筒靴继续发放，短靴显然更经济。武器的制作仍然吹毛求疵，追求细节完美。装备种类繁多，且由为数众多的工厂分散生产，并未整合。

12月3日，格奥尔格·托马斯将军发布了一份由希特勒签署的重要备忘录，要求"简化和提升军火的生产工作"。他强调，从现在开始，武器的生产要"按照现代原则"，符合大规模量产的需要。这给德国指明了合理的生产方式。托马斯焦虑地写道："过去的要求是，最好的工匠才能完成的技术难度很高的产品。以后的工程标准必须大幅度简化生产。"他继续补充道："原则就是实用、便利生产和省料，任何对工艺不切实际的高要求，任何对战争没有实际用途的做法都是不负责任的。"

这是一种令人惊讶的态度。战后，历史学家和老兵都对德国武器的高超制作水平津津乐道，他们并未意识到这些过度加工使德国机枪要比英国同类武器多花3倍的人工成本。拿MG-34机枪枪管做例子，需要经过6~9次检查盖章，其实大多数程序意义不大。20世纪30年代，纳粹崛起时，利用华贵的皮革材料和精心剪裁的制服提升形象。他们对武器外观的要求也精益求精。如果战争不超过6周，这样的做法无可厚非。可到了开战2年后的1941年12月，竟然还没人主动尝试简化生产。威利·梅塞施米特在Me-109F逐渐过时后，满脑子想的是如何研制喷气式战斗机。这可不是赢得战争的好点子，尤其是应对一场多线作战的持久战，那些宝贵的材料显然不足以他们使用。

德国仍然有一些资源：民众依然坚信元首；德国军队总体来看依然很强大，尤其是有着钢铁般的纪律。第三帝国幸运地拥有了很多才华横溢的发明家、科学家和工程师。其军官聪明、经验丰富、创造力强，而且精于战术。

当然，德国面前也有很多障碍：食物短缺，原材料短缺，希特勒的缺陷。元首喜欢分而治之的手段，这感染到了纳粹机器的每个环节。陆军里只有25%的部队符合"第一波"标准，即受过完整训练，装备齐全。因此，他们对这些部队的期望非常高。德国空军陷入了麻烦，他们不再是世界上首屈一指的空军，德国海军的水面舰艇几乎处在瘫痪状态，而潜艇的数量也远远达不到标准。潜艇的科技水平也开始落后于英国。更糟糕的是，希特勒并未利用好自己仅有的优势，总是浪费更多资源。他们能取得那么多的胜利，简直是奇迹。

似乎是为了证明德国整个战争战略的错误，东线的气温于12月4日夜下降至零下35摄氏度。机枪受限于润滑油冻住而无法开火。坦克变得难以启动，一旦成功启动则不能关停发动机，这意味着它们对燃料的消耗大大增加。装备不足的士兵开始出现冻死现象。他们已不再是一支正常运作的军队。与之相反，苏军部队穿着冬季制服，能轻松穿越极地地形。他们的坦克也能正常使用：T-34使用的空压启动机，能在最寒冷的天气下启动，润滑油也有防冻功效。

希特勒开始越来越多地直接干预陆军的指挥。哈尔德将军写道："最糟糕的情况是，最高统帅不清楚部队的实际情况，在需要作出关键决定时却只是小打小闹。"苏军的大反攻开始了。12月5日夜，中央集团军群司令官冯·博克陆军元帅下令总撤退。

当时汉斯·冯·卢克少校带着手下正坚守亚克罗马运河东侧的那个小桥头堡。5日晚上，他再次被召集到冯·丰克将军那里。后者告诉他："希特勒高估了自己，现在我们要付出代价了。"他命令冯·卢克"脱离交战"，不能说"撤退"这个词。他们必然会损失不少装备，但将军告诉他，现在最重要的是将士兵安全地撤回去。

冯·卢克的侦察营负责"脱离交战"的殿后工作，他们很快发现撤退的部队在积雪里留下了清晰的后退路线。敌人的空军也是一路给他们制造麻烦。一枚苏军战斗机的子弹甚至打穿了冯·卢克那辆梅赛德斯车的挡风玻璃。路两边堆满了士兵和马匹的尸体，随处可见丢弃的装备和其他残骸。冯·卢克看到马和人的尸体相互挨着，景象让人伤感。他听到伤员喊："带我走吧！要么，打死我们！"他们带上了尽可能多的人撤退，但很快就由于缺少燃料或者机械故障而不断丢弃车辆。冯·卢克写道："只有安全回到后备阵地的强烈愿望，才能支持大家继续行动，避免留下任何可以资敌的东西。"

在遥远的大西洋上，小道格拉斯·范朋克在继续他的初级军官培训，课堂设置于美国战列舰"密西西比"号（Mississippi）。从冰岛回到诺福克（Norfolk，位于维吉尼亚州）的路上，他们遇到了猛烈的风暴，虽然安全度过了，但有位通讯官病倒了，范朋克奉命接替他破译船上收到的电报。大部分是日常通讯，并没有值得留意的。

12月7日（周日），快到中午时，范朋克收到了条电文："珍珠港遇到空袭。这不是演习。"这看起来非常奇怪，他放到了一旁。不过10分钟后，他越想越不对劲，就拿出来交给舰桥上的舰长——杰罗尔德·怀特（Jerauld Wright）。范朋克在递交时抱歉说，不知道这条电文重不重要，是否打扰舰长了。

"是否重要？"他呵斥道。"还问什么，你个傻瓜，这表示我们要打仗了！日本佬进攻了我们最大的基地！"

PART ONE / 美国参战

第8章

世界大战

诸多迹象表明日本正积极准备开战,但没人能想到美国太平洋舰队位于夏威夷珍珠港的基地会成为目标。太平洋舰队司令官哈斯本·金梅尔(Husband Kimmel)海军上将将手下的3艘航空母舰向西派往太平洋上的中途岛(Midway)和威克岛(Wake),以预防未来也许会爆发的冲突,故而在日军发动突然袭击时,3艘航母不在港口内,这非常关键。

日本准备与西方开战已酝酿了一段时间,和德国的侵略一样,其核心诉求也是对资源的渴望。日本于1868年爆发明治维新运动,天皇的威严得以重塑,而原来封建体系下的将军幕府被清除。新的务实政府意识到日本在产业和商业上远落后于英国、美国、法国以及其他那些世界强权。在接下来的数十年里,日本的现代化快速发展,工业和基础建设突飞猛进。船厂、国家铁路如雨后春笋般冒出,大量农业人口开始迁入城市。日本是个资源贫乏的国家,难以满足日益增长的城市人口和中产阶级对食物和舒适的需求,而这是现代化、工业化国家所必需的。和日本国土面积相仿的英国拥有一个全球帝国,控制广大的海外领地,很明显,日本也需要夺取自己的海外利益。

日本于1931年入侵中国东北的满洲里,其后与中国政府爆发了一连串冲突,1937年宣布进入全面战争。虽然日军骄狂地赢得了一边倒的胜利,并血腥屠杀了成千上万的中国平民,但中国人在蒋介石的军事统治下抵抗顽强，这出乎日本人的意料。实际上，日本的处境因为中国的抗日战争不仅没有好转，反而恶化了。1939年夏，日本国内发生了旱灾，饮水短缺的同时还遇上了煤矿短缺，从而开始了大规模限电。干旱同样蔓延到了日占朝鲜，这导致粮食剧烈减产。1940年初，日美贸易协定已无望续约。日本开始恐慌美国会大幅削减对日出口，因此，紧急从海外采购了大量战争物资，很快将外汇储备耗尽了。

1941年秋，日本控制了中国东南部沿海的大部分地区和印度支那（越南），但也付出了高昂的代价，还要面对持续不断的游击抵抗。在军事装备上，日军拥有不错的步兵、飞机和军舰，但军备高度依赖美国，特别是钢铁、石油和其他战略物资。一旦美国的供给切断，日本的生产能力将会受到严重影响，除非他们能从远东获得新资源，可该地区最好的资源都被控制在英国、美国和荷兰手里。

与德国一样，日本也面临愈发严重的食物短缺问题。作为一个不能完全自给的国家，如何满足大量城市人口的温饱问题？日本的领导层相信，答案就在解除太平洋枷锁，这也意味着对英国、美国和荷属殖民地开战。

英国和美国自从20世纪30年代开始就对日本的侵略行为高度警惕。日本、德国和意大利于1940年9月签署的《三国轴心条约》更让西方难以放心。之后，日本于1940年9月入侵法属印度支那，地缘上更加靠近马来亚、新加坡和美国控制的菲律宾。1941年4月他们和苏联签署的互不侵犯条约加剧了太平洋地区的紧张局势。日本和苏联（俄国）是老对手了，双方在20世纪30年代就爆发过冲突。如果两者处在敌对状态，那么英国和美国可以放心日本不敢招惹西方。

在德国于1941年6月入侵苏联后，英国和美国的领袖仍有把握相信，日本不太可能在短期内冒险进攻他们在远东的利益。即便如此，这一地区的紧张局势仍在升温。1941年7月，日军增兵印度支那，美国终于决定对日实施原油和燃料禁运。8月17日，罗斯福总统警告日本，如果继续进攻邻国（或者富含油气资源的荷属东印度），美国将采取反制措施。美国外交部也警告日本，将给与蒋介石的重庆政府更多援助,并将部署一批 B-17 轰炸机在美属菲律宾,调集太平洋舰队前驻夏威夷珍珠港。

日本大多数人认为,他们无法抵抗美国和英国的联合打击,尤其是当时的日本还陷在与中国的交战中。当时的日本首相近卫文麿也持有这种观点,他希望用外交手段解决危机。近卫曾提议,可以与蒋介石的国民党政权和谈后,将兵力撤出中国大部分地区,甚至从印度支那撤离。

这一提议并未被美国人认可。近卫希望能和罗斯福会面商讨,美国驻日大使也在推动此事,但总统拒绝了。罗斯福是位伟大的政治家,但他在拒绝此事上似乎缺乏合理的判断。美国人悲剧性地误判了日本的困境,过高地估计了自己的优势。

10月,近卫内阁发生了严重分歧,是继续寻求和平解决还是冒险开战?普遍情绪认为,他们已对美国释放了足够的善意。如果外交手段不能解决问题,战争就是剩下的唯一出路。

事情发展很快。因为自己设置的外交路线解决时间表未能如愿达成,日本首相辞职了。裕仁天皇指定东条英机将军组阁,后者是日本出名的鹰派人物。东条不仅仍兼任陆军大臣,还充当内相,影响力如日中天。在1941年11月初的御前会议上,他的新政府判定日本与西方列强的战争无可避免。

这个判定依赖于一系列假设。首先是德国要在欧洲获胜,其次是被削弱的英国无力保护他们在远东的领地。美国是个大麻烦,日本大部分战争物资都依赖于美国,作为一个还在发展中的国家,他们缺乏足够的设计师、工程师、制图师、机械师和飞行员。这些技术工人大多在美国接受培训,除此之外,日本还需从美国购买设计方案。一旦开战,这一切会被立刻切断。解决的方法只有突然袭击,利用获胜争取到的喘息空间吸收新征服地区的资源。计划如下:快速夺取英国和荷兰的属地,在摧毁美军舰队后迫使美国和谈。

10天后,11月15日,战争大纲文件《关于顺利解决与英国、美国、荷兰和重庆政府敌对状态的计划》(*Plan for the Successful Conclusion of Hostilities with Great Britain, the United States, the Netherlands and the Chungking Regime*）得到批准。日本渡过了自己的卢比孔河（Rubicon）。

这导致了偷袭珍珠港事件的发生。日本海军与美国海军相比，规模近似，只有一个舰种的差别较大：航空母舰。美国在太平洋地区有3艘航母，而日本有11艘。日本联合舰队希望通过这次主要由海军航空兵发起的偷袭行动打残美国太平洋舰队，以争取到足够的时间让日本立足太平洋地区。当美国实力恢复到足以反击时，日本的力量似乎可以达到抵挡他们的能力。不过，这一切都停留在理论上。如同希特勒入侵波兰的决定也是寄托在一堆假设、但是之上，这样的战略是具有高风险的。东条内阁不仅说服自己，这是日本别无选择的决定，同时坚信日本一定能成功。

对珍珠港的偷袭执行得近乎完美，将美国人打了个措手不及。但他们没计算到的是珍珠港是个很浅的港湾，被击沉的战舰只是坐底了，并未完全沉没，这让打捞修复工作变得容易。另外，最重要的，美国航母并未停泊在那里。偷袭正赶上了美国军备开始发力的时机。

珍珠港事件让美国人非常震惊，尤其是其领袖认为近期的制裁手段似乎足够让日本退却。从逻辑上看，日本人面临的风险极大。战争部长亨利·史汀生从罗斯福口里得知了这个消息，他长舒了一口气，漫长的犹豫总算结束了，眼下的危机能将全美国团结起来。他在日记里写道：“我感到整个国家团结一致，无所畏惧。”国会里的相持不下已成为过去，政府已转换到战时状态，远非和平时期那般缩手缩脚，1941年此起彼伏的罢工也不会再发生。

消息传到英国时是周日的晚上，丘吉尔当时在首相的乡村别墅里正和美国大使约翰·怀南特、罗斯福特使艾夫里尔·哈里曼（Averell Harriman）共进晚餐。他们随意地打开收音机收听新闻，正评论着日本进攻美国夏威夷的海军基地。他们还没彻底弄明白，丘吉尔的管家就进来确认了这个消息，后者也是从无线电里听到的。桌上沉寂了一会，之后丘吉尔站了起来，走进办公室给美国总统打了电话。

"这是真的，"罗斯福告诉他，"他们进攻了我们的珍珠港，我们现在在一条船上了。"

丘吉尔开心不已：他坚信英国能赢得最后的胜利，现在的胜利之路看起来更加明确了。他自信满满地写下："联合起来，我们能打败世界上的一切对手。前方还有很多灾难、代价和苦难，但对结果不能有任何怀疑。"

令人意外的是，希特勒的反应竟与丘吉尔一样，非常兴奋。他宣称："我们不会输掉这场战争了！我们现在拥有了一个3 000年未被征服过的盟友。"对他来说，日本参战不是响起了丧钟，而是重燃希望。美国对德国处处为难，希特勒已认定美国参战只是时间问题。他的梦魇是美国与日本消除分歧，英国和美国全力对付德国，不用被远东牵扯精力了。

在日本决定对同盟国开战后，他们立刻联系柏林，希望能确认德国所持的态度。这在希特勒看来是最好的消息，因为他们终于有机会联合对美作战了，总比之前一个人扛着好。德国忽然间有了全球战略同盟的机会，超然于以前欧洲的范围。元首立刻表明，如果日本对美国宣战，他将立刻跟上。

希特勒并不准备将自己的新的大战略分享给那些高级指挥官们。他估计英国将很快丢失远东的殖民地，这会给他们带来严重削弱。随后的崩盘将是无法避免的，英国即将出局。排开了英国问题，德国取得对苏战争的胜利也就顺理成章了。他们吸取了之前的教训，在即将到来的1942年夏天去完成1941年夏天未完成的任务。当然，日本也可能协同德国对苏作战，至少，日本能在一段时间里牵制住盎格鲁-美国的可观兵力。美国将无力发动面向双洋的战争，他们肯定会将重点放在远东。

这样的战略完全是一厢情愿的理想，经不住仔细、缜密的考量。希特勒从未去过日本，他甚至离开帝国的时间也不多，他只是通过大使的报告以及那些书面上或者口头上的信息对日本军事有少许了解。

他习惯坚信自己那些狭隘和偏执的世界观。他认为，虽然日本人从种族上来说低于高贵的雅利安人，但这并不妨碍他们之间的合作。

英国立刻对日本宣战。4天后，元首带着随从回到柏林。他没有和任何高级指挥官商量，就断然地对美国宣战。一方面，这是给日本参加世界大战打气；另一方面，也是因为元首习惯先发制人，而不是等着收到别人的宣战。但希特勒并未意识到，这个宣战是罗斯福所渴望获得的，如此，后者才能让美国人民接受在年初已实施的《ABC-1》协议和8月在普拉森舍湾商定的后续计划：同盟国的打击重点将放在纳粹德国那里，而不是日本帝国。如果希特勒不主动宣战，让华盛顿和普通民众接受这样的战略安排将变得困难。

在"巴巴罗萨"前夕，纳粹德国只有1个敌人。而在6个月后的12月11日（周四），有了3个敌人：大不列颠（及其庞大帝国）、苏联和美国，他们都拥有庞大的物质资源和人力资源。与之相对，德国什么都没有。国防军已陷入了危机：没有足够的飞机，没有足够的士兵，没有足够的弹药，没有足够的潜艇。德国缺少资金、食品、燃煤、燃油，缺少一切支撑长期、全面战争的必要资源。在上次大战中，德国于1918年11月签署停战协议的原因就是因财政上的破产导致获胜无望。瓦尔特·罗兰德、弗里茨·托特，甚至如冯·勃劳希契都明白这次大战已到了曾经的相同时刻，因此他们要求希特勒另寻解决危机的出路。

但这可不是希特勒的行事风格。这个世界对他来说非黑即白，德国要么取得全胜，成为千年帝国；要么在这场战斗中倒下，变成众神的末日。1941年12月第2周，上面所说的第2种命运看起来注定要落到德国身上，但希特勒并不承认。

他顽固的意志和对德国人民铁钳般的控制将使这场战争延续很久、很久。

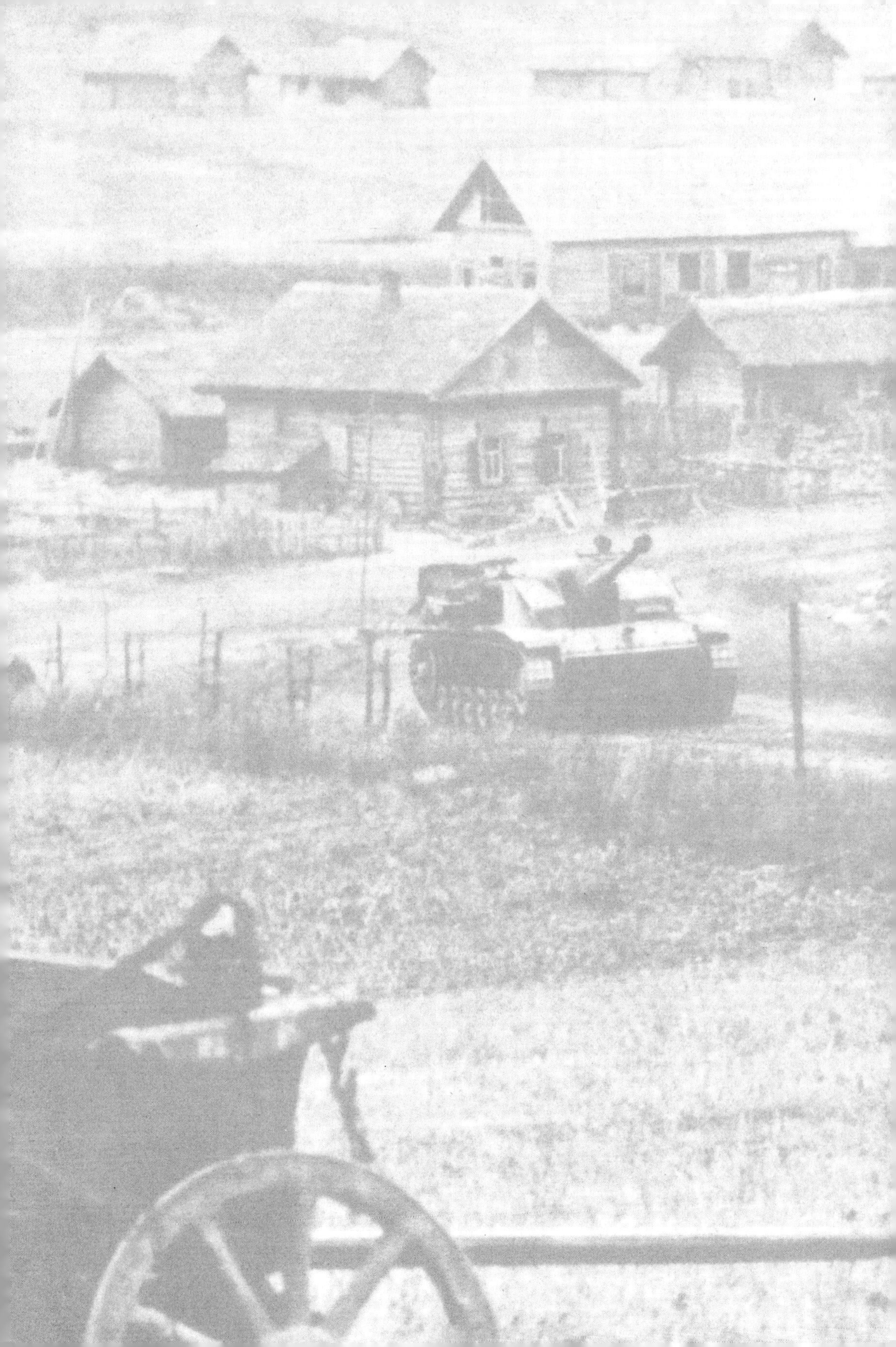

第二部分
东线影响
PART TWO: EASTERN INFLUENCES

第9章

海上战斗

德国最高统帅部作战处处长瓦利蒙特将军在拉斯腾堡指挥部的二区工作,他正和同事讨论希特勒在柏林发表的宣战通告,这时约德尔将军给他打来了电话。

"你听到元首对美国宣战的新闻了吗?"约德尔问。

"是的。"瓦利蒙特回应,"我们完全没想到。"

约德尔命令他立刻评估美国最有可能出兵的地区——远东?欧洲?"在这个问题未搞清楚之前,我们没法作进一步的决定。"

丘吉尔也想搞清楚这个问题。尽管他们早就达成了德国优先的政策,但他现在焦急地希望知道是否能落实,英国在远东的利益所面临的威胁对他来说已是次要麻烦了。因此,他立刻要求与华盛顿会面,这很快得到他的内阁和美国总统的同意。

首相带着英军总参谋长于12月12日乘坐"约克公爵"号(Duke of York)战列舰前往华盛顿。2天前的12月10日,英国已遭受了来自日军的沉重打击,其部署在太平洋地区的3艘战列舰在1场战斗里被打沉了2艘。曾在8月搭载英军代表团前往普拉森舍湾的"威尔士亲王"号由于自身雷达的问题,未发现来袭的日本空军,在轰炸机和鱼雷机的招呼下,它与"反击"号(Repulse)战列舰很快沉没。800多人在战斗中阵亡,这里还包括坐镇"威尔士亲王"号的汤姆·菲利普斯(Tom Phillips)中将,这是巨大的损失。

大西洋上继续进行着生死决战。12月14日,"大胆"号从直布罗陀开始了返程的护航任务。对第802中队的飞行员来说,前往直布罗陀的路途并不顺利,有名飞行员在和"秃鹰"的交战过程中被击坠、阵亡,这让大伙都很伤心。还有架泊在甲板上的"岩燕"在恶劣海况中坠入大海。也不完全都是坏消息,他们至少击落了3架"秃鹰",其中1架应归功于艾瑞克·布朗,他此时已被战友亲切地称为"温克尔"(Winkle,小个子的意思)。他清楚"秃鹰"上的装甲部位,因此专门攻击驾驶舱这个薄弱点。他迎面攻击上去,用点50机枪将对手的挡风玻璃和机鼻打得粉碎。随后立刻拐弯,避免撞上敌机。他回头看到对手庞大的机体螺旋着坠入海中。他盘旋着查看了一下海面,惊讶地发现2名德军飞行员从紧急避难舱口逃了出来,趴在残留在海面的机翼上,飞机的其他部分已沉入大海。

他们在直布罗陀待了几天后,开始向英国返航,航母上只有4架"岩燕"还能使用。护航舰队一共有16艘舰艇,保护HG-76编队的32艘商船。指挥护航舰队的是弗雷德里克·"强尼"·沃克(Frederic "Johnny" Walker)舰长,他本为提前退伍人员,战争的突然爆发将他留在了军队。这是他首次指挥护航舰队。

沃克并不知道在12月17日晨,已有4艘德军潜艇盯上了这个编队。2架"岩燕"执行早晨的巡逻任务,在燃油即将耗完时,其中1架发现了浮在水面上的潜艇,它一边向舰队报告敌情,一边猛烈开火,逼迫潜艇紧急下潜。沃克在他的"鹳"号(Stork)护卫舰上,带着3艘驱逐舰赶了过去,并由另1艘护卫舰殿后。他们在狂扔了一阵深水炸弹后,失去了目标。忽然,有船又接收到了ASDIC的反馈,舰队再次投下深水炸弹。被围剿的倒霉蛋是MK-IX型潜艇U-131,第2次深水炸弹的袭击将其内部震得稀烂。艇员尝试修复潜艇,但2个小时后,艇长被迫选择上浮,英军舰艇立刻围了上去。由艾瑞克·布朗的朋友乔治·弗莱彻(George Fletcher)驾驶的1架"岩燕"也加入了进攻。他在上空一边盘旋,一边寻找机会开火。德军艇员也未坐以待毙,他们操纵U-131上的105毫米火炮回击,这种火炮火力猛,射速快,很快就有炮弹击中了飞机驾驶舱,弗莱彻和飞机栽入了海里。这也是U-131最后的战果了。随着驱逐舰对其开火,德军艇员纷纷弃船,跳入海中。下午1点21分,潜艇颠覆沉没,44名艇员获救。

次日,12月18日早上9点,驱逐舰"斯坦利"号(Stanley)发现了另外1艘潜艇(U-434)浮在6海里(11公里)外的海面。3艘护航舰艇立刻前去进攻。尽管潜艇进行了紧急下潜,但仍被跟随而至的深水炸弹击伤,结局与U-131一样被迫上浮,出现在"布兰克尼"号(Blankney)驱逐舰的面前,后者立刻开火,并准备撞沉潜艇。最后时刻,"布兰克尼"号的舰长决定尝试登上潜艇。不过,U-434的船员在弃船时,拉下了自爆引信,将潜艇炸成碎片。

惊心动魄的战斗还远未结束。次日凌晨,"斯坦利"号又在海面上发现了第3艘德军潜艇,但这次还未来得及向友军通报潜艇位置,就让对手U-574抢先下潜,后者发射出的鱼雷击中了"斯坦利"号,爆炸火焰高达数百英尺,船只很快沉没。几分钟后,沃克率舰赶到,实施深水炸弹攻击,迫使对方在其前方200英尺(61米)的地方上浮。"鹳"号直接撞了上去,但被潜艇机动地躲开,舰上的火炮射角无法指向眼皮底下的目标。沃克大声咒骂着德军的潜艇,命令舰艇转圈回来再次攻击,这次将对手撞沉了。

最后,共有16名德军和28名英军水手获救。温克尔·布朗和另外1架"岩燕"也没闲着,他们起飞拦截从波尔多过来的德军"秃鹰"。很快找到了对手,布朗决定再次迎头攻击,同样将对手的驾驶舱打了个稀烂,并在最后一刻脱离了碰撞路线,目送对手坠入海中。西皮·兰普进攻了另外1架敌机,打中了机身,但对手迅速躲入云层逃走了。当天下午,又有战友运用布朗的迎头攻击战术成功击落了1架"秃鹰"。不过,在躲避碰撞时,"岩燕"的尾轮被"秃鹰"的机翼挂掉了,那名英军飞行员差点被切成两段。

"岩燕"在12月20日继续作战,又发现2艘潜艇,开火,迫使对方下潜。到目前为止,尽管已经有2伙狼群来袭,但他们连1艘商船也没击沉,护航舰队的称职表现加上布朗及其战友提供的空中优势使潜艇很难进入攻击距离。

12月21日晨，布朗负责早班巡逻任务，他惊讶地发现了2艘德军潜艇在海面上并排靠着，船身间搭起了跳板，距离商船编队有25英里（40公里）的距离。之前，弗莱彻就是被潜艇火炮击中而丧命。因此，布朗围着潜艇盘旋观察，探明其火炮射角无法高于60度，同时他还清楚地看到其中1艘潜艇的左舷有个大洞，另外那艘潜艇正在帮其修复。这是不能错过的黄金机会，布朗机直扑下去，随着一阵开火，他看到3个人从跳板上坠入海中。2艘潜艇立刻扭头而去，远离了商船编队的航向。他继续监视对手的动向，直至护航舰队赶来，才飞回"大胆"号。

几个小时后，他再次起飞，执行夜间巡逻任务。这次没有再发现德军潜艇，他和西皮·兰普返回母舰。此时的光线暗淡，海面波涛汹涌，船身摇摆不定。当他准备降落时，船上发射了2枚维利（Very）信号弹，警告他赶紧爬升，重新降落。布朗照做了，母舰调整了航向，稳定住了。布朗再次尝试降落，甲板上的光线不佳，但他还是安全降落了，他将"岩燕"固定好后，发现"大胆"号再次改变了航向。不同寻常的是，舰长让母舰脱离了护航舰队的中心位置，孤零零地落在了外围右侧，航速14节。

舰队仍在向北进发，部分护航舰艇已返回直布罗陀，或者赶路去别的任务。21日下午，海军部发电报给沃克，提醒他前面还有6艘德军潜艇准备伏击商船编队。为将对手吓走，他在天渐渐变黑的时候，发射了一些炮弹和照明弹佯攻，可这起到了相反的作用，有些商船被惊吓以为真的受到了袭击，竞相发射大型照明弹。这下可糟糕了，原本躲在夜幕中的编队变得暴露无遗。

U-567的艇长恩格尔伯特·恩德拉斯看到了这一幕，他现在是邓尼茨手中的王牌之一，和另外一个王牌艾里希·托普是密友。照明弹引导恩德拉斯直奔商船编队，并于晚上8点33分击中1艘英国商船，后者迅速沉没。正坐在休息舱里待命的艾瑞克·布朗听到了爆炸声，只过了几分钟，"大胆"号就遭殃了。鱼雷的爆炸声震耳欲聋，船体剧烈晃动使布朗手里的咖啡洒到了膝盖上。他和其他飞行员赶忙冲向甲板，发现船首已翘起。船只不再前进，尾舵被卡住，船体失控。船长担心失控的船只会撞上友舰，命令关闭发动机，希望他们可以被牵引到安全地带。

击中"大胆"号的并不是恩德拉斯的U-567，而是U-751。当时，航母在照明弹的亮光下显露出了清晰的轮廓，德军潜艇轻松地完成了瞄准，发射出的鱼雷至少有3枚命中目标。之后，潜艇抵近目标，欣赏战果。在甲板上的艾瑞克·布朗注意到左舷方向200码（183米）外浮出了潜艇。他回忆："那可真是恐怖的画面。那玩意带着磷光划破海面出现了。"布朗能清楚地看到对方的艇长——格哈德·毕加尔克（Gerhard Bigalk）上尉站在舰桥上，看上去正在权衡如何了结"大胆"号。护航航母的舰长命令所有人上甲板，如果他们再遭到鱼雷的袭击，在甲板上才有最大的获救可能。布朗说："因此，我们站在那里，面面相觑。"忽然，有位冲动的水手操纵起20毫米火炮向潜艇射击，这一举动的唯一效果是帮助毕加尔克做出决定。很快，2条白色的航迹向"大胆"号冲来，准确地命中了目标。布朗说："丝毫不夸张，船头脱离了船身。""大胆"号直挺挺地竖立在水面上，"岩燕"的绑绳纷纷断裂：飞机滑落海面，呼啸着砸向漂浮在水面上的人群，不少人立刻毙命，还有些人被飞机卷入水中。

艾瑞克·布朗在船身开始翘起时就明白大事不妙，他带着自己的日志本和买给未婚妻的丝绸睡衣开始了逃生。他跳下水后，最担心的是，是否来得及游到安全距离之外，因为船只沉没时引起的漩涡会成为吃人的黑洞。他的身上仍穿着飞行夹克和靴子，因此他先给救生衣充气并忙乱地将靴子踢掉，开始疯狂地向远处游去。日志本在此时很妨碍他的运动，不得已只能抛弃。他是个游泳能手，当船只隆隆地从海面上消失时，他已游出去50码（46米）的距离。布朗感觉到有一股吸力，但并不强劲。终于安全了，凭借身上的救生衣，他比其他落难者漂浮得更省力。

"你还好吧，温克尔？"他听到西皮·兰普叫他。

布朗此时本已攀附在一艘救生艇旁，但他还是决定游到战友边上。很快，他们看到一艘护卫舰前来营救幸存者。他们向护卫舰游去，不过在快到的时候，对方掉头开走了。原来这片海域仍有潜艇出没，虽然 U-571 已经潜航了，但"德特福德"号（Deptford）炮艇发现了另一艘德军潜艇，用深水炸弹进行攻击。那是恩德拉斯的 U-567，结果成就了沃克舰队的第 4 个战果，当时的他们并不知道消灭了条大鱼。

当那位王牌艇长沉入海底时，温克尔·布朗和另外 20 多个人正在海面上漂浮。他们互相绑在一起，希望能团结渡过难关，可不断有人困得想睡觉，然后溺水而亡。布朗说："我们没法将他们叫醒，只能将连接他们的绳子割断，残酷地让他们漂走。否则，我们也会被拖下去。"这是他们生命里最漫长的 3 小时，布朗和兰普是那群人里最后的 2 个幸存者，而救援者就在不远处。"牵牛花"号（Convolvulus）护卫舰回来了，他们拼命呼叫，终于被发现并被搭救。

悲剧还没结束。在经历了整晚激烈的战斗后，"德特福德"号上精疲力竭的水手操纵失误，将舰艇撞上了"鹳"号，把后者的后舱室撞烂了，那里关押着 2 名被俘的德军潜艇水手。沃克报告里称："真的成了一摊肉泥。"尽管 2 船受损严重，但都还能开，只是声呐无法工作了。

12 月 22 日清晨，战斗结束了。邓尼茨面对本方潜艇惨重的损失，只能放弃对 HG-76 编队的围追堵截，后者在次日顺利到达了利物浦港。一路上损失了 2 艘战舰和 2 艘商船，但另外 30 艘商船安全入港了。沃克的护航任务获得了圆满成功，他由于击沉了 3 艘潜艇而受到表彰，他们还不知道实际上击沉了 4 艘。邓尼茨非常沮丧，尤其是又折了一员大将——恩德拉斯，这让他难过到了 3 月。

"大胆"号的飞行员们证明了自己的价值，他们至少击落了 3 架骄横的"秃鹰"。这次归航对温克尔·布朗来说有些苦涩，原本要作他伴郎的弗莱彻阵亡，同样将作为他伴郎的帕特森（Patterson）也失踪了，之后一直未找到。

远东的战事对英国和美国来说是灾难性的。他们低估了日本人的实力,未料到对方主动开战,故而准备不足。日军在偷袭珍珠港之后,对英国属地发动了大规模的进攻。新年来临时,他们已进占了缅甸和美属菲律宾。美属关岛(Guam)在半个小时内就遭到了占领,威克岛上人数不多的海军陆战队和建筑工人进行了英勇的战斗,但仍被攻克了,这两处岛屿都是太平洋上的关键节点,且有机场设施。婆罗洲(Borneo)遭到入侵,英军在重要的港口香港有8 000名守军,但他们无法抵挡40 000名日军的入侵。菲律宾的首都马尼拉于1月3日沦陷。

正是在这凄风苦雨中,英国的战时领袖们来到华盛顿参加阿卡迪亚会议(Arcadia Conference)。尽管远东已遭受了一连串的惨败,但美国人再次确认了德国第一的战略,这让英国人松了口气。尽管日本看起来骄狂无比,但客观分析将德国确认为第一敌人的战略是正确的——虽然德国遭遇了冬季灾难,但苏联的处境仍十分危急;日本对英、美造成的威胁显然不如德国那般巨大。如果能先将德国和其欧洲的轴心伙伴击败,英国将能调集更多的力量帮助美国对付日本。不管怎样,英国人很高兴看到这样的结果。双方同意英美联军将尽快登陆欧洲大陆。美军部队将立刻登船前往英国,行动代号"波莱罗"(Bolero)。美国、英国及英联邦各国起草了《战争目的宣言》,以此作为共同纲领,这也是联合国(United Nations)的起源。他们被称作同盟国,但实际上却没有签署任何正式的同盟条约,只是一种联合组织。

在华盛顿的时候,丘吉尔带着他的头号国际外交大师比弗布鲁克爵士在白宫和比尔·努森进行了会面。他们对同盟国到底能生产出多少战争物资进行了激烈讨论,丘吉尔认定美国凭借4倍于英国的体量,其产出也应该达到英国的4倍。实际上,美国的规模远大于英国,罗斯福正酝酿比11月宣布的数字还要大得多的计划。

"产量最高能到多少,今年可以生产多少架飞机?"总统问努森。

努森表示,这个问题在他们内部已认真讨论过,凭借新增的厂房设备,美国在1942年可以生产45 000架飞机。努森补充道:"总统先生，准确来说是44 466架飞机。"

"坦克呢？"总统问。

"我们刚开始量产坦克，"他回答，"我能承诺20 000辆，也许能完成25 000辆。"这是惊人的数量，与之相对，英国在1942年生产了8 611辆坦克且已是他们的极限，德国在1942年的各种装甲战斗车辆生产总数仅6 842辆。

"其他物资呢？"罗斯福继续问，"船只、火炮和弹药，所有其他的东西，能扩产吗？"

"当然，阁下。"努森保证。

几天后的1月6日，罗斯福对国会发表国情咨文，宣布美国将在1942年生产6万架飞机和4.5万辆坦克。在1943年，美国的工厂将能生产不少于12.5万架飞机。罗斯福说："这些数字将告诉胆敢偷袭珍珠港的日本人和德国纳粹，他们将面临多么可怕的回应。"

这惊人的数字也让飞机制造商、生产管理办公室以及供给优先和分配委员会头疼不已，努森对此则很乐观。他告诉下属："让我们先按照总统的要求去完成吧，相应来调整自己的生产计划。"

美国既然已参战，就没有必要继续躲躲藏藏，防备政治上和民意上的反弹。因此，另一轮管理组织的调整开始了。1月16日，战争生产委员会取代了供给优先和分配委员会，成员大部分保留了下来，主席依旧是唐·纳尔逊。8天后，生产管理办公室被解散。罗斯福明确战争生产委员会将全面掌管采购和生产，纳尔逊拥有最后的决定权。因此，纳尔逊的地位实质上和英国战争生产大臣比弗布鲁克勋爵相近。纳尔逊干练而且享有名望，确实是该职位的合适人选。

努森并没有因为落选而失望。他作为领着"1美元年薪"的大资本家，曾在1941年非常困难的情况下率领生产管理办公室顺利完成了任务，但却在华盛顿得罪了不少政客和媒体，这影响了他获得这个新职位。对此，努森坦然接受，他在新的战争生产委员会里将代表国防部担任重要的战争生产总监。因此，他成了美国陆军中将。罗斯福告诉他："比尔，我希望你接受这个新任务，因为当你去一线工作的时候，有些将军会想压倒你，但现在他们做不到了，因为你的军衔更高。"努森接受了这个任务，成为了美军历史上首位平民出身的三星将军。

努森也许在某种程度上被边缘化，但他实际上已完成了最重要的基础工作。尽管华盛顿充满了反对他的政客，尽管罢工此起彼伏，努森还是用自己的办法让大企业转型为军工服务。工厂已经建好，机床已经生产出来并运输到位，工人也已经培训完毕。总统终于将他的庭院修剪得整整齐齐，虽然他宣称的生产数额让那些厂商惊诧不已，但这不是空想，而是具有可执行度的目标。

现在要做的，是让美国的军火工业劲向一处使，拥有远大的抱负，并将自己拥有的巨大潜力完全发挥出来。

第10章

战略掠夺

12月19日（周五）下午1点左右，弗朗茨·哈尔德将军被元首召见，他被告知冯·勃劳希契陆军元帅由于健康问题已"主动辞职"。后者也许确实有些神经衰弱，但很明显是被解职的，遭遇同样命运的还有冯·伦德施泰德，他们都成了东线失利的替罪羊。希特勒一贯不喜欢老派的普鲁士军官团，故利用这个机会索性任命自己为陆军总司令。元帅告诉哈尔德，他将被留任参谋长，但威廉·凯特尔将军负责的国防军最高统帅部会接管陆军的日常管理事务。这种职权划分从未成为白纸黑字的正式公文。希特勒告诉哈尔德，能指挥陆军作战行动的帅才并不少，但只有他才能让陆军司令部变得彻底纳粹化，因此他决定接管陆军总司令一职。事实上，这意味着他将展开更多的微观管理，更少放权给手下的将军们。现在，只有希特勒有权将军队在不同战场上调动，甚至包括征兵安排。陆军的很多日常琐碎工作都交到了最高统帅部的手里，这不仅抢了哈尔德和他的参谋们的工作，还让最高统帅部更加没有时间去思考未来的战略。瓦利蒙特对这样的变化非常不满，他写道："因此，陆军的统一指挥不复存在了。"

瓦利蒙特的作战处也被解散，他成为了最高统帅部副总参谋长。这并没太大意义，不过他现在可以接触到更多陆军日常的工作内容，包括参加早上哈尔德给元首作的汇报。穿着一丝不苟的哈尔德会带着几名参谋前往元首大本营，接受希特勒"法院"的审判：凯特尔、约德尔以及几名纳粹头脑人物。凯特尔和约德尔总是表示出对希特勒不同的意见，他们认为后者的所作所为完全无法胜任最高统帅。瓦利蒙特认为，希特勒粗暴的干预是新架构的最大问题。他写道："针对最紧要问题的切实讨论被无意义的争执带得偏离了。"每当哈尔德告诉希特勒不好的消息时，后者会立刻叫来别的高级指挥官，希望能听到更有利的情报。这会导致问题长时间搁置。那些部长和非军事方面的人员会被突然召集来，然后被质疑、说教和威胁。瓦利蒙特写道："每天都有好几个小时花在这些事情上面，费时费力。"

君特·萨克在享受了舒适的探亲假后，于1942年初前往科布伦茨，然后转车前往属于列宁格勒战线的加查纳机场（Gattschina），保护驻扎在那里的第54战斗机联队。他在那里并不开心，天气冷得吓人。他最近刚读了份关于击落敌机的炮弹消耗比的报告，让他信心大减。轻型高射炮需要2 000发炮弹才能击落1架敌机，而重型高射炮需要500发炮弹。他在日记里写道："当我想到，击落一架敌机需要消耗那么多炮弹时，高射炮的作用是多么的有限。"

现在，列宁格勒战线上的情况变得更恶劣了。每当苏联飞机来袭的时候，萨克他们都要先让火炮解冻才能射击。德军在列宁格勒的处境和莫斯科那边发生的情况一样：他们已经近到攻克城市的边缘，就差最后一口气，但被包围的苏联人表现出了惊人的勇气且坚决不投降。不管付出多大的代价，苏联领袖都不愿意放弃这座第二大城市。

被围困在城里的部队和平民面临着严苛的条件。德国空军的轰炸勒紧了城里上百万人脖子上的绞索，整个城市从9月起就几乎断绝了粮食补给，原本有的几座大粮仓也在轰炸中化为灰烬。9月下旬，空袭更为猛烈。德军部队于11月9日占领了东边的季赫温镇铁路枢纽。这将列宁格勒与外界的正常通道彻底切断了，苏联人花费了巨大的兵力代价，沿拉多加湖岸边的沼泽和森林地带用圆木开辟了一条新路，从湖的西部铺路连接城市，将其称为"生命之路"。当湖面结冰后，又增加了无数条冰路。苏联人钢铁般的决心表明，德国人在9月的那些乐观是多么盲目。

苏联人即使做出再大的努力，仍有成千上万的人由于缺粮、缺水和生病而死去。幸存者们吃光了飞鸟，吃光了猫和狗，老鼠也快绝迹了，最后甚至出现了吃人的现象。连墙纸背后的浆糊都被刮下来做成了某种汤以充饥。运进来的食物少得可怜，远达不到每天正常水平所需的 700 吨。

在列宁格勒包围圈内，仍集结着大量苏军。在冬季，受冻的德军被迫掘壕固守，苏军则趁机取回了一些主动性。他们于 12 月 9 日朝东南方向发动反击，并成功夺回了季赫温。到 1941 年结束时，德军被逼退了 60 英里（97 公里）。这并不代表德军的围城已被打破，远没有，列宁格勒的未来还要经历不少苦难。不过，现在的通道更宽敞，能运入更多的补给物资。之前付出高昂代价建起的圆木道已不再成为必需。列宁格勒不仅没被德国占领，还牵制住了大量德军、物资和其他资源。

赫尔曼·巴尔克上校视察了前线，很清楚德军部队的困苦，他认为希特勒直接负责一段时间的指挥不是坏事。这个观点在他于 12 月 23 日来到中央集团军群位于斯摩棱斯克的司令部时得到了加强，君特·冯·克鲁格陆军元帅取代了原指挥官冯·博克的职务，后者由于希望将部队撤至杰斯纳河（Desna）而被撤职。德军显然要缓一段时间才能再次发起攻势，巴尔克和希特勒的观点一致，认为撤退是致命的。德军需要坚守目前的防线，这是他们的唯一希望。拿破仑在撤退中变得一无所有，在德军之前的短距离撤退中已丢弃了大量坦克、车辆和战争物资。另外，很多前线的单位根本无力后撤，比如第 160 步兵师仅剩下 80 名步兵。巴尔克写道："所有的东西都被大雪覆盖了，交通状况极为糟糕，横向运动是不可能做到的。"

12 月 30 日，巴尔克回到狼穴，也就是希特勒在拉斯腾堡的前进指挥部。次日是 1941 年的最后 1 天，他被允许向希特勒汇报前线的情况。希特勒比较喜欢作战人员的意见，而不是那些参谋的看法，因为前者说的更合他胃口。当巴尔克强调，不能在任何情况下后撤时，简直说到了元首的心坎,这正是他接手陆军总司令后的命令。不过,巴尔克对坚守的初衷是这样能保存更多的部队和物资,而希特勒更多的是出于颜面。且不论巴尔克的看法的对错,即便古德里安这样的名将也在 5 天前因违令后退而遭到了希特勒的撤职。

古德里安是 1940 年对法作战的重要将领和策划者之一。当时,他的装甲部队取得辉煌胜利要归功于他的数次随机应变,甚至称得上抗令不遵,否则他无法迅速渡过马斯河以迅速突破法军防线。色当战斗的空中支援如按上级命令执行,也将走向另一种形式,起不到那么好的效果。"运动战"的原则是"任务指派",地面指挥官是对战场形势最清楚的人,应当被完全授权行动自由。"运动战"的两个重要原则是灵活和速度。

忽视上级的命令也只有在不断获取胜利的情况下才能被接受。莫斯科战役之后,此类行为被视为不稳定因素。12 月 26 日,哈尔德强调,从现在开始,对元首指令的绝对服从是克服危机的必要手段。他在古德里安被撤职后写道:"我们在牢牢控制住指挥权后将所向披靡,避免无意义的多虑,只有当唯一的意志,元首的意志从最高层一直贯彻到一线士兵才能胜利。"为德国赢得最辉煌胜利的英雄被扔到一边,德国战争艺术的核心准则也被束之高阁。现在,他们需要的是对最高统帅的绝对服从。希特勒在上次大战中不过是名低级士兵,从未在战役中指挥过部队,也从未接受过参谋或指挥类训练。

从各方面考虑,这都让德国的命运进入了危险境地。在过去,任何失误都可以由那些高级军官背黑锅。只要事情没能按照计划演进,常用的借口是:"如果元首知道的话……"希特勒是不需承担任何批评的。而现在,他直接指挥集团军、师,甚至到营级单位,之前由冯·勃劳希契和陆军参谋们担任的中间层级全被砍掉了。如果情况继续糟糕下去,那么,元首将被所有人嘀咕。

这样的指挥架构和指挥风格的变动并未带来实情的上达。下属们仍然挑希特勒想听到的信息上报。巴尔克上校在他 12 月 31 日给希特勒作的汇报里提到前线实际上得到的坦克数量只有元首认为数量的一半。希特勒大吃一惊。当元首成为陆军总司令后，他问阿道夫·冯·舍尔将军是否能提供1万辆卡车。"是的。"舍尔回答。希特勒问："我能在12月22日在华沙拿到这些车么？""是的。"舍尔回答，这当然没什么好讨价还价的。满足数量的卡车被集结、装车完毕，但那里并没有足够数量的经过训练的司机，因此，大部分只能由希特勒青年团的孩子们驾驶。巴尔克写道："最后到达前线的都变成了垃圾，1万辆卡车就这么被浪费了。"

更糟糕的是，由于希特勒担任总司令，整个指挥效率也大大降低了。由于元首坚持微观管理，所以任何迅速决定都变成奢望。德国战争机器的灵活性，下级军官的独立性和迅速行动的能力，这些之前获胜所依赖的原则都失去了。

哈尔德在12月20日的日记里写道："元首长篇大论地谈了守住防线的必要性。"12月29日："糟糕的一天！"12月31写道："又是糟糕的一天！"1月2日写道："和冯·克鲁格多次会谈，他已束手无策，毫无信心了。"

这并不奇怪。自"巴巴罗萨"战役以来已是伤亡高企。到7月底，德国陆军的损失已大于西线战争的所有损失。到8月底，步兵师的实力已下降到了行动前的60%。11月时，大部分前线师只剩下了50%的实力。到11月底，也就是战役开始5个月后，陆军司令部的后备役兵员已经耗尽。第一次世界大战期间，德军每1 000名伤兵里死亡226人，结果这个数字到了1941年7月继续上升为236，到年底甚至达到了244。从7月以来，德国陆军每月损失超过40 000人，这个数字到了11月略降为38 000人，8月的阵亡人数甚至达到了60 000人。1942年1月5日，哈尔德在日记里写道，"总损失830 903人，也是东线德国陆军总数的25.96%"。

德国机械化程度不如同盟国这加重了他们危机的程度，因为这意味着德国陆军需要更高地依赖人力的密集度，别无他法。这也制造了更大范围的人力危机。后备役部队又拼凑出了300 000人，但目前的运输能力全被维持前线运转的军需品所占据，无法将后备役部队迅速运往前线。事实上，这些即将去东线的部队里的大部分人年龄偏大，后者并未受过充分的训练。

这时的德国开始将囚犯也搜罗起来充数。大部分重要的产业工人也被召集起来，他们被夸张地称为"瓦尔基里师"（Valkyrie Divisions）。德国几乎没剩下什么20岁年龄段的人——要么已经应征入伍，要么已伤残退伍。每年，新成年的孩子大约只有100万人不到，勉强能弥补他们的战损，但无法支持进一步的扩军。

由此可见，德国已面临了严重的人员短缺危机。纳粹对犹太人发起的意识斗争等于是搬起石头砸自己的脚，这不仅将数量庞大的适宜人群从武装部队、工厂和农场驱赶出去，还要把不少人员和装备投入到所谓的"行动部队"（Einsatzgruppen）去，这种党卫军行刑队设立的目的就是灭绝犹太人。1939年，在波兰屠杀了65 000人，相当于4个师的人数。之后，在波罗的海国家、乌克兰和其他地区屠杀的人数则更惊人：波罗的海国家屠杀了141 000人，基辅附近的巴比谷（Babi Yar）两天时间杀害了34 000人。他们屠杀的野蛮性毋庸置疑。从经济的角度看，这也是损害生产的，尤其是这些受害者中很多人也和纳粹一样仇视共产主义。他们本可成为帮助德国的有效资源，不仅能解决德国急需的人力问题，还能在苏联帝国内煽动起更为猛烈的反抗风暴。

这也是希特勒和纳粹很多自相矛盾的地方。他们能与完全不同种族的日本人结盟，能在必要的时候与共产主义苏联交易，却容不下对犹太人的种族敌视。最后越演越烈，演变为了规模惊人的大屠杀，这完全是毫无意义的。由于被种族仇恨所裹挟，已严重危急的形势变得更是雪上加霜。

这就是1942年初的局势，德国的战争机器在经历了战争初期几年的辉煌后，已陷入了深深的危机。尽管日本加入战局让希特勒开始变得乐观，但纳粹政权实际上建立在脆弱的基础上，各个独立的组织之间明争暗斗，蓄意使这个大厦处于不稳定的平衡。希特勒唯一关心的是分而治之。他对国防军非常不信任，国防军总怀疑党卫军，国家机器的每个部件都充满了分裂、敌对和多疑。他们本已紧张的资源还被争抢、浪费。比如，航空工业还能花费精力在并不紧要的项目上，人力资源也被白白浪费。希特勒对他并不擅长的军事事务乐此不疲，而战略重点并不清晰。英国和美国，尤其是后者在他们民众的生活和战争能力的每个角度都非常现代化。德国的现代化只能称为部分的。确实，他们的雷达技术很先进，在火箭和喷气机技术上高速发展，但他们的陆军还主要依靠马车。他们确实掌握了有效的坦克战术，但他们的坦克和苏联红军的比起来已显得过时。他们确实在雷达和通讯技术上是先行者，但他们在东进时却显示出落后于时代的野蛮，残杀了成百上千的无辜民众。这些矛盾难以调和，尤其是他们现在需要面对当时世界上最为强大的国家时。

1月15日，赫尔曼·巴尔克上校在日记里责怪希特勒把情况搞得一团糟。他认为，国防军已经到了"极点"。普鲁士将军卡尔·冯·克劳塞维茨（Carl von Clausaewitz）是个伟大的军事家，在他的名著《战争论》里也提到过这个概念，巴尔克作为虔诚的学生自然对此非常清楚。极点就是一支部队由于后勤问题、无法克服的抵抗，或者整体困顿而无法完成预设目标的时刻。因此，战斗目标必须在部队达到极点之前完成。1940年的不列颠之战，北非、马耳他和现在的苏联，这样的规律一再出现。他写道："我们不是在完成一件事后再做下一件事，而是在前一件事没完成的时候又开始了新的事。由此，我们已经越过了极点。"他说得很对，德国既没有足够的资源，更没有清晰的战略眼光去完成这场由他们挑起的战争。

"你知道'自恃'的意思么？"哈尔德将军问巴尔克，"那就是我们现在的问题。"

当德国忙着填补后勤上的窟窿时，英国和美国正继续确保其能享受到充足的资源。美国的工业潜力得到了完全发挥，这对同盟国来说是个好消息，但如果产品最后都沉到大西洋海底，那也是竹篮打水一场空。不过，到目前为止，绝大部分英国和同盟国的海运船只都能安全地穿越大西洋。从战争爆发到1942年初，英国、同盟国和中立国总计被击沉了2 336艘船只。这虽说不是个小数字，但只占了他们总量的2%不到。具体来说，平均每天都有2 000艘商船在环绕世界运输，为同盟国服务。

邓尼茨对1941年非常失望，眼睁睁地看着机会从手边溜走。回想起1940年的"欢乐时光"恍如隔世。当时，他的一众兄弟们可以尽情猎杀。在1940年的后7个月，邓尼茨为数不多的潜艇部队实现了平均每艇每天击沉727吨船舶的惊人战果，而1941年5月后，这个数字下降为每艇每天220吨，11月下降为66吨。他之前认为，击败英国需要每月击沉50万吨船舶，而这根本不会给英国带来任何影响。邓尼茨认为，到1942年初，这个目标值将增加为每月80万吨。

他富有经验的部下已有不少阵亡或者被俘，而同盟国的反潜装备和战术仍在大步前进。德军虽然有更多的潜艇开始服役，但具有充足训练的艇员却越来越少。邓尼茨将此归结为战前对潜艇部队的投资严重不足。同时，他们开始怀疑英国人已破译了他们的通讯密码，但被上级驳斥为不可能。实际上，据英国估计，至少有300艘船都是由于收到破译的情报而调整航线，摆脱了被击沉的命运。邓尼茨和他手下面临的另一个严重问题是鱼雷数量不够。英军已在生产更高效的雷达、高频探测器和其他反潜装备，德军仍在使用击发式鱼雷，可靠性并不佳。新型导航鱼雷和改进的近炸引信正在研制中，尚未能投入使用。在这场技术竞赛中，英国人轻松获胜。现在，占据英国和德国报纸头条的新闻都是关于北非沙漠的战事，但在寒冷、灰暗的大西洋上的战斗才是真正具有决定性的。英国的战时领袖对此非常关注，邓尼茨也心知肚明。希特勒却不知道，尽管他授权了大规模的潜艇建造项目，潜艇数字开始不断攀升，但他实际理解仍有欠缺。1941年6月至9月，有53艘新潜艇编入战斗序列，这个数字在上一年仅有6艘。

邓尼茨最大的弱点在于他的潜艇并非完全潜艇，因为它处于潜航状态的时间非常有限。以最普及的MK Ⅶ型潜艇来看，其下潜后使用的是电池驱动，标准的9节航速仅能维持1个小时时间，如果降慢至步行速度或许能维持更久一些，但这样的续航能力显然无法应对被敌舰追击和深水炸弹的袭击。潜艇回到水面上后，不仅可以用柴油发动机来充电，还能以 17 节的速度航行 10 000 英里（16 093 公里），这速度足以追猎大部分同盟国的商船。

也就是说，邓尼茨的潜艇大部分时间是在水面上航行、追踪和进攻的，下潜只适应于短时间内的操作，比如避免在进入攻击阵位时暴露，或者在危急时逃亡。因此，大部分进攻发生在夜晚，潜艇凭借其不易被发现的外形接近目标。正是出于这个原因，潜艇在夜晚更长的冬季更容易取得战果。

德国人实际上已研制出了更为先进的潜艇，或许能扭转这些不利因素。赫尔穆特·瓦尔特设计建造的潜艇能在水下达到 23 节的时速，且可以长时间潜航。这个速度对潜艇来说是了不起的成就，能在水下轻松追上多数商船编队，甚至能追上一些习惯跑单的快速商船。瓦尔特的 V-80 潜艇于 1940 年 4 月下水，邓尼茨对这种艇型是大力支持的。但这种潜艇是依靠过氧化氢驱动的，海军部对其安全性存有较大顾虑。

邓尼茨不断要求尽快推动研发工作，并在 1942 年 1 月 18 日和瓦尔特会面后再次督请批准。但海军部每次都驳回了——生产成本过高，干扰现有潜艇的生产计划，安全性问题未解决。这些顾虑其实都能解决，但这也显示了大西洋之战在德军最高统帅部眼里的重视程度问题。德国已经有了成型的新式潜艇，可这种能对同盟国补给线带来严重威胁的武器却遭到了忽视。一款突破性的武器被研发中的障碍阻断，德军将海上获胜的希望寄托在建造更多 MK Ⅶ 型潜艇上，可后者陈旧的设计已无法满足当时战场的需要了。

同盟国现在已有了对付 MK Ⅶ 这类潜艇的成熟战术，知道其弱点在于极为有限的潜航时间。潜艇离基地越远就越不敢冒险受损，故而护航舰队总是追赶它们，逼迫它们下潜。这样，潜艇难以伺机进攻。潜艇要想增大击沉对手的机会，必须尽可能地靠上去。迫使潜艇放弃进攻并不需要大量护航舰艇。每个商船编队只要有几艘装备有合格反潜装备的护航舰艇就足以大大降低潜艇成功攻击的机会。

反潜战的另一个法宝是空中巡逻。飞机能迫使潜艇改变航线或者下潜。以前的潜艇能轻松地在海面驰骋，随着英国皇家空军建立起从英国和爱尔兰附近的空中巡逻体系，德国潜艇不得不被迫往更西的位置活动。同盟国的船运在一般强度的护航和空中力量的保护下，大部分可以安然驶往目的地。

希特勒在9月还特别地对邓尼茨强调，必须避免和美国的任何冲突。现在，局面被打破，没必要再遮掩，美国船只也成为了目标。潜艇准备跨越大西洋作战。

1月1日，邓尼茨手里有91艘可作战的潜艇。让他苦恼的是，这里面有23艘还被困在地中海战场，另外被最高统帅部加派的3艘正在前去那里的路上。此外，6艘蹲守在直布罗陀海峡外，4艘在挪威外海。最后，剩下的55艘里有60%还在船坞里等待缓慢的维修，德国海军奇怪地把维修优先权都给到了水面舰艇。大西洋上只有22艘潜艇在游弋，其中还有一半处在出航或者返航的路上。邓尼茨写道："1942年初，战争进行了2年半之后，我们仍然只有10~12艘潜艇服务于消灭敌人船运这个最重要的任务。"这是个糟糕的情况。

1月2日，他命令首批5艘潜艇长途跨越大西洋，前往美国东海岸游猎。这项被称作是"击鼓"（Paukenschlag）的作战行动是希特勒于12月12日批准的。在纽芬兰大浅滩（Grand Banks）外海是一片惊涛骇浪，无论是潜艇、商船还是军舰，面对的最大敌人都是恶劣的海况，而更往南的海域则是平静的暖洋。从美国沿岸前往墨西哥湾、加勒比海、巴西和阿根廷的路线是世界上最拥挤的航线之一，大批船只到了巴哈马群岛和加勒比群岛后又会取道各个海峡通过。这里，在传统上就是非常重要的贸易航线，正如英国围绕着本岛有着繁忙的航运一样，美国周围也是航线密布。美国虽然有着发达的铁路网，但仍是通过驳船将大宗物资往来运输于德克萨斯和新英格兰之间的区域。煤炭、棉花、咖啡、食糖、钢铁、矿石、石油，从荷属西印度群岛、委内瑞拉、德克萨斯源源不断地运出，不仅满足美国的需要，还能供应给大西洋对岸的英国。这些运输线路已习惯了太平的日子，从美国内战结束后就未曾遭遇战争。

　　这些运输线路高效且顺畅，唯一的麻烦是容易碰到热带风暴。尽管德军潜艇在上次大战时也奔袭过美国东海岸，但美国并未真正思考过对付他们的办法。这次大战，他们卷土重来了。美国大部分海军都被调往太平洋战场，剩下的也被充实到大西洋商船队的护航任务中，甚至没人考虑过需要配置充足的巡逻机以保护美国沿岸航线。

　　因此在1942年初，美国的沿岸航线如邓尼茨所设想的那样毫无防备。这对闯入的德军潜艇来说，犹如一顿大餐。血腥屠戮即将展开。

第11章

大开杀戒

"习以为常的海事灾难。"齐亚诺伯爵于12月13日的日记里这样写道,他刚听说2艘5 000吨级的巡洋舰和2艘装满坦克的大型运输船在前往北非的路上被击沉于突尼斯外的波恩角(Cape Bon)。托布鲁克前线也传来了噩耗,那里的意军部队又遭到了惨重打击。几天后的12月19日,意大利海军终于取得了1场小胜,3艘有2名艇员的人操鱼雷由潜艇母船带到亚历山大港附近,然后偷偷潜入港口,重创了"刚勇"号(Valiant)和"伊丽莎白女王"号(Queen Elizabeth)战列舰,还另外损坏了1艘驱逐舰和1艘油轮。6名突击队员被俘虏了,但他们成功地使得2艘战舰在相当一段时间内无法出海作战。地中海舰队司令官坎宁安海军上将当时就在"伊丽莎白女王"号上,也被紧急撤离了。他写道:"我们仅剩的2艘战列舰也不能动弹了。真是沉重的打击。"

在这个时期,德军第2飞行军被派驻到西西里岛上。随着东线战场由于大雪寒冬而陷入停滞,德国空军果断将部分部队转移到可以施展拳脚的战场上来。很明显,马耳他岛即将面临新一轮的狂轰滥炸,且难以获得新的补给。坎宁安必须动员舰队里的每艘舰艇给予轴心国航运以压力,确保英国船只将补给运到马耳他岛。因此,他对此时损失的2艘战舰不免苦恼。

在北非沙漠上,第8集团军的"十字军"攻势也停顿了下来。英国军队将轴心国部队一路驱赶出昔兰尼加，最后在阿盖拉被德军重创，90辆坦克被击毁了50辆，双方的战线重新固定下来。英军放弃了攻入利比亚西部的企图。令人惊奇的是，仍有不少德军和意大利军队被围困在埃及边境。清除他们又花了点时间，"十字军"行动于1月17日正式宣告结束。

英军在战役发动前拥有的坦克和人数比轴心国略多，但德军依靠卓越的反坦克火炮（包括已令人闻风丧胆的88毫米高射炮/反坦克炮），使双方实力不分伯仲。英国在空军方面取得了明显的优势，其改进后的组织和战术更为有效；德国空军与之相反，并未在兵种协同上取得更多进步。隆美尔与德国非洲空军司令斯蒂芬·弗洛里希（Stafan Froehlich）将军的相处并不融洽，同时还非常看不上意大利空军司令维托里奥·马基西（Vittorio Marchesi）。

从数据来看，英军的伤亡率为15%，轴心国高达32%。"十字军"行动达成了大部分预设目标，尤其是解了托布鲁克之围，但并未彻底打垮轴心国部队，也就是说，第8集团军的表现并不十分出色。无论是坎宁安还是里奇都不习惯将兵力握成重拳出击，使隆美尔在战役过程中能不断地找到机会消灭孤进的英军。

英军坦克整体上并不适合在空旷的沙漠作战，他们设计之初的使用场景是欧洲地形管用的近距离作战。德军坦克的火力也不理想，但他们的88毫米、75毫米、50毫米反坦克炮的威力都强于坦克炮。在沙漠作战中，炮弹的速度和射程是起决定性作用的。88毫米火炮可以把炮弹以2 750英尺/秒（838米/秒）的速度投掷到几英里外的地方，50毫米反坦克炮的射程也能达到1.5英里（2.4公里）外的距离且炮口初速并不逊色于88毫米火炮。英国手里并没有这么强大的反坦克炮。他们最好的火炮是2磅炮（40毫米），弹丸较小，虽然炮口初速也能达到2 600英尺/秒（792米/秒），但有效射程只有1 000码（914米）。只有在这个距离范围内，英军坦克和火炮才能有效作战。正如他们在"十字军"行动里的遭遇一样，面对德军威力强大的88毫米和75毫米火炮时，他们束手无策。战斗中主要靠空军支持才能对抗德军的装甲突击。

"我方装甲部队的角色是消灭对方的同类部队，"战争部在关于"十字军"战役的报告《战场记录第 2 号》中如此描述，"这项任务只有在我们的坦克能装备比敌军更好的'火炮'时才能被完成，亦或是我们取得了绝对数量优势时。在当时，我们两者均不具备。"不过这并不符合事实，在这两点上。从最近战斗中所该吸取的教训应是关于反坦克炮的，而不是坦克本身，前者才是在沙漠战里更为决定性的武器。英国人现在太惧怕德军坦克了，尤其是隆美尔的果敢和狡黠使得他在英军第 8 集团军里名声大噪，在轴心国军队里也是久负盛名。

似乎是为了证明自己的能力，隆美尔在 1 月获得了一轮安全运抵的补给后，立刻杀回了昔兰尼加。此时的英军则变成了忍受漫长补给线的那方，隆美尔重演了去年的狂飙突进，击穿了英军的防线，重新夺回了班加西，一口气冲到了距离托布鲁克只有 60 英里（97 公里）远的加扎拉（Gazala）。这些土地的得失并不要紧，但英国之前苦战获得的荣光突然暗淡了。英国军队似乎是前进 2 步，必须后退 1 步。

大西洋战场上的局面也出现了逆转。到 2 月底，一小群德军潜艇在大西洋的另一端大开杀戒，共击沉了 71 艘船只，其中只有 10 艘发生在美国区域以外。泰迪·舒伦的 U-564 击沉了其中的 2 艘。他的潜艇于 1 月 18 日从法国大西洋沿岸的拉帕里斯（La Pallice）出发，美国看起来就像有月球那般遥远。Ⅸ型潜艇能较轻松地完成这段航程，而像 U-564 这样的 MK Ⅶ型潜艇则够呛。他们在离开拉帕里斯时，船舱里的每个角落都塞满了火腿、面包和其他补给品。

舒伦最近被晋升为上尉，并被希特勒亲自授予骑士十字勋章的橡叶饰。因此，他带着 U-564 第 4 次出航时志得意满。他们以经济巡航速度抵达了北卡罗来纳州的哈特勒斯角（Cape Hatteras），那里有一串散布在大西洋里的岛屿。沿海往北开往波士顿（Boston）、哈利法克斯和新斯科舍的船只都要经过这里。他们很快击沉了加拿大油轮"维克托里特"号（Victolite）。让舒伦沮丧的是，他们的潜艇在黄昏的浓雾中撞上了他的好友哈拉尔德·盖尔豪斯（Harald Gelhaus）

指挥的 U-107。这次撞船使 U-107 的油箱破裂，还撞坏了舒伦潜艇的 4 个鱼雷发射管。他们两人只得踏上返航之路，舒伦还需要为 U-107 接济燃油。尽管有这么多的困难，他带着艇员仍然成功地将送上门来的商船变成了第 2 个猎物。他写道："当我返回基地汇报时，我表现得特别谦卑。邓尼茨扫视了我一眼，说：'你这个傻瓜！'"

3 月，德军潜艇取得了更大的战果，92 艘船只被送入了海底，其中只有 3 艘参加了商船编队。意大利潜艇也参加了跨洋作战，他们在巴西沿岸狩猎，专门对付那些往北航行的肉类冷冻船。

为了应对危机，这些商船立刻进行编队护航。美国人清楚应该这么做，但却因很多原因无法有效实施。美国海军毫无疑问应该被批评，第 1 个问题是他们完全没有料到德军潜艇会长驱直入。实施编队航行其实是非常复杂的物流难题，同时还意味着货物的运输变得更慢。

第 2 个问题是关于指挥权的。欧内斯特·金已于 12 月 20 日离开了大西洋舰队指挥官的职务，被晋升为美国海军舰队总司令。洛伊尔·英格索尔（Royal Ingersoll）海军上将接手了大西洋舰队，但大西洋舰队司令部是个在船上的指挥部，缺乏足够的通讯设施协调指挥美国区域内的所有大西洋航运活动，且金海军上将仍旧保留了不少之前的职权。63 岁的金是个行事果断的人，他很难被糊弄，一旦下了决心，就如同磐石般 ～～～～～ 日本人才是美国最大的威胁，而不是纳粹德国。但这 ～～～～～ 洋漠不关心，只是他更注重这个问题的全盘考虑。金 ～～～～～ 编队航线往南移，并成立中线大洋护航舰队（Mid Ocea ～～～～～）。这意味着英国、加拿大（尤其是后者）的护航舰队需要覆盖从阿真舍到伦敦德里的广大海域。金还建议，建立加拿大近程护航舰队，这样能让美国舰队移防到更南面的位置。这两个建议都被英国和加拿大接受了。他们的护航任务虽然加重了，但新的跨洋路线并不是德军潜艇的重灾区，因此在当时看来这个改变的效果不错。

第 3 个问题是关于作战条令的。美国海军在制订《编队护航指令》（Escort of Convoy Instructions）时发现，如果编队的护航力量不足，还不如不配备。金海军上将写道:"永远牢记,有效的商船编队依赖于足够的护航力量,后者具备对进犯的潜艇采取主动进攻的能力。"这话值得商榷:"强大的护航力量显然比薄弱的护航力量要好,但即使是薄弱的护航力量保护的商船编队也比那些跑单的船安全得多。"问题出在《指令》里提到的条令,美军强调的重点是护航舰队的主要任务是消灭潜艇。这显然不对,其主要任务应为保护商船编队。小规模的护航舰队完全足以驱赶潜艇,这是英国和加拿大正在做的,他们的经验和统计数据已足以说明其有效性。

美国人一贯是积极学习他人,并化为己用的典范。但在海上护航工作中,美国作为英国的同盟者却并未通过官方的正式途径去交流条令和战术。金在护航任务上坚持自己的意见,并未参考英国海军航运管制体系(NCS)在大西洋东部的成功经验,自己创设了另外一套护航体系。

美国人希望尽快建立起护航体系,不过,他们认为有效的做法是根据参战前编写的条令所规定的执行,并未及时吸取过去大西洋战场上英国的经验。

尽管如此,美国海军仍然在3月27日提交了护航体系的方案。金于4月2日批复,规定每3天发出1个45艘船的编队,2条航线分别为从古巴的关塔那摩(Guantanamo)到哈利法克斯,从佛罗里达州南部的基维斯特(Key West)到纽约。总计需要41艘驱逐舰和47艘护卫舰,以做到每个编队有不低于5艘数量的护航舰艇。

空中防护也需要得到加强。由于航线非常紧靠海岸,这在理论上较易实现。初期执行并不高效,但在接下来的几个月里,空中巡逻得到迅速改善,不过仍未来得及阻止1942年初的那几个月的屠杀。

同盟国在远东的处境从糟糕变得绝望。马来亚的首府吉隆坡(Kuala Lumpur)于1月12日沦陷,日军大举攻入缅甸。菲律宾、婆罗洲和澳属新几内亚被接连攻破,所罗门群岛和布干维尔岛(Bougainville)也相继失守,连接美国和澳大利亚的航运线路变得岌岌可危。整个荷属东印度都被日军占领。到了 2 月，整个马来亚被攻克，新加坡丢失。2 月 15 日，阿瑟·珀西瓦尔（Arthur Percival）将军率领 130 000 名英军、澳军和印军士兵向山下奉文将军的 30 000 名日军投降。这是英军史上最大的惨败。几周时间内，英国和荷兰海军又输掉了爪哇海海战，这也是同盟国海军最大的惨败。

这些战役，英军输得灰头土脸，尤其是马来亚和新加坡的丢失是在山下奉文的部队还处在数量劣势以及装备劣势的情况下发生的。一系列失利从侧面印证了英国的衰弱，其已溃烂到了根本。马来亚是英国最富庶的殖民地，能为英国提供丰富的橡胶、木材和奎宁。也许，这些东西可以向德国学习，采取高昂代价作人工合成来代替。但缅甸的石油不仅是印度使用量的主要来源，更是英国在整个远东的依靠，如全从美国、委内瑞拉、伊拉克运输补给显然会给航运带来更大压力。唯一称得上安慰的是，英军在撤离时，摧毁了仰光（Rangoon）的石油储备库和精炼厂，至少没落入日军手里。

英国不仅在远东损失了大量人员和物资，更糟糕的是，还将有更多的部队和资源被牵制在这里，日本被击败的时间遥遥无期。丘吉尔之前对日本能将美国拖入战争是非常开心的，可这也是双刃剑。美国同意德国优先的战略，但这可不代表他们会坐视日本的肆意妄为。美国和英国仍需投入大量资源对付日本。在伦敦的军事计划总监约翰·肯尼迪少将立即需要面临如何平衡这些需求的难题。他写道："我们面前的问题是，要决定在多大程度上加强在印度洋和远东的力量，同时不能削弱我们在本土和中东的力量。"

1941 年还没结束时，原计划即将前往中东的船队就遭到了分流。原计划用以对付德国的部队和物资被送往了东方。原计划驻扎在中东的 2 个澳洲师和 1 个英国师被撤离前线，送往远东，比如第 6 澳洲师。美国的物资援助大幅下降，原先在大西洋作战的美军舰艇也大部分被抽调到了太平洋战场。

苏联在一场战争中只需要对付一个敌人。英国和美国则在打两场仗，和德国面临着同样的处境。在东方的战争需求与在西方的战争需求同样庞大。

美国海军东移留下的空缺必须靠加拿大皇家海军填补。在大西洋上作战的加拿大海军人员均为志愿参军者，虽然他们的舰艇不如英国的优良，经验也不如英军丰富，但他们仍然出色地完成了任务。任何对他们能力或者缺乏训练的指责都苍白且无力，毕竟，他们几乎是从零开始建立海军，以坚定的决心克服了大西洋的惊涛骇浪和繁重的任务。

1939年9月，加拿大皇家海军只有10艘现代战舰，总兵力只有309名军官和2 976名士兵，其中不到半数是职业军人。到1941年，已快速扩充到80艘护卫舰（含在建）。纽芬兰的大型海军基地已建成投入使用，更多中小型舰艇正被建造出来。考虑到这个国家的人口才1 000万出头，这可是个了不起的成就。1942年初，加拿大海军几乎已紧绷到崩溃的边缘，90%的舰艇都在出海执行任务，负荷极大。

尽管任务艰巨，但仍有不少加拿大年轻人志愿参军，这里面包括20岁的迪克·皮尔斯（Dick Pearce），他于1942年1月作为中尉登上了"阿尔维达"号（Arvida）战舰。皮尔斯出生于安大略省（Ontario）的坎尼夫顿（Canniflon），在英国宣战那天正好满18岁。当时，他正要去当地的克利狄特港高中读书，立刻热血沸腾地希望报名参军。他父亲说服他，还是学业为先，考上大学后可以参加军官培训。

皮尔斯按照父亲的建议去做，高中毕业后考入了多伦多大学学习工程。他很喜欢大学的生活，但仍决定在1941年1月报名参军。在经过加拿大海军志愿者后备役（Royal Canadian Naval Volunteer Reserve）的面试后，获得了中尉的临时授衔。他说："从那以后，我在学校里就只是走走过场了。"他在第一学年挂科后，就离开学校参加了全职训练。8月底，他加入现役，派往哈利法克斯参加为期3个月的高负荷训练。他在当年12月就完成了训练，开始挑选自己希望加入的海军单位。皮尔斯选择了护卫舰，且立刻得到了批准。"阿尔维达"号是"花"级护卫舰，于1940年7月服役。

皮尔斯首次登舰时，他按照学到的规矩，首先去后甲板报道，由卫兵引导自己到位于水线以下的狭窄的军官起居室，钢制舷梯非常陡峭。他在那里碰到了自己的老同学约翰·克拉克（John Clarke）。皮尔斯说："太高兴了，能碰到熟人，总算有人带我了。"

"阿尔维达"号隶属于中线大洋护航舰队，很快就出海了，皮尔斯也需要快速掌握作战技能。"阿尔维达"号是艘小船，只有200英尺（61米）长，乘员为110人，包括8名军官，许多人拥挤在狭小的船舱里。它的最高航速只有15节，这些顽强的小型护卫舰只有锡罐般大小。大西洋西北部在冬季时的环境尤为恶劣，护卫舰在海面上犹如水桶般翻滚。皮尔斯说："我记得最糟糕的一次情况是，船体倾斜了40度，从我们驾驶台的水平仪上可以清楚地看到。"这艘护卫舰的舰桥是开放式的，皮尔斯和他的同僚经常被浇得透湿，没法保持干燥。

他们大部分都是年轻人，只有船长例外，他是个40多岁的后备役军官，和其他人相比算个老头了。皮尔斯很快就被他的权威和技能折服，但在几次航行后他发现船长也有些支撑不住了。这并不奇怪，指挥的责任和无休止的护航任务压力太大。皮尔斯说道："护卫舰如同战斗机和坦克一样，只是给年轻人准备的。"

皮尔斯学习得很快，但加拿大皇家海军对年轻人，尤其是年轻军官的要求也越来越迫切。到3月，皮尔斯已通过了执勤认证，可以独立担任值班指挥任务了。像皮尔斯这样的年轻人通过冬季的严酷洗礼之后，正走向成熟。

唐·麦金泰尔这样的老手也被北大西洋的恶劣环境折磨得够呛。"沃克"号已整修完毕，他本人也新婚归来。回到船上，发现已装备了1款新雷达，性能更稳定，雷达可以发现3~4英里（4.8~6.4公里）外的目标，这可是很大的提升。另外1款新装备是平面位置显示器（Plan Position Indicator，简称PPI），可以把雷达发现的目标位置持续标注在以船为中心的可视化地图上。这是对夜间护航作战的革命性变化，他们将能清晰地识别出商船和军舰的位置。最大的好处是夜间执勤军官可以专注于搜索敌军，不必再紧盯着目视范围内的商船编队。

2月，他们被派往哈利法克斯，这属于美军参战后进行的护航体系调整。他们加入了新成立的西部本地护航舰队（Western Local Escort Force），负责保护从哈利法克斯到纽芬兰的商船线路。在南面的战斗是对抗德军潜艇，在这里的战斗是对抗天气。麦金泰尔写道："纽芬兰外海的恶劣天气是我在别的地方从未遇到过的。"天气冷到了什么程度？船体内侧都结了一层永冻的冰。

麦金泰尔在度过了好几周冰冷、潮湿的海上生活后，带着"沃克"号回到了哈利法克斯，随后得到前往美军位于阿真舍新海军基地的调令。和"阿尔维达"号舰长一样，麦金泰尔也知道自己需要休整一下了。他已变得脾气暴躁，缺乏睡眠，短暂的蜜月并不足以让他从之前长达2年的高强度作战中恢复过来。这给了他宝贵的机会为自己充电。

PART TWO / 东线影响

第 12 章

战斗机和轰炸机

美军首批部队于1942年1月26日抵达英国。这是第34"红牛"师的士兵，他们并非一起到达的，而是以团为单位分批抵达。拉尔夫·沙普斯中士在12月7日那天请假离营，听到珍珠港被偷袭的新闻时，他正和一个朋友在台球厅玩乐。很快，宪兵来了，命令所有士兵回到基地。"我们打仗了！"沙普斯回忆，"全变了，再也不是当兵玩了！现在是真格的！"几天内，那些上了年纪的士官和军官都离队了，原来国民警卫队特有的老俱乐部氛围几乎在一夜间消失得无影无踪。

1月，第135步兵师被用铁路运往新泽西州的迪克斯堡，在那里准备搭船前往英国。让沙普斯和他的战友感到欣慰的是终于领到了新装备：崭新的制服和帕森斯夹克、新的M1钢盔和M1加兰德步枪、半履带运输车、崭新的0.25吨4轮驱动吉普、各种机枪、雷达，甚至还有新型的短距离手持式步话机（Walkie-Talkie）。沙普斯在日记里写道："简直和我们平日里使用的那些第一次世界大战的老古董大相径庭。"

新的装备广受部队好评，但沙普斯唯一拿到的重武器却是老旧过时的37毫米火炮，他们使用这样的装备练习过几次对木靶的射击。迪克斯堡的设施并不算好，如同那些在大西洋战场里受苦的海军，"红牛"们在冰雪交加的天气里还要睡在帆布帐篷里。美国陆军正飞速扩充兵员，越来越多的武器和物资正从流水线源源不断地涌来，但要从和平时期的小陆军摇身转变为强大的战争机器还远远不够。美国陆军虽然处在战争中，但其在1942年初的那几个月是否做好了充足的战斗准备，还相当存疑。

1942年初，英国皇家空军战斗机部队已经发展成7个战斗机大队，单发战斗机的数量仍在增长。1941年的第四季度，英国航空工业生产出了559架战斗机，同期美国生产了320架，而德国只有221架。英国取得了明显的领先。

不过，对那些战斗机飞行员来说，1月是个寒冷、糟糕的月份，他们并未对战争做出多少贡献。偶尔越过海峡的偷袭可以逼迫德国空军起飞应战，但这些战斗不痛不痒。虽然击落了一些"梅塞施米特"，甚至一些是新型的福克·沃尔夫-190，但本方也会损失一些"喷火"。最后，大家的损失差不多。新的飞行员不断被补充进来，使战斗机司令部可以继续将飞行员从作战任务轮换至培训工作，甚至还可以让一些人去海外休假。正如道丁指出的那样，关键点是要尽可能地让飞行员保持精力充沛。也不是所有人都能享受到福利，比如让·奥芬贝格就还在第609中队作战，所幸的是迪格比区域相对较平静。他已经作战飞行了差不多有2年时间。

他的经验在第609中队非常有价值，可以帮助那些新来的比利时飞行员迅速掌握作战技巧。奥芬贝格在1月21日的日记里写道："我负责带那些年轻人。来自赫斯顿（Heston）的布兰科（Blanco）被放在了我的小队。拉勒曼德被晋升为空军中尉。"次日，机场跑道被白雪覆盖，刺骨的北风呼呼地刮着，奥芬贝格带着罗伯特·"巴尔博"·罗兰特（Robert "Balbo" Roelandt）空军少尉进行飞行编队练习，后者是新来的比利时飞行员。他们飞了一个小时后，一架来自第92中队的"喷火"准备给这对比利时双机编队来一次偷袭。奥芬贝格并未注意到对手的动作，结果双方撞到了一起，对方把他的机身一切两半。奥芬贝格的"喷火"又往上爬升了一点，之后掉头坠落，当时的高度只有1 000英尺（304米）。奥芬贝格和他的假想对手由于毫无意义的事故而丧失了生命。没有丧生于敌手，而是受害于自身失误，他们既不是首先遭遇这样命运的人，也不是最后的。同中队的比利时战友让·德·塞莱斯–隆桑（Jean de Selys-Longchamps）在给奥芬贝格叔叔的信里写道："我无法表达他对我们的意义有多大。他的表现充满了对未来，对我们的未来，对我们国家未来的希望。"

除了迪格比区域发生的不幸意外，皇家空军的轰炸机部队同样经历着战争的残酷。在战前，有不少著作论述了轰炸机的威力，很多人担心轰炸机可以毁灭整个城市，杀死千百万人，带来末日恐怖。英国对空中力量非常重视，并将其作为战略中心。果然，战斗机部队于1940年在英格兰南部证明了自己的价值，海岸部队在大西洋之战中正逐渐显现其威力，可轰炸机部队却一直无法呈现出决定性的战果。

巴特报告，已对英国轰炸的有效性作了详细调查，通过对航拍照片的研读发现轰炸的精度非常糟糕。这份发表于去年夏天的报告对轰炸机司令部是沉重一击，但也没有什么太好的办法，只能继续采用既有手段对德国实施轰炸。散弹枪战术继续被采用，即使这意味着德国普通民众的生命也许会被误伤。皇家空军看来已接受了这点。在1941年接近年末，轰炸机部队司令官空军中将理查德·皮尔斯爵士（Sir Richard Pierse）在三十俱乐部（Thirty Club）里对一群听众表示，皇家空军轰炸机部队在过去的12个月里有意对德国民众展开了攻击。他说："我提到这点是因为在很长一段时间里，政府出于合理的原因希望我们继续克制，只攻击人道主义者提出的所谓的'军事目标'……我能告诉你们，先生们，我们不会再有顾忌了。"

战争中，残酷无情在很多时候是必要的，但如不是很有必要，确实不能滥杀无辜。德国空军对英国的闪电战既没有打垮英国人的士气，也没有摧毁英国的战争机器。在航空部于1941年7月下发给轰炸机司令部的一份命令里有如下记录——很多迹象表明"近期对工业城镇的进攻极大挫伤了对方民众的士气。"没有人喜欢被轰炸，当然，这会影响士气，因此这个说法在某种程度上是正确的。但是，一般所说的打垮对方的士气指的是导致对方社会和政治的总崩溃。这可不是英国轰炸机部队现在的行动所能做到的，正如之前德国空军也没能做到一样。不少人明白这个困境，也在思考是否应放弃对德国的战略轰炸。这会挽救不少轰炸机乘员的生命，以及相应的金钱、资源、时间和努力。同样，这也可以减少德国民众的伤亡数量。

从 1940 年 10 月起就担任空军参谋长的空军中将查尔斯·波特尔爵士（Sir Charles Portal）并不这么认为。他思维清晰，受过良好的教育。他性格比较内向，所以每天都在伦敦俱乐部里独自吃午餐，但他对自己所坚信的东西不会有任何犹豫。波特尔对于空中力量，尤其是轰炸的威力坚信不疑。尽管巴特报告的结果并不乐观，皇家空军的轰炸机部队也损失惨重，他仍认定轰炸是战争的最有效方式，决心继续对德国发动战略空袭。在这点上，他不仅坚持了英国战前的策略，还和丘吉尔的看法一致。这也符合"钢铁换鲜血"的战略方向，即尽可能减少在一线的灰头土脸的年轻士兵，让机器装备去承担危险，飞机就是最好的例子。虽然乘员组也要经受战火的考验，但这种危险和飞机给纳粹德国带来的损害相比不算什么，这样的人员损失与德国或者苏联那种庞大野战军的伤亡相比更是微不足道。

很明显，一支装备着糟糕的导航和瞄准系统的小型轰炸机部队难以表现出多大作为。不过，这并不表示轰炸机部队成了废物。解决的方法是极大地增加轰炸机部队的规模，引入更大更强的轰炸机型号以便能携带更多的炸弹，辅以导航和精确投弹设备的改进。这当然不会在一夜间发力，但英国已做好了长期作战的准备。波特尔相信，要不了多久，英国皇家空军的轰炸机部队就能对战争起到决定性作用。

目前的麻烦是，越来越多的人对轰炸机司令部提出批评。希德尼·巴夫顿中校已离开了一线部队，回到航空部担任轰炸机部队作战处副处长，时年 34 岁。他在 1942 年 2 月 27 日给直接领导约翰·贝克（John Baker）上校的报告里提到，对战略轰炸的批评不仅来自于其他两个兵种，甚至国会也开始出现不满。几天前，掌玺大臣斯塔福德·克里普斯爵士（Sir Stafford Cripps）就曾公开质疑，是否应将轰炸机部队所享的资源用在其他更合适的地方。巴夫顿写道："这些批评无法用我们对未来的承诺来平息，而我们之前取得的成就不足以成为有决定性说服力的证据。"

波特尔认为，轰炸机司令部现在最急需的是有位和他一样坚信战略轰炸的新指挥官，此人还需有很强的意志力和决心来为轰炸机部队奋力争取到成长的资源。

波特尔认为一个合适的人选已经出现。空军中将亚瑟·哈里斯（Arhur Harris）在巴夫顿写就那篇焦急报告的前几天刚被任命为轰炸机部队司令官，他的坚定态度在皇家空军高层里屈指可数。他脸形坚毅，有着浅色的眼睛和灰白色的头发，胡须修剪得非常齐整，一看就有不可冒犯的威严。他私底下是个容易相处的人，但工作非常严格。哈里斯对于看不惯的事情总是直言不讳，哪怕是当面对峙也毫不顾忌。他和波特尔一样相信，赢得战争的方式是摧毁大量德国的城市。因为这样做能彻底摧毁德国生产战争物资的能力。一旦离开了战争物资，德国将无法继续作战。当哈里斯于1940年秋还是空军副参谋长时，他就经常爬上航空部的屋顶观察德军的空袭。炸弹将伦敦变为了炙热的地狱。他对站在身旁的波特尔说："好吧，他们一定会恶有恶报。"现在，他成了轰炸机部队的司令官，还有什么能阻挡他实现当初的承诺呢？

哈里斯来到轰炸机部队位于伦敦西北方向40英里（64公里）海威科姆（High Wycombe）的司令部，他清楚地知道自己上任后的任务非常艰巨。他的首个挑战是让轰炸机部队在军队内部的地位得到改善。他不断施压希望获得更好的导航设备，更重要的是获得更多轰炸机，短期来看，他要好好利用手里的装备，从中长期来看，需要更多的四发轰炸机，尤其是阿维罗公司的"兰开斯特"。这种新型轰炸机在1942年初开始装备部队。从载弹量看，该型飞机在当时同级别的轰炸机里遥遥领先。他写道："在我接手的时候，378架飞机里只有69架是重型轰炸机。"这种微薄的数量显然不足以对纳粹德国造成任何严重的威胁。

哈里斯前段时间去了美国，参加了庄园会议，非常清楚斯大林正不断地向同盟国施压，希望尽快对德国展开联合攻势。轰炸是个好办法。他还需要尽快扭转轰炸机部队的公共关系。最好最简单的办法是——呈现战果，这必然需要军火库里增加更多的轰炸机。

考虑到这个因素，他要求自己的下属广撒网，看看还有没有办法搞来更多的轰炸机。他们发现中东的皇家空军拥有的轰炸机数量超过了他们的所需。3月17日，他给特德写信，指出在过去的12个月，"差不多有上千个"机组被派往中东，虽然不少人被申请调回，但只有很少一部分真的回来了。"我们除非立刻改变这种令人绝望的处境，不然就完蛋了。"

他和特德在这个问题上争执不下，特德最后将问题交给波特尔解决，指出并没有上千机组，实际上只有280架"惠灵顿"及其机组于去年从英国调入中东。此后，在中东的行动中损失了77个机组，34个机组完成了任务目标返回英国，另有30个机组换装为了B-24"解放者"，剩下的机组被派往印度或者别的战区。中东空军实际上只保留了82个机组。

日本的威胁将特德的部队牵制住了，使后者从"十字军"行动中获得的主动权也化为乌有。上一年希腊的危机导致英军丧失了在中东的主动权，现在缅甸和印度（尤其是后者）的威胁再次使英军捉襟见肘，这两处地方只有少量的部队、装备和飞机防御。中东距离远东的位置更近于英国本土，因此抽调部队紧急增援的任务自然落在了中东指挥部身上。不仅有数个师被跨过印度洋运去，好些个中队也被抽走。特德送走了139架"布伦海姆"轰炸机和300架战斗机，这可是个大数目。在北非苦心经营积累起来的空中优势一下子就没了。在接下来的几个月里可能还不会有问题，但奥金莱克和特德原先不断积累实力以确保制空权的战略遭受了重大挫折。

最后，特德被迫分了一些"惠灵顿"回英国，这是哈里斯的胜利。感到讽刺的是，轰炸机司令部鼓噪中东的轰炸机供过于求的同时，特德认为英国本土的战斗机供过于求，他急需更多的战斗机，尤其是

MK V型"喷火"。英国当时是世界上单发战斗机最大的生产国，新飞机和维修好的数量远大于损失，特德的要求是合理的，尤其是他那边正面临着新的威胁。

这就是德国空军新入驻西西里岛的第2航空军，其已恢复了对马耳他小岛的压制作战，北非作战的主动权发生了反制。

地中海和中东战场需要三军的共同协作。一般战斗的主角都是陆军，但在北非的空军和陆军重要性相当。而陆地和空中的战斗又非常依赖于海上的战斗，因为后者可以决定有多少补给能运到目的地。反过来看，正如坎宁安海军上将指出的，海上的胜利高度依赖于空军，不能仅靠海军舰艇获得。比如马耳他岛，如果没有空军保护，补给根本无法运上去。

在1942年春，特德对该岛的形势非常担心，甚至还牵动了在伦敦的丘吉尔和总参谋部的心。那里现在的防御水平已比1940年6月改善了不少，那里地处地中海中心，距离西西里岛仅60英里（97公里）且周围被强敌环绕。虽然已熬过了最艰难的时刻，但仍继续承担着决定北非战场成败的关键角色。

广阔的大西洋能让很多编队安全地穿越，可地中海这里的情况不同，英国船队需面临敌方潜艇、快速鱼雷艇、意大利战舰和轴心国飞机的联合打击，补给难以接近被围困的马耳他岛。1月有5艘船靠港；2月有1艘船靠近却不得不被迫掉头；3月原计划会派出护航编队，可随着地中海舰队战列舰的受损以及德军第2航空军入驻西西里岛，使商船能安全通过那里的可能性变得越来越低。

希特勒亲自下令，欲摧毁这座堡垒岛屿。第2航空军于12月底到位后，凯瑟林元帅发布了进攻指令。他说，将马耳他岛摧毁是保障北非补给线安全的不可动摇的前设。

由于恶劣风暴的影响，全面空中打击的发起时间被严重推迟，这让马耳他岛在年初过了几天太平日子。好天气很快在2月回归，德国空军立刻升级了进攻强度，但战损也立刻上去了。令德国空军苦恼的是，总参谋部仍旧强调要使用精度更高的俯冲轰炸。可马耳他岛上塞满了高射炮，同时还有几架能飞的战斗机，这可不是适合俯冲轰炸机发挥的战场。

第 2 航空军的参谋长保罗·戴希曼（Paul Deichmann）上校建议，不要理睬这种瞎指挥的命令，按实际情况操作。在凯瑟林的许可下，他的新计划废除了俯冲轰炸，转而采用高空密集轰炸。他们的首要目标是消灭皇家空军，尤其是战斗机。岛上主要的机场塔卡里（Takali）被特别挑出作为 3 月 20 日进攻的重点目标。

被简称为"ABC"的坎宁安海军上将组织了强大的护航舰队，以便在 3 月为马耳他岛送上补给物资，他们计划的日子正好撞上了德军对塔卡里机场发动突袭。坎宁安在自己位于亚历山大港的办公室里密切关注着行动的进展，焦急地等待着电报。他写道："我从未如此煎熬地在后方等待消息，所有的责任都由那些和优势敌军交战的部队承担。"轴心国不仅出动了飞机，甚至将难得出港的意大利舰队也派来拦截英军补给船队。

意大利人的海空军被击退了。英军船队的 4 艘船中有 2 艘于 3 月 23 日驶入大港（Grand Harbour），1 艘被击沉，1 艘海军补给船被击伤后丧失动力被拖船安全地拖往岛屿南部。宝贵的燃油和弹药补给在最关键的时刻被运上了马耳他岛。

可是，岛屿指挥官的愚蠢却带来了接下来的大难。补给编队到达时正好遇上了糟糕的天气，这也使戴希曼上校推迟了摧毁岛上皇家空军的计划表。在船队入港后，竟没人安排特殊的迅速卸船。指挥官没有寻求皇家空军或者陆军的帮助，只是让港口工人按部就班地卸货，甚至没有要求加班加点、夜以继日地抓紧工作。借助低云层的掩护，这项任务本可顺利完成。3 天后，随着云层消散，德国空军返回攻击，将 3 艘入港船只悉数击沉，其运载的物资只卸载了很小一部分。

在战争初期，马耳他岛只被视作二等重要的地点，因此其指挥官和总督的人选也非一流。在去年，岛屿对轴心国航运做出毁灭性打击后，双方都意识到此地的战略重要性。可惜的是，德军先行一步。1942 年 3 月有几架"喷火"被送上岛，但太迟、太少了。特德将深受其信任的参谋军官巴斯尔·安博瑞（Basil Embry）上校派往马耳他，后者在进行评估后，指出该岛需要更新雷达装备，替换更好的地面管制官，以及更多"喷火"。马耳他岛上的飞行员在去年已保持了高强度的作战行动，可要为3月补给任务失败负责的休·皮尤·劳埃德（Hugh Pughe Lloyd）少将从未认真了解过这些需求。如果岛上当时有3个中队的"喷火"，完全能击退凯瑟林的大举进攻。德军第2航空军在3月末有400架战机，其中只有115架是单发战斗机。这个数字并不庞大，一旦英军打败了他们，不仅能改善英军在北非和中东的形势，还能帮助苏联人克服之后的困难。

虽然英军需要考虑广阔地域内的战略平衡，但他们未全力用"喷火"和高射炮武装马耳他岛是个绝对的败招。确实，这会带来不少后勤上的挑战，但如果抓住去年德国空军撤离西西里岛的有利时机，他们的船队确有能力可以轻松地将战略物资运装上岛。这个机会被他们错失了。

4月的第3周，马耳他岛已摇摇欲坠。其港口和城镇已变成一片废墟，机场还在勉强运作，岛上的皇家空军已被基本消灭。第10潜艇支队的基地严重受损，潜艇被迫离开该岛，驶往亚历山大港，主要舰艇"支持者"号和"催促"号已被击沉。

英国国王乔治六世在4月17日将代表英国最高民事荣誉的乔治十字勋章授予马耳他岛，但这无法取代该岛所急需的飞机、燃油和弹药。

4月20日，2个中队的"喷火"终于来到马耳他岛，其中47架是从美国航空母舰"黄蜂"号（Wasp）起飞的。这些飞机的航炮并未经过妥善调校，无线电设置也未按规定检查，岛上也没有任何接收它们的行动计划。不知道如何给它们提供燃油，并重新起飞作战。事实上，在它们到达的48小时后，仅有7架实现了二次起飞，其他的大部分飞机在起飞前直接被击毁于地面。

4月底，凯瑟林元帅认为，马耳他岛的威胁基本解除。无人能质疑他的判断。

第13章

钢铁和战略

1942年1月30日,希特勒最信任的建筑师阿尔伯特·施佩尔作为帝国防御工事的负责人搭乘元首大本营的1架由He-111改装的客机前往东线。同机的乘客还有党卫军"阿道夫·希特勒警卫旗队"装甲师指挥官赛普·迪特里希(Sepp Dietrich),党卫队德国副总指挥(相当于装甲兵上将军衔),其部队正在乌克兰南部的罗斯托夫附近与苏军激战。他们一同前往第聂伯罗夫斯克(Dnepropetrovsk),迪特里希打算回到自己的部队,而施佩尔欲视察他的手下维修被破坏的铁路线的进展。

他们坐在飞行的锡罐里,施佩尔朝窗外眺望,苍茫的大地无尽地朝前延伸。他偶尔能看到几座烧毁的农屋,但完全看不到公路的痕迹。他们顺着铁路线飞行,但上面并无火车行驶。被白雪覆盖的空旷大地让施佩尔警醒,前线大军的补给很容易被这样的天气阻断。

他们在到达第聂伯罗夫斯克几天后,施佩尔有点后悔在这个时间来到这片荒芜之地。这里,大雪丝毫没有停下的迹象,苏联军队也渐渐逼近。苏联红军围绕哈尔科夫(Kharkov)发动了大规模的反击,他们在沿着顿涅茨河防守的2个德军集团军之间打开了50英里(80公里)宽的缺口。施佩尔和他的下属立刻召开紧急会议商讨对策。他们仅有的武器只有几把步枪和几门被遗弃的连弹药都没有的火炮。诡异的是,苏军在距离他们12英里(19公里)的地方停了下来,他们继续前进完全可以将德军彻底包围。

由于铁路被木头阻断，施佩尔无法乘火车逃离。不过，他在2月7日（周六）成功搭上了那架将他送过来的"亨克尔"飞走了。那时，第聂伯罗夫斯克的德军已用干净、利索的反击消除了危机。施佩尔搭乘的飞机并不是返回柏林的，而是前往拉斯腾堡。施佩尔对此并不介意，这或许还给他带来了求见元首的机会，他们自12月初以后就没有碰面了。

希特勒并未参与当天的晚宴，而是与军火部长弗里茨·托特进行了密谈。施佩尔和托特一直相处融洽，且近期的关系变得越加紧密了。施佩尔敬佩托特是位考虑周全、经验丰富的同僚，尊重他的决断能力。晚宴后，托特被希特勒召见，直到很晚才回来。施佩尔发现他疲态尽显，显然，应对元首不是个简单的差事。他们一起喝了几杯，托特话不多，脑子里似乎在想着别的东西。托特提到自己次日将飞回柏林，可以捎上施佩尔，后者立刻感激地接受了。

那天的更晚些时候，希特勒召见了施佩尔。元首看起来和托特一样疲惫。时间到了凌晨1点，施佩尔惊讶于元首书房是如此朴素，甚至没有哪张凳子上有软垫。当希特勒和他聊起柏林和纽伦堡的那些建筑项目时，眼里又出现了亮光。元首准备将首都更名为"日耳曼尼亚"（Germania），那里拥有崭新的中央大街和能坐15万人的穹顶大会堂。

施佩尔给希特勒汇报了自己对前线的印象，直到晚上3点才离开。托特希望次日一早出发，而精疲力竭的施佩尔托话说，他没法搭乘这架飞机了，需要先休息一下。

几个小时之后，急促的电话声将他从深睡中惊醒，那是早上8点。电话是希特勒的医生勃兰特博士打来的，他告诉施佩尔："托特博士的飞机刚刚坠毁，他当场身亡。"

掌管德国军火工业的人意外横死，几个月前，他曾告诉希特勒他们无法赢得这场战争。施佩尔既震惊又悲伤，但还有更意外的事情等着他。2月8日（周日）下午1点，希特勒再次召见了他，他是那天元首最先召见的人。施佩尔进入元首的房间，看到希特勒很正式地站在那里。希特勒听了前者对托特之死的悼念后，忽然开口："施佩尔先生，我现在正式任命你接手托特部长的所有职责。"

施佩尔有些摸不着头脑，以为希特勒的意思是让他接手所有的建筑工程。希特勒明确说："不，所有职责，包括军火部长的责任。"

"可我对此，完全不熟悉——"施佩尔的话还未说完，就遭到了希特勒的打断。

"我对你有信心，我知道你能管理好。另外，我也无人可用了。立刻着手接任工作吧！"

施佩尔坚持希特勒将这些话落到纸面上，后者勉强同意了。当施佩尔告退时，希特勒的副官通报，帝国元帅刚刚到达，要求见元首。戈林之前并未预约。

"让他进来。"希特勒有些不快，扭头对施佩尔说："你再留一会。"

戈林急匆匆地走了进来，他从60英里（97公里）外的罗明顿（Rominten）的私人狩猎小屋那里出发，刚刚赶到。他对希特勒说，最好由他负责军工"四年计划"（Four Year Plan）接手托特的权力范围。戈林称："我能避免过去发生的那些冲突和麻烦，解决职责重叠问题。"戈林的提议无疑是正确的，但这不是希特勒所希望的管理方式。

因此，希特勒对帝国元帅的建议置之不理。他说："我已任命了托特的继任者。这里，施佩尔已接手了托特博士办公室的所有职责。"

托特之死的诡异传说一直流传。尽管他和希特勒在前一晚还为如何继续战争而进行过激烈争吵，但元首害他的可能性确实不大。施佩尔在最后一刻的决定，不搭乘托特的飞机也太巧合了。不过，施佩尔不太会谋杀一位他喜爱且敬重的同僚，尤其是他对新职位并不那么热心。可能性最大的应为飞行员的失误：在雪花和大风中飞行的风险确实很大。

施佩尔一直认为对他的任命是草率的。他写道："我之前从未和武器装备打过交道。"对施佩尔来说，幸运的是，托特手下有一群精兵强将，他们还留在军火部里工作。另一方面，常见的误会是，施佩尔靠此任命成为了德国军火业的统治者。实际上，施佩尔的职权范围和托特完全一致，只负责陆军的装备需求和弹药的生产，只占帝国军火业的45%。德国海军仍然拥有自己的采购部门，德国空军也是如此，后者占整体的35%~40%。自乌德特自杀后，德国空军的装备工作由埃尔哈特·米尔希全面接管。

施佩尔上任后的新举动是成立了中央计划委员会（Zentrale Planung），负责所有军火生产的统一协调工作，其成员包括施佩尔、米尔希、保罗·科尔纳（Paul Koerner，此君是戈林的秘书），由施佩尔担任主席。在他们中间，施佩尔在希特勒面前最有发言权。但从委员会的组成不难看出，德国军火工业并非由施佩尔一人说了算，米尔希的角色也非常重要，戈林并未从托特的意外去世中赚到什么，也没损失什么。米尔希不仅是戈林的副手和装备负责人，他在中央计划委员会里的权力也是毋庸置疑的。这个跨部门组织的成员还包括负责人力的大区领袖弗里茨·邵克尔（Fritz Sauckel）、新任食品部长赫尔伯特·巴克（Herbert Backe）以及煤炭业负责人保罗·普莱格（Paul Pleiger）。蹊跷的是，国防军总参谋部的人员并未被引入这个委员会，比如格奥尔格·托马斯将军。实际上，正是最高统帅部的国防经济办公室在1941年那个寒冬后丧失了决策影响力，当然这也正好遇到上升期的施佩尔推出的中央计划委员会。

施佩尔和米尔希的搭档以及中央计划委员会的理念是德国军火工业飞跃的关键一步。长久以来，各竞争对手间的尔虞我诈，层层叠叠的部门设置给德国带来了大量浪费和低效。

如果这个新的跨部门组织能最终理顺德国军火工业，在充满毒素和腐败的纳粹架构里提升效率，那么战争物资的生产肯定可以提升。

这也是必须要达成的任务，否则德国将面临毁灭性的结局。他们在东线针对战俘和平民的暴行早已臭名昭著。一旦苏联将德国打回去，必然伴随着恐怖的复仇，同时布尔什维克主义也会笼罩德国。既然纳粹德国自己开启了不义之端，那也别指望可以善终。

解决方案是明确的：当适合作战的夏季来临，他们必须赢得东线之战。尽管瓦利蒙特将军和最高统帅部的作战参谋们正起草形势评估，但希特勒看起来似乎已想好了下一步的战略,他在 1 月 3 日和日本大使已简约提到。"高加索地区的油田是天气转好后的主要目标,"希特勒说,"这是进攻最重要的方向,我们必须取得那里的油田并同时占领伊朗和伊拉克地区的油田。"一旦到达那片地区,他们将推动阿拉伯"自由运动"。在北非和中东,轴心国将发动钳形攻势,从北由高加索发动,从南由北非杀入。这是对中东地区的超大规模的口袋战役。同时,他的大军还会努力攻克列宁格勒和莫斯科。他向日本大使保证:"英国仍是我们的主要敌人,我们不会在苏联人面前失败。"

在希特勒看来,随着占领油田以及占领乌克兰农业地带,苏联红军的补给资源将会出现严重问题,这些资源能给德国带来至关重要的好处。在击败中东的英国人之后,苏联必将走向崩溃,德国将能掉过头来对付英国和美国。具体如何将高加索或者中东的石油运至德国之类现实问题希特勒也尚未思考清楚,但至少,苏联无法再获取到这些资源。德国非常明白,石油资源对长期作战的重要性。

实话说,这样的想法过于一厢情愿了,其重点在于东线之战必须在 1942 年取得决定性胜利。这意味着德国陆军和空军需要获得足够的补给,也即足够的弹药、坦克、卡车、飞机、火炮、轻武器。德国军火工业的起点水平低于同盟,这是一项巨大的挑战。

中央计划委员会最头痛的问题在于钢铁,他们开了很多次会讨论如何提高产量。那时,获得钢铁配额最高的生产项目是弹药,每当希特勒要求增产炮弹时,坦克和其他装备的生产就会受到影响。而现在的问题是,需要同时增产弹药和其他装备。这可不是二选一的问题,而是要一起实现的难题。

中央计划委员会准备首先着手于效率提升,让由钢铁巨头组成的委员会重新评估钢铁的生产计划。5 月 15 日,他们递交了新方案。所有之前未处理完的订单一律废除(数量不少),在这之后的所有分配计划都按照产量的 90% 执行,剩下的 10% 预留给最优先级的订单。钢铁厂只能根据自己能完成的产量来接受订单。

之后,钢铁配额的总量被削减至实际产量的水平。重斧砍向了出口方面，这对意大利来说是个糟糕的消息。军工方面的配额被缩减了7%，这主要落在了最弱小的海军身上。陆军得到的钢铁配额反而得到了上升。这些合理的手段迅速改变了之前混乱的局面，尽管中央计划委员会没有提出根本的解决办法，但这已是他们在1942年春所能做出的最好的改善了。

他们终究还是需要找到解决问题的根本办法。时钟毫不留情地走着，留给德国人的时间不多了。苏联仍未被击败，苏联人争分夺秒地正生产着更多坦克、大炮，将更多的部队送上战场。同时，英国人也在生产更多的轰炸机、坦克和几乎所有军备，现在又加上了美国工厂爆发出来的强大生产力。

这意味着德国即使能在夏天击败苏联，英国和美国对帝国的生产力优势也会使他们变得越加艰难。德国在1941年曾豪赌自己能快速击败苏联，事实是失败了。现在，他们被迫多线作战，而他们的资源却不够支持任何一条战线。

另一方面，德军还在不断试图获取新型装备，比如能对付苏联T-34的新式坦克。戴姆勒-奔驰公司和曼公司（MAN）都奉命研发一款30~35吨重的坦克，配以更厚的装甲和威力巨大的75毫米火炮。1942年5月，希特勒选择了曼公司的设计方案。这就是后来的5号坦克，也称"黑豹"（Panther），尽管它比现有型号坦克更巨大，但生产工艺的简化以及更具性价比成了它最大的优势。

施佩尔非常清楚宣传的重要，他通过元首的小圈子和戈培尔培养了良好的关系，使坦克和武器的增产被大肆宣扬。他们的口号是，"最好的武器将为他们带来胜利"，典型例子是新型的MG-42多用途机枪，官方宣称它的射速高达3 000发/秒。实际上，它的射速只有1 400发/秒，但仍能轻松占据世界第一射速。更关键的是，生产它只需要75工时，远低于MG-34的150工时。尽管其工时仍超过了英国的布伦机枪的水平，但我们能明显地看出，毛瑟公司的设计者维尔纳·格鲁纳（Werner Gruner）采纳了托马斯将军的意见，对设计美学吹毛求疵的态度让位于现实需求。

MG-42虽然有着惊人的射速，但在实操中碰到的问题不比前辈们少。由于它同样采用了风冷式散热，而非气冷式散热，使用中易于达到过热状态，射击时易于产生大量烟雾，且需要操作手携带更多的弹药以及整箱的备用枪管，这显然需要占用更多的钢铁配额。布伦机枪组只需携带额外1根备用枪管即可，而MG-42需要最少6根。

德国战争领导层面临的困境随着他们想重新掌握战争主动权而变得棘手。他们不仅需要在缺钱少粮的情况下增加军火生产，还遇到了人力极度短缺的问题。他们在搜刮完德国年轻人的红利之后，现实还需要他们拼凑出更多的部队。此外，食品问题也变得非常紧张。即便他们能俘虏到数目惊人的苏军，每月击沉40万吨的同盟国船只，在沙漠里多占领2英里（3.2公里）土地，将马耳他岛炸成废墟，都解决不了他们的核心困难，甚至会恶化自己的处境。

这些困难来自于他们在战前虚假的宣传，事实上他们远没有宣传的那般强大。他们在波兰的胜利让大部分德国人和整个世界认为，德军是高度机械化的现代强军，而事实并非如此。他们的胜利依赖于闪电袭击，他们的运输力量在很多时候是不足的。

在冬季采取的守势并未让阿道夫·冯·舍尔将军的工作变得容易。由于国防军车辆在使用中的损耗，使冯·舍尔必须减少40%的使用量以保证有足够的配件可供使用。4月，前线部队获取了21万辆新车，维修量也上升到每周3万辆。这仅是实际需求量的20%，因为前线的车辆几乎都到了需要替换的程度。另外，北非前线，他们的芬兰、罗马尼亚和意大利等盟友也都急需配件的支持。

冯·舍尔尝试将车型大幅简化，但只取得了部分成功。在此时期，德国人仍旧要使用多达1 300款车辆，这主要源于国防军高度依赖于缴获的车辆，款式复杂问题实难避免。苏联广阔的空间以及缺乏硬质路面的环境加重了德国车辆的损耗。就算他搞到了足够数量的车辆和配件，如何将它们运往遥远的东部前线，并维护其正常运转也是一项巨大的挑战。

更何况，他们的装备严重缺乏，德军各兵种都叫嚷着需要更多的车辆和配件。与此同时，在陆军司令部担任机动部队将军的赫尔曼·巴尔克上校正在为夏季攻势储备车辆。根据他手上掌握的物资和人力，能生产和修复的车辆数量非常有限。他如果是个马基雅维利主义者，一定会想办法挤进希特勒的小圈子，劝说元首关注自己的项目，可作为机动车辆全权代表的冯·舍尔并没有这么大的能量。戈林虽然在近期获得更大权力的图谋没有得逞，但他仍能控制绝大部分德国的工业资源和原材料，阿道夫·冯·舍尔的需求远不能登上优先满足的等级。

实际情况或许更糟。希特勒于1942年春任命戴姆勒－奔驰股份公司董事会的雅克布·维尔林（Jakob Werlin）为机动车辆事务专员，此君是纳粹党的忠实党员。这也是典型的希特勒式分而治之的手段，使冯·舍尔更受掣肘，面临的困难又多了不少。

食品危机愈演愈烈。1941年的收获季非常糟糕，英国由于在生产效率上的改进取得了不错的收成，可欧洲的其他地方就非常惨重了。德国人从乌克兰和其他占领区域并未征收到预期的谷物。希特勒在当年3月任命德国东部图林根的大区领袖弗里茨·邵克尔担任劳动力动员专员。邵克尔是个典型的纳粹党棍，极度的反犹分子，政治手段老练，通过掌控图林根范围内的军火工业为自己捞了不少钱，这些企业里包括帝国最大的轻武器生产商。他还争取到了第二批建立的，规模最大的布痕瓦尔德集中营（Buchenwald）放置于自己的辖区。贪婪且不择手段的他是个干练的行政官僚，他将战俘和从占领区域弄来的"平民"工人变成了供他奴役的劳动大军。

这些行动有助于缓解劳动力短缺的问题，不过也会带来副作用。这些新来的男人、女人们的食物问题成了大麻烦。事实上，越来越庞大的军队以及德国民众都出现了食物危机，后者已在严格的配给制度下痛苦不堪。希特勒于1942年4月将食品农业部部长瓦尔特·达雷撤职，任命赫尔伯特·巴克接任，后者急需面临的新难题是如何喂养那些被送进德国充当奴隶劳工的苏军战俘。戈林半开玩笑地说，应该喂他们猫和马肉。巴克一本正经地回应，猫肉根本不够用，而马肉早就上了德国人的食品配给清单。

糟糕的事情还没结束,欧洲在这年遭遇了远超往年的寒冬,受影响的不仅局限于东线。住在东普鲁士自家农庄里的汉斯·施朗格-舍宁根感到从未经历过如此寒冷的冬天,这加重了食物危机。他写道:"我们没办法将土豆送到镇上给人吃。最糟糕的是,我们的冬麦种植也被毁了,那是做面包的重要原料。"4月,战斗部队和德国本土民众的食品配额被进一步削减。这对纳粹政权来说,可谓是一场灾难,他们惧怕这或许会引起国内的革命。这当然容易造成民众不满,除了饥饿之外,到处是轰炸带来的毁坏,商店里的商品越来越少,更多安全处(SD)的人出来监控民众。从前线返乡的士兵们看上去垂头丧气,担心祖国的安全。艾尔瑟·温德尔(Else Wendel)是位年轻的离异母亲,她在柏林居住并工作。她的弟弟鲁道夫从前线休假回来后,给她说了不少前线的恐怖故事。他说:"我们像地狱里出来的恶魔,我们让整村的人活活饿死,成百上千人。""不少战俘被随便找个借口就处决了。""我们把他们按在墙上枪毙,我们命令整村人出来目睹我们的行刑过程。"姐姐被吓坏了。

寒冷、饥饿、物资短缺、战争惨状和前线噩耗让纳粹头目如同坐在了火药桶上。他们最想解决的是,让德国人不再挨饿,还要养活足够数量的外籍劳工。只有这些问题解决了,他们在战场上才能重新取得胜利,危机才能被消除。

最后的解决办法非常直接。之前,国防军批准的"饥饿计划"是剥夺乌克兰的粮食,用数百万苏联人死亡的代价以养活德国人,这就是纳粹种族主义的典型代表。赫尔伯特·巴克的手段是,彻底改变目前的食物分配方案,这得到了戈林和希特勒的批准。从5月始,禁止将任何食物从帝国运往前线。德国国防军和党卫军从现在开始将从占领区域解决自己的吃喝问题,无须顾及当地民众的需求。同时,乌克兰和法国将增加1942年的粮食征收率,直接供应给德国。被占领区域的民众理应能获得可以糊口的粮食,可巴克的新计划实质上是将某些族群的口粮完全剥夺。

巴克这招是一石二鸟。波兰的犹太人被从食物链上去除。这意味着德国不用再负担这 350 万人的生计问题。这当然会带来他们的饥荒，但巴克认为，宁可牺牲犹太人、东方的斯拉夫人，甚至法国人，也要保障德国人的食物。这样，德国对食物的需求开始影响到被占领区域的民众，他们将挨饿至死亡。对住在西欧的那些民众来说，虽不至于被德国的种族主义残暴对待，但他们的生活也将变得更为艰辛。巴克现在管不了那么多，血统纯正的德国人优于其他任何人。

在遥远的美国，唐·纳尔逊成为了美国军火业的最高管理者。作为新成立的战争生产委员会主席，脾气温和的他时年 53 岁，秃顶，戴着眼镜，喜欢抽烟斗。他虽然在之前并无生产制造行业的管理经验，但通过和比尔·努森在之前几个机构的合作，已能完全掌控战争生产委员会的运作。

纳尔逊之前在美国零售业里的邮购巨头西尔斯 & 罗巴克公司取得过非常辉煌的业绩。他来自密苏里州，毕业于化工制造专业，为了攒钱去哈佛攻读博士学位，他于 1912 年加入西尔斯 & 罗巴克公司工作。这一干就没离开，他花了 30 年时间做到了公司主席的职位。漫长的职业生涯让他学会了如何从厂家那里获得最好的价格，如何让各处的产品准时汇聚到客户那里。自 1940 年加入国家防务顾问委员会，成为"1 美元年薪"的管理者之一，他以自己的冷静、高效和眼界让那些工业巨头折服。人们很喜欢有些书生气、个子高大的纳尔逊：他看起来像个温和的巨人，容易相处，很难让人不喜欢。他在谈判桌上不会暴跳如雷，也不会指鼻子骂人，他通常用自己那坚定但又清晰的分析让别人接受他的意见。

当纳尔逊刚接到担任战争生产委员会主席的通知时，他对罗斯福指出，之前管理委员会运行不畅的原因在于未得到明确的授权。鉴于此，总统让他草拟一份授权文件，以供颁布实施。纳尔逊立刻拟定出他所需要的权力清单提交总统。最关键的点在于："他拥有最终决定权。"

这也是努森一直所缺乏的。从此以后，生产厂家必须接受政府给予的订单，私人财产也可以被强制征收，只要纳尔逊认为有必要，就有权停止民用物资的生产。他是新的军备生产沙皇。他写道："我认为，我的职责不在于由我告诉军火业该如何工作，而在于我们向军火业表明必须要达成的目标，然后竭尽所能地帮助军火业去达成。"

这表明，他们能更好地管理那些巨头企业，超过努森之前的能力范围。这还表明，他们将摈弃和平时期的商业规则。比如，竞投标被废除，其所援引的公平竞争原则（也被称作反托拉斯方案）从1890年开始就成为了美国商业的核心准则。纳尔逊说服罗斯福，这样的规则已不再适用。取而代之的方式是，在政府愿意支付的数额基础上进行商讨。毫无疑问，这打开了腐败的空间。纳尔逊视之为机会成本：哪个更重要？是大规模生产各类装备重要，还是生产线被漫长的招标流程迟滞？时间的紧迫性已表明了一切。

无人怀疑美国的战争潜能，但如何有效地实现潜能则被激烈讨论。努森的想法是维持民用物资生产的同时，引导大企业投入军工生产，不断督促其加速，帮助整个国家走上正轨：在国家防务顾问委员会成立后的18个月里，努森为美国的战备工作奠定了基础。现在，纳尔逊接手，他将使美国总统以及英国、苏联所期盼的物资、装备加速生产得以实现。

将美国经济转轨为全力为战争服务是个艰巨的任务。如何理清优先级是迫在眉睫的问题。无论是业界内还是华盛顿，都坚定地认为加快民用生产到军用生产的转型很重要，但转型的速度多快，程度多深还需要讨论。生产中的瓶颈问题，以及对原材料紧缺的担忧问题纷纷冒了出来。不仅是钢铁，还包括铜、镁等金属都离生产目标所需的数量相差甚远。

就算像唐·纳尔逊这样能干的人，要将所有事情推动完成也是个不小的挑战。

第14章

反抗萌芽

在东线战场，去年夏天俘虏的苏军数目惊人，这让德国人也感到头疼。成千上万的战俘被驱赶至大型集中营，只能获得很少的食物，其待遇远低于西方同盟国战俘的水平，很多人因此死亡。同时，行动部队继续着他们的屠杀任务。不仅是犹太人被列队枪决，吉普赛人、波兰知识阶层和其他少数族裔都成为了受害者。1941年7月31日，戈林签发了由党卫队全国副总指挥莱因哈特·海德里希（Reinhard Heydrich）草拟的命令："我在此任命你去执行所有必要的准备，从组织上、实质上和经济上全面考虑，以期彻底解决德国在欧洲势力范围内的犹太人问题。"这大大加强了海德里希的权力。他在年底时发现，在东线以枪毙形式出现的大屠杀或许并非德国获得种族纯净的有效途径。事实上，即使是党卫队头目海因里希·希姆莱于8月在东线目睹了一场屠杀后也非常难受，他要求海德里希换种方式，他说，"枪毙对行刑者的心理负担太重。"

1941年底，海德里希推出了他的"最终方案"，以此应答戈林于7月31日签署的命令。被占领区域将对犹太人采取清理政策，将他们集中送往灭绝营。身体健康以及有劳动技能的人将被留下做工，这也被视作等待自然"毁灭"。灭绝将主要使用毒气方式。具体细节由核心的行政官员们于1942年1月20日在柏林郊区的万湖（Wannsee）进行了闭门讨论，会议持续了90分钟。

种族灭绝的计划显然出自于纳粹头脑,但我们不能将反犹主义仅视为纳粹的想法。事实上,反犹主义在欧洲盛行,对犹太人的围追堵截在被占领区域能获得大量主动的支持者。比如法国的维希政权,他们在没有任何外来压力的情况下出台了反犹法律。这可绝非只是为了讨好德国,贝当元帅对此大加赞赏。反犹法律的出台时间甚至比法国被占领区域的推行还早。法律设计的初期意图是,将犹太人从公共生活里驱离并未说屠杀,但这助长了维希法国的反犹情绪。

在被德军占领的巴黎,对犹太人的逮捕行动于 1941 年 5 月开始。这年,已经 20 岁的犹太人弗雷迪·科诺勒正住在巴黎。战前,他从维也纳逃到比利时,在德国于 1940 年 5 月进攻法国后,被法国警察逮捕并送到了收容所。逃出收容所后,他来到巴黎过着隐姓埋名的生活,假冒自己是从梅茨来的罗伯特·梅茨纳。他和希腊朋友克里斯托斯一起为皮加勒的酒馆、俱乐部招徕德军士兵。当手里有钱后,科诺勒搬出了克里斯托斯的公寓,住到了罗林大学酒店,那片区域满是妓女接客用的小酒店。共有 6 494 名犹太人于那个 5 月被抓捕,其中 3 747 人被关押起来。科诺勒目睹过不少起追捕行动,让他心惊肉跳的是抓捕者竟然是法国警察。他写道:"我没有看到现场有党卫队人员或者盖世太保探员。"德国人对犹太人的迫害让他被迫逃离奥地利和比利时,可现在的法国的形势似乎也非常糟糕。他补充道:"作为战败国,如此迫不及待地执行所谓敌人指派的脏活。"

事实上,德国人并未逼迫法国警察,这与荷兰的情况一样,荷兰警察参与了大部分抓捕犹太人的工作。在比利时的安特卫普,投敌者焚烧犹太教堂和拉比的住宅,对犹太人的抓捕工作不遗余力。要知道,德国在比利时只设有军事总督,所有民事工作都是交给比利时人自己管理的。

在巴黎的科诺勒难以遮掩自己目睹这些惨状的难过心情。有天晚上,他喝多了,他将自己的秘密告诉了克里斯托斯。他的朋友听完后,沉默了一会儿,最后说道:"我完全没想到会是这样。"他再次看了科诺勒伪造的身份证,突然愤怒了。他叫道:"你以为你在干吗!就凭这种低劣的伪造材料敢与德国佬成天泡在一起？你疯了吗？"他很快平静下来，找到自己的朋友皮埃尔·马塞洛（Pierre Marcello）帮科诺勒重新制作了仿真度更高的法国身份证。科诺勒拿着假身份证去市政厅领配给卡可是个让人心惊胆战的尝试，但马塞洛向他保证这东西绝对没问题。果然成功了，他写道："我现在又能领到配给了！"

在欧洲，对犹太人的抓捕仍在继续。法国宪兵在1941年8月逮捕了4 242人。1942年3月开始将首批犹太人送往东方。在IG.法本的合成油工厂边上建立了一座巨大的集中营，那个地方叫奥斯维辛（Auschwitz）。

早在1940年，丘吉尔就呼吁给欧洲被纳粹占领区域提供援助，鼓舞那里的反抗运动。这说起来容易，做起来却非常困难，想要抵抗运动形成气候必须耗费大量时间和精力去培养。首先，很多生活在被占区域的人已不愿去抗争，比如不少法国人还庆幸自己在这次大战中没再经历1914—1918年那样在本土上的血肉磨坊。

其次，不少人已厌倦了之前的政党林立，多党合作的政府不断倒台的闹剧。一些人转向了法西斯主义者，如保罗·维古胡（Paul Vigouroux）。此君在战前是位年轻的记者，且是极右翼组织法兰西国民集体主义党（Parti français national-collectiviste）里的好战分子。他认定法国完蛋了，这里到处充斥着酗酒者、堕落者以及犹太人。他在战前志愿参军，并被派往法属摩洛哥。当得知保罗·雷诺总理辞职，贝当上台后，他非常高兴。他从军队复员回到巴黎后，认为法国的未来已比战前更为清晰。他写道："终于有人能领导法国了！我们要学会妥协，胜利者不会辜负我们。"

维古胡在这个问题上的认知显然是错误的。由于巴黎和法国北部地区属于德国人管控，而不是贝当统治，他变得非常崇拜国家社会主义以及占领军的强大。同时，他对德国入侵苏联感到欢欣鼓舞，立刻参加了法国反布尔什维克主义志愿者军团（Legion des volontaires francais contre le bolchevisme，简称为LVF）。1941年10月，LVF军团派出了一个 2 500 人的团前往东线，他们于当年 12 月参与了莫斯科战役，保罗·维古胡也在其中。他原本在部队抵达波兰时就有些反悔，想返回法国。这倒不是因为他对物质条件的不满，而是接到要求必须穿德军制服。这可是之前从未想到过的情况，维古胡自认为是个鲜明的法国爱国者。钦慕纳粹是一回事，穿成德国人的样子则是另外一回事。但最终，他认为对抗布尔什维克主义才是当下最主要的事情，选择了忍耐。他在圣诞节的时候，被苏军的炮弹弹片击伤。在战地医院待了一段时间之后，他被遣返回阿尔萨斯的科尔马（Colmar）。

他在那里被再次震惊：镇上到处是德国人的反法宣传。比如，有的海报上画着工人在揍高卢雄鸡，旁边写着"清除法国影响"。他慢慢了解到，越来越多的阿尔萨斯法国人通过英国广播电台的节目收听戴高乐的讲话。他意识到，德法之间不太可能形成平等的伙伴关系。德国人骨子里蔑视法国人。他感到苦闷。

维古胡在身体康复之后，回到巴黎。他找不到那些战前的法西斯主义分子，各阶层里都充满了怨恨。很多巴黎人都感觉自己丧失了尊严，配给制过于严苛，戴高乐的电台讲话正鼓舞更多的人站起反抗。黑市商人为了赚钱，没有底线地与占领军合作，维古胡看不上他们。他发现在被占领的状态下，无法自欺欺人地在法国充当法西斯主义分子。

事实上，无论个人政治倾向如何，只要是法国人，在巴黎及被占领地区都没有好日子。当地的不满情绪正如维古胡最初的感觉，在过去的 18 个月里不断被激化。年轻的巴黎女孩安德莉·吉利奥特雷在警察总部工作，她对德国人的厌恶非常强烈。即使是像她这样还保留有工作的人也对周围环境的恶化感到越来越难以支撑。她在 1 月 22 日的日记里写道："我们目前找不到任何食物。"她几周后又写道："公寓太冷了，我们没有煤，物资都被运往德国了。"

取得果腹食物的途径是去农村，或与德国人交朋友。后者就是漂亮的法国电影明星科琳·吕谢尔所擅长的办法。去年秋天，她嫁给一个自己并不中意的法国人，没几天就分手独返首都。她看到巴黎一片萧瑟。她很快发现，很多地方只对德国人开放，不允许法国人进入。

年轻貌美的吕谢尔早已习惯了养尊处优的生活,她并不关心追求者是谁,只要他们能弄来香槟,或能邀请她去银塔餐厅(La Tour d'Argent)共进晚餐。

科琳·吕谢尔并不是唯一被德国人约会的法国女性。安德莉·吉利奥特雷也曾被德国人搭讪,但她无论多么饥寒窘迫也不愿签署这份《浮士德条约》。与之相反,她积极参加了自己兄弟的抵抗组织。这个被称作"猎户座组织"的抵抗运动是根据西南巴斯克地区的猎户座城堡命名的。"猎户座"已有了不少骨干分子,他们的行动十分小心,组织行动的目标并非是搞破坏,而是实施对德国人的暗杀。他们想要做的是,搜集情报并开拓出一条通往比利牛斯山脉的逃亡路线。安德莉不仅从警察总部偷出了空白的身份证明,还不时地往南递送情报,通过马赛港或者山区到达西班牙。

类似安德莉·吉利奥特雷这样的年轻人确实为抵抗运动做出了贡献,但事实的真相是他们的努力成果对整个运动的影响微乎其微。1941年夏秋,一群共青团员(Jeunesses Communistes)掀起了暗杀狂潮,他们不仅刺杀德国人,还尝试行刺皮埃尔·拉瓦尔。虽然只有十来个人被打死,但德国人对此展开了野蛮的报复行动,他们从街上随意抓捕行人连同政治犯一起处决。比如,针对南特地区的军事长官卡尔·霍茨(Karl Hotz)中校被刺杀一事,德军杀害了98人作为报复,包括17岁的盖伊·莫盖(Guy Moquet)。他在被枪决前,充满英雄气概地说道:"你们这些活下来的人,不可辜负我们的牺牲。"

成功的抵抗运动需要两个因素。首先,必须有不少人愿意为之牺牲生命。1942年春,时机开始成熟。纳粹的残酷统治让不少人感到不满,食品和燃煤的短缺,工作的丢失,同盟国的轰炸,自由的丧失,强迫劳工的推广,甚至包括对犹太人的迫害,尤其是1941年的秋天对普通民众的屠杀促生了抵抗运动。法国煤矿工人在1941年初夏的大罢工也鼓舞了抵抗运动的发展。有位抵抗者在1941年10月写道:"越来越多的法国人民开始认识到,抵抗所带来的威力,开始试图挣脱束缚。"

抵抗者中包括42岁的前厄尔-卢瓦尔省省长让·莫林(Jean

Moulin)。他敏锐地发现,抵抗运动现在急需组织和方向,各个抵抗组织如能互相合作,发挥的能力远强于单兵作战。

莫林于1942年1月2日从英国空投回法国,降落在阿维尼翁省(Avignon)和艾克斯-普罗旺斯省(Aix en Provence)之间的未被占领区域,这可是一趟惊心动魄的旅途。他在1940年6月曾遭到德国人的逮捕,原因是不同意签署诬陷法军内塞内加尔士兵屠杀平民的文件。他在困苦中尝试用玻璃片割喉自杀。不过,他被救活并释放了。他在朋友的催促下离开法国,移民美国。他在等待文件办理的时候四处旅行,和那些抵抗组织建立了联系,他搜集情报以搞清楚抵抗运动到底需要什么,未来将走向哪里。

等到他的移民材料办妥了,他先是于1941年9月初来到葡萄牙的里斯本,然后直接拜访了英国大使馆。他决定不去美国,转飞英国。在英国特勤局的大力帮助下,他终于在1941年10月19日抵达了伦敦。

英国特勤局费尽心思地想招募他帮英国做事,但莫林在与戴高乐会谈后,决定跟随自由法国的旗帜,而不直接为英国人服务。虽然他在政治上并不完全赞同戴高乐的想法,但在当时的局势下这并不要紧。莫林认为,领导力是非常重要的,戴高乐是担任抵抗运动领袖的最佳人选。

其次,抵抗运动必须有道义、资金、武器的支持。只有具备了这些条件,抵抗运动才能顺利开展。他写道:"最重要的目标是加强宣传,组织起联合行动为未来做准备。"他最后呼吁:"一定不能让那些继续在战斗的人们感到孤立。"英国及其盟友的帮助非常重要,这也是"那些被奴役人们的希望所在"。

在普罗旺斯落地后,莫林用上了假名马克斯,想办法潜入马赛。他在那里开展自己的活动:将那些政见不同,观点不同,个性不同的抵抗运动整合起来。这将是非常具有挑战性的工作。

向北越过北海,那里的抵抗运动也正蓬勃开展。挪威的处境和其他被占领国家不太一样。挪威国王带着政府逃亡英国,并未投降,因此挪威仍旧与德国处在战争状态。他们带走了规模庞大的商船队，继续帮助英国及其盟友开展贸易运输。他们还成功地将黄金储备传奇般地运走了，很多时候，他们是在德国人鼻子底下进行的。

挪威和大部分国家一样，在战败前并未出现过抵抗运动。尽管如此，大量军官和士兵在潜伏回平民生活后，仍然很快在暗地里结成了民兵组织（Militaer Organisasjon，缩写为 Milorg）。他们的目标是，时刻准备好协助同盟国的反攻，平时采用的策略是尽量避免激怒德军，低调行事。

23 岁的贡纳·松斯特比则属于没有耐心的抵抗分子。他在挪威战败后，并未丧失抵抗的决心。他于 1940 年夏在奥斯陆结识了另外三位抵抗分子：哈拉德·汉托（Harald Hanto）、马克斯·玛鲁斯（Max Manus）、科尔拜恩·劳林（Kolbein Lauring）。他们合租的公寓和松斯特比所住的特里萨街挨着。他们出版了抵抗小报《我们要自己的国家》（Vi vi loss et land）。因此，松斯特比加入了他们的组织，为报纸撰写文章。

到秋天时，马克斯·玛鲁斯和一些人准备前往西南海岸，找机会逃往英国。松斯特比也决定离开奥斯陆，返回家乡留坎城（Rjukan）。后来他庆幸于自己的选择，仅 2 周后，德军就对奥斯陆的一些抵抗组织发动了突袭，不少人被捕。1941 年春，松斯特比和民兵组织联系上，并为他们招揽了更多人手，他也因此需要返回奥斯陆活动。松斯特比成功招募到了一些新手，但并未发起什么大事。一段时间后，他终于受够了组织上的谨小慎微，毫无作为，决定想办法前往英国，尽管马克斯·玛鲁斯之前的尝试以失败告终。

10 月，松斯特比再次离开奥斯陆，同行的还有他的朋友克努·霍格兰（Knut Haugland），后者曾是陆军工兵，受过电报训练。他们曾计划自己做台发报机以与英国取得联系，他们后来从奥斯陆的古董商那里得知后者有办法将他们通过瑞典送往英国。这场冒险对松斯特比来说并不顺利，当他们千辛万苦到达斯德哥尔摩后，只有霍格兰因为有无线电技能可以被接纳前往英国。松斯特比只能返回挪威，在卑尔根以北的奥勒松等待去英国的商船。这趟旅程可不简单，这个困难的旅程需要搭乘火车、马车以及步行通过山区。由于他的装备简陋，加上大雪和冰冻天气，松斯特比在到达奥勒松之前就因脚部冻伤住进了医院。当他听说11月13日有艘船要开往英国后，他决定努力赶上。他刚离开医院，就感觉腿部疼痛难忍。他脱下鞋子和袜子后发现脚趾都变黑了。他写道："我知道，我只能放弃前往英国了，从斯德哥尔摩出发后受的苦都白受了。"

当他回到奥斯陆之后，立刻与抵抗组织的朋友们恢复了联系，并成为了通信员。他的新工作是返回斯德哥尔摩去领取挪威和英国外交人员给予抵抗组织的资金和补给。他在第二次旅途上被瑞典当局逮捕，理由是从事间谍行为。他在监狱里待了几个月，等候上法庭。最后的结果不坏，他被送到了挪威难民收容营。

松斯特比的抵抗工作到目前为止几乎未取得任何成就。组织松散，旅行充满危险和困难，民兵组织对风险过于谨慎。不过，他的命运很快迎来了改变。挪威驻斯德哥尔摩的领事将他从难民营里捞了出来，英国领事人员将招募他为特勤。此时的他已不想去英国了，而是想留在挪威发动抵抗运动，只是不在民兵组织而是参加方向更明确的抵抗组织，有更完善的后勤和行动目的。他希望英国人可以为他提供帮助。让他满意的是，英国特勤局同意了他的建议，并招募了他。他经过了简单的培训后，成为了24号特工。

贡纳·松斯特比已认定，前往英国所冒的风险过大，但仍有不少挪威人决心克服万难前去。22岁的晏斯-安顿·波尔松（Jens-Anton Poulsson）是战前的常备军成员，不过，他们对阻挡德军入侵也没起到多大作用。仅1周时间，他们就被迫后撤到瑞典境内，被解除武装后关押。他们在夏天时被遣送回挪威，波尔松回到了自家农场。但他还想做点什么来拯救自己的国家。国王和流亡政府在英国，因此他和朋友决定前去追随，参加在那里集结的抵抗军。

1941年1月1日，他和朋友滑雪越过瑞典边境，搭上前往斯德哥尔摩的火车。到目前为止，一切都按照计划行事，不过那里的挪威使馆已无法满足那么多年轻人让他们帮忙前往英国的请求。波尔松说："我们原本希望他们能尽快送我们去，但这不行。"他们既没有船，也没有飞机可以搭乘，所以他们选择的路线是借道芬兰，穿过被德军占领的苏联领土，前往黑海边的敖德萨（Odessa）。从被战火蹂躏的东欧穿过也算史诗级的旅途了。从敖德萨搭船前往伊斯坦布尔，然后坐火车抵达安卡拉。两位年轻人之前甚至从未离开过挪威，而现在竟能策划如此神奇的经历。但他们前往英国的旅途还远未结束，他们一路经过巴勒斯坦、埃及，沿途又遇到不少怀有同样目的的挪威年轻人。离开埃及后，他们乘船来到孟买。波尔松说："我们到那时，差不多有了1个连的人数。"这场伟大的旅程仍在继续：船带着他们到了南非、加拿大，然后反向跨越大西洋，终于在1941年的10月抵达利物浦。这可称得上是从挪威到英国的最曲折的路线了。

这些挪威青年被从利物浦送往伦敦，在原皇家维多利亚爱国学校（Royal Victorian Patriotic School）的接待处办理入境手续。前挪威演员马丁·林格（Martin Linge）联系了波尔松和其他一些人。此君现在在英国特勤局支持的第1挪威独立连担任上尉，正在招兵买马。训练完全按照英国的标准执行，在伦敦城外和苏格兰的营地里转了几圈后，最后落脚于曼彻斯特城外的伞兵训练学校。

波尔松在参加跳伞训练时受伤了，不过当时并不是从飞机上跳下来受得伤，而是在完成5次跳伞后参加体能训练时受的伤。因此，他错过了第1独立连在1941年12月底的首次大规模的出击任务。他们和英军突击队一起参加了"箭术"行动（Archery），目标是摧毁位于瓦格索岛（Vaagso）上马洛（Maaloy）的鱼油生产厂和仓库，避免其被德国人用来制作炸药。那次行动非常成功：4座工厂被摧毁，弹药、燃油库以及电话交换机被炸毁，打死了120名德军士兵，俘虏98名。另外，他们还缴获了1套完整的德国海军密码本，送回了英国。遗憾的是，马丁·林格在行动中阵亡，这对才刚刚起步的第1独立连来说是沉重打击。

1942年4月,贡纳·松斯特比从瑞典返回挪威。他在英国特勤局的角色和晏斯－安顿·波尔松在第1独立连的角色不同,主要侧重于情报搜集:德军陆军的动向、装备的型号和数量、德国海军舰艇的位置以及德国空军的动态。他还得搞清楚警察的行事习惯,以便其他人更方便地进出瑞典。他的另一项重要任务是,接应那些被空投回挪威的特工。他为他们安排安全的住所,以及用来伪装的工作和身份。这些人要显得尽量"合法":有身份证、配给本、健康卡。他们不光在奥斯陆,还在特隆海姆、克里斯蒂安桑、斯塔万格等地。

松斯特比的情报会发给英国特勤局在瑞典的接头人,信使和他大约10天见面一次。他从不知道对方的真实身份,对方也不打听他的情况。报告是用密码写的,信使也无法解读。他在特里萨街用打字机写密码报告也相当费时,文案工作很快堆积如山。

他的情报搜集工作充满了危险。很多他知道的抵抗组织都被破获。德国人,尤其是盖世太保明显加强了管控,不仅是在奥斯陆,在全国都是如此。4月底,发生了2名英国特勤局的挪威特工在沿海的特拉瓦格村(Telavag)被盖世太保追捕的事件。交火中,2名盖世太保的高级官员被击毙。帝国专员约瑟夫·特尔博文(Josef Terboven)亲自下令将该村庄夷为平地,凿沉所有船只,将男性村民或处决或送往集中营,将女性和儿童关押起来。

在特拉瓦格村事件后,哪怕是在奥斯陆的行动也变得更加困难。松斯特比发现自己还是比较胜任这份要求坚强意志的工作。头脑清晰、能随机应变的他有着不易被人记住的普通外貌:既不英俊也不丑陋,中等身材,没有明显特征,看起来忠厚老实且不易引起怀疑。他很注意自己穿着普通,经常更换落脚地,总能找到那些愿意帮助抵抗运动的家庭收容自己。他也注意不让那些家庭知道他的真实身份,总是一早离开屋子,白天都在外面待着。他知道,盖世太保喜欢凌晨突击查房,因此总在枕头边摆着手枪。他说:"关键在于不被人注意到,我要尽力让自己隐形。"

在法国，在挪威，在所有那些被占领的国家，抵抗的星星之火已被点燃。也许还需要一段时间，星火才能演变为大火。抵抗者们还需要继续学习，积攒力量。

毫无疑问，在 1942 年初夏，火焰已经燃起。

第15章

燥热沙漠

1942年2月底,奥利弗·利特尔顿从开罗飞回英国,结束了他作为中东国务大臣的任期。他凭借自己参加过上次大战的经验,高度的政治敏锐性和外交技巧,顺利推动了英国在中东地区的战争工作。中东地区的复杂情况对统帅奥金莱克来说是个巨大的挑战,利特尔顿帮他解决了不少政治和经济上的麻烦。如果中东地区不是为了远东而抽调走那么多物资,利比亚的局势会更乐观。随着叙利亚、伊拉克、巴勒斯坦和埃及的安全基本得到确保,更多的补给物资可以被投入到前线。利特尔顿对此居功至伟。

不过,丘吉尔的好友,加拿大传媒大亨比弗布鲁克勋爵在担任生产大臣仅12天后就宣告辞职。这不仅是由于他严重的哮喘病发,更是由于他和劳工大臣恩斯特·贝文(Ernest Bevin)爆发了激烈的冲突。丘吉尔毫不犹豫地打电话给还在埃及的利特尔顿,让他接替这个位置,后者愉快地当即答应。这个新挑战让利特尔顿非常兴奋,因为这意味着他终于能回英格兰与4个孩子团聚了。他的妻子莫伊拉(Moira)尤其思念孩子们。

利特尔顿夫妇于2月26日离开开罗,取道布拉柴维尔(Brazzaville)和里斯本,最后于3月2日下午3点乘飞艇降落于普尔港(Poole Harbour)。原先习惯的北非酷热风尘已被寒风取代,但他们的旅途还未结束。有飞机停候在那里,接他们前往伦敦。当他们入住预定好的多切斯特酒店（Dorchester）时，终于见到了孩子们。此时已入夜，内阁办公室派了位秘书带来了首相想与他共进晚餐的邀请，这似乎预示了将来工作的强度。

利特尔顿写道："我真想开枪打死他。"他无奈地离开孩子们，换好衣服，前往唐宁街10号。当他拖着疲惫的身躯返回时，已是凌晨2点了。

在接下来的几周，利特尔顿才越来越清楚地认识到挑战有多么困难。作为一个新部门，他几乎是从零开始组建，当他到达时，部里只有3个人和2个打字员。他很快开始为自己招揽贤才：主要是那些对生产和物流有深远洞察力的技术型人才。新职位使利特尔顿跻身于七人战时内阁，这是之前的军火部、飞机生产部所不能企及的。他知道，这必然也会带来一些新的麻烦。他难免会干涉到别的部门的职权范围，比如贸易部，或许会激发新的矛盾。

比弗布鲁克是个能干人，但他也难以驾驭这个复杂职位，而利特尔顿看起来驾轻就熟。他要协调好复杂的生产流程和战场指挥官期望之间的关系。这两者的期望经常是南辕北辙——将军们要求颇高，而生产部门强烈反对不断的修改和狮子大开口般的数量。两者间的分歧巨大，这是个长期问题，利特尔顿在视察西部沙漠时已注意到了。英国陆军一直缺乏合适的反坦克炮也部分是由于这个原因。他同时发现，后勤部的官员几乎都没去过前线。其中有人甚至问过他，博福斯炮是不是榴弹炮，他们竟对轻型防空炮和野战炮的区别没有概念。这种脱节的状况必须立刻得到整改。

利特尔顿还有一项艰巨的任务是和他的美国同行进行协调。随着美国的军火生产开始发力，两国间必须作好配合，避免产生浪费。比如，美国设计战斗机主要考虑在太平洋战场的使用，他们对航程的看重要高于机动性。而英国战斗机主要在短距离情况下使用，尤其注重爬升率、火力和机动性的表现。

类似的，英国皇家空军轰炸机部队主要在夜间行动，并不需要战斗机护航，其工厂源源不断地生产出的"兰开斯特"轰炸机就是为这样的作战方式所设计。而美国的重型轰炸机的设计思路恰恰相反，其主要作战场景为昼间。只有在双发轰炸机的战术上，两国保持一致，因此英国在该档次轰炸机上主要装备美制型号。双方在坦克战术上较为类似，因此，美制 M-3 "格兰特" 坦克被大量运往北非，供英军使用。利特尔顿的任务是，确保盎格鲁-美国的生产协调是有效、顺畅的，尽量避免任何浪费。

这项任务也很艰巨。英国的工厂已在全速运转了。如雪花般飞来的合同压得生产线喘不过气来。为了赢得战争，全力以赴的生产线容不得一丝松懈，这也意味着巨大的工作压力。利特尔顿写道："这工作简直累死人。我作了简单计算，战时内阁的大臣们差不多每天需要完成一本小说的阅读量且全年无休。"丘吉尔的工作习惯使得大家非常辛苦。首相一早会坐在床上办公，上午 11 点去下院开会，之后是吃午餐。下午 3 点会小睡 2~3 个小时。战时内阁会在完成各自部门的工作后，于下午 6 点碰头开会，持续至 9 点。随便吃点东西后，他们会在晚上 10 点 30 分与国防委员会开会。丘吉尔到那时还没能做到精神抖擞。他常常在凌晨 2 点或者更晚些时候将利特尔顿或者外交大臣安东尼·艾登叫到他的房间喝威士忌，聊天。利特尔顿写道："在谈话的时候，我有时候会不免发愁，比如我会思虑次日早上 10 点的人力资源委员会的会议，日程表满得排不过来。"

优化生产流程，平衡规模量产和个性化需要的矛盾非常重要。这也是各主要参战国需要面对的问题。谁能成功地解决这些问题，就能将成功传导到战场上。

4 月末，墨索里尼带着齐亚诺和意大利总参谋长卡瓦莱罗乘火车前往萨尔茨堡，要与希特勒及其幕僚会面。意大利代表团驻扎在富丽堂皇的克莱斯海姆宫，这座宫殿原来属于萨尔茨堡采邑主教（Prince Bishop）。意大利人发现，德国盟友这次特别热情，齐亚诺将其视为不妙的预兆。他发现希特勒看上去一脸倦容，比上次见面的时候多了不少灰发，看来苏联的寒冬不好熬啊。

包括东线在内,即便是希特勒也认识到部队要采取守势了。苏联红军在2月发动的猛烈反击被成功击退,元首于4月初发布最新指令,要求开始夏季攻势的准备,这和1月的计划差不多。德军并不准备再次向莫斯科突击的条件,除了北方集团军群将彻底解决列宁格勒之外,德军主要精力将放在南翼,目标直指高加索地区的油田。冯·里宾特洛甫向齐亚诺夸耀苏联的寒冰已被希特勒的睿智征服。苏联即将屈膝投降,英国会为了挽救其帝国的残羹冷炙,低头求饶,一切问题都能得到解决。齐亚诺诘问,如果英国继续战斗呢?冯·里宾特洛甫回应,飞机和潜艇能对付他们,回到1940年的战略。齐亚诺后来在日记里写道:"1940年的那个战略是失败的,他们现在将这个陈旧的东西拿出来掸掸灰,试图再次哄骗我们。我才不相信呢,我就这么告诉里宾特洛甫。"

谈到美国,德国人称,美国所谓的军火生产规模不过是虚张声势,无足畏惧。齐亚诺认为,德国人的否认只是拒绝接受现实的表现。他说:"这无法阻止聪明人和老实人去思考美国的战争能力,那会让人后背发凉的。"

大部分会谈内容都是关于东线以及德国人如何在那里拆东墙,补西墙。他们也谈到了北非和地中海。这里对意大利人来说简直是性命攸关。他们在过去的几个月里强烈地要求占领马耳他岛,但德国人不断强调这个岛已不再具备危险了。

阿尔伯特·凯瑟林元帅也持同样的观点,可局外人看来,这不过是意大利人一厢情愿的想法,只有卡瓦莱罗元帅在那里鼓噪。凯瑟林允诺德国空军可以提供空军支持并投入1个空降师,但除了他和空军参谋长耶申内克以外,德军将领们对此计划均不表示兴趣。希特勒向意大利人保证,会有德国的全力支持。

几周后,元首改变了对地中海战场的想法。他不允许进行任何空降行动,而戈林持强烈的支持态度。德国空降兵司令库特·司徒登特(Kurt Student)将自己支持空降作战的理由当面向希特勒汇报,但元首仍不动心。他告诉司徒登特,英军舰队和空军会很快赶过去。他说:

"你能想象，意大利人会有什么表现。他们只要从无线电里听到消息，就会全部缩回西西里岛，无论是战舰还是战斗机。你的伞兵会被困在岛上等死。"

意大利人含糊地说，要在夏季占领马耳他岛，但他们绝不敢独立作战，这点希特勒非常有把握。事实上，他在为东线的夏季攻势储备力量，大部分第2航空军的部队将返回苏联，部分前往北非，剩下不多的留在西西里岛。隆美尔凭借增强的空军力量将对英军在加扎拉的防线发动总攻。他的目的是清除障碍，夺下托布鲁克。凯瑟林仍然希望先打下马耳他岛，但隆美尔坚持他的进攻必须在5月底之前打响。由于马耳他岛被压制，轴心国的补给能安然地被送到利比亚。隆美尔的装甲大军虽然还没完全恢复，但他希望在英军变得强大之前率先动手。由于德国空军无力同时支持两场战役，加上希特勒反对侵入马耳他，争论渐渐有了结果。凯瑟林放弃了自己的主张，隆美尔可以在5月底发动作战。

同盟国方面计划再送一批"喷火"增援受到重创的马耳他岛，同时海军的布雷艇将从亚历山大港出发，把航空汽油运到岛上。这次行动依旧由美国海军的"黄蜂"号航空母舰负责把飞机运载到地中海入口处。英军飞行员从那里驾驶"喷火"起飞，飞向马耳他岛。岛上已准备好了接应工作，避免再次发生上次那样的重大失误。陆军和空军制订了详细的行动计划，能为每架降落的"喷火"立刻补充燃油，迅速恢复战斗力。

道格拉斯·范朋克也在"黄蜂"号上，他于4月被调入第99特混舰队。这支舰队驻扎在斯卡帕湾，隶属英国皇家海军本土舰队指挥，并对前往苏联的北极编队提供护航。范朋克之前驾机前往普雷斯特维克（Prestwick），和大卫·尼文（David Niven）以及伊沃·诺维洛（Ivor Novello）这些相熟的演员见了个面，然后飞往奥克尼群岛，向第99特混舰队的指挥官海军上将罗伯特·"艾克"·吉芬（Robert "Ike" Giffen）汇报。范朋克写道："两支强大海军的各类战舰躺在巨大而又安全的斯卡帕湾里的惊鸿一瞥，让人难以忘怀。"各种小型辅助船只在巨舰之间穿梭忙碌，留下一道道白色的尾迹，岸边是成片的军营和指挥楼。范朋克感到强大无比。他在吉芬身边担任"炮术和通讯副官"，前几周时间先在英军那里学习新岗位所要了解的知识。后来，吉芬把他召回，让他前往"黄蜂"号参加增援马耳他岛的重要任务。吉芬告诉他："他们那里的处境非常困难，不过他们仍旧不怕牺牲地顽强守卫着。我们再把'黄蜂'号派去帮帮那些可怜的孩子。"他希望范朋克担任他的正式观察员，详细记录之后行动的全过程。

"黄蜂"号于5月2日出发，执行第2次地中海任务，首先前往克莱德河（Clyde）去接那些"喷火"和英军飞行员。当舰队返回河口时，范朋克看到陆地在明媚的阳光下熠熠生辉，他感慨道："我们清楚目前的形势，不知道何时才能再次见到这绿色的大地。"范朋克的多愁善感还有个原因：他在美国的妻子已怀上了他们的第2个孩子。他发现英国的飞行员非常年轻，自己已32岁了，而那些"活泼的孩子"一般都在18~22岁。他们发现，同行的人里竟有好莱坞的一线大明星，一阵激动。他被警告不允许帮人签名，不允许在胸前口袋里露出白手帕的一角，他这种初级军官没有资格矫揉造作。

5月6日，有消息说，在菲律宾科雷吉多尔岛（Corregidor）上的美军向日军投降了。虽然早有心理准备，可这样的消息还是令人难过。他们要继续前行，坚持战斗。天气忽然恶化，巨大的航空母舰被海浪裹挟得摇摆不定，所幸甲板上的"喷火"固定得很牢，顺利通过了加的斯（Cadiz）和直布罗陀海峡，进入了地中海。

5月9日，船上从凌晨4点30分就开始忙碌起来。在军官室里，包括范朋克在内的美国军官祝愿英军飞行员一路好运，能够顺利降落到目的地。看着那些飞行员跑向自己的飞机，范朋克感到莫名地兴奋。5点30分，舰员们各就各位，包括所有的炮位，天还没亮。外面的空气燥热、潮湿。渐渐地，太阳出来了，6点23分，扩音器里传来了命令："注意收听！飞机准备起飞！"6点30分，美国海军的"野猫"舰载机已准备就绪，信号旗放下，"放飞飞机！"的命令下达，

1架接1架的"野猫"起飞,执行护航任务,然后是"喷火"起飞。首架起飞飞机的飞行员是担任代理中队长的21岁的澳大利亚人。

到7点30分,所有的64架飞机均已从"黄蜂"号和小型一些的英国"鹰"号上升空,后有1架由于丢失了副油箱,被迫降回航母,这对"喷火"来说是危险的操作。另有2架飞机在随后的航程上损失。2艘航母完成任务后,向直布罗陀返航。后来的电报通知,剩下的61架"喷火"已顺利抵达马耳他岛并在35分钟内再次起飞,其中不少飞机甚至在10分钟内就做好了二次起飞的准备。

不过,德军在那天的进攻并不活跃。随着扫雷艇"威尔士人"号(Welshman)于次日带着燃油抵达,岛上的空军已得到了明显加强。当驻扎在西西里岛的剩余德国空军再次进行空袭时,遭受了惨重的损失。

凯瑟林面对这种挫折,无能为力,因为大部分第2航空军的部队已被调往苏联或者北非了。到了5月中旬,西西里岛上驻扎的基本上只剩有意大利皇家空军了,德军只留下了第53战斗机联队的第2大队。当然,德国空军在对马耳他岛的围剿中也付出了不小的代价。500架飞机在1—5月大部分被损失,仅4月就有100架被岛上的防空火力击落。大量投下的炸弹也耗光了轴心国的储备,使他们在之后的北非作战中弹药紧张。从另一方面来看,这个肉中刺仍未拔除。如果坐视对方缓过劲来,之前付出的努力全白费了。可又能有什么办法呢?随着东线和北非新的战役即将打响,德军没有足够的人员和装备解决马耳他岛。

在罗马,意大利人对马耳他行动也开始了动摇。5月13日,即皇家空军的"喷火"取得胜利后的2天,齐亚诺伯爵会见了朱塞佩·卡西奥(Giuseppe Casero)上校,后者是航空部副部长里诺·福吉艾尔(Rino Fougier)的参谋长。卡西奥对计划中的夺岛行动非常担忧,意大利人担心的原因很明显:马耳他岛上的防空火力猛烈且有效,岛上布满了机枪碉堡,伞兵难以有效作战。大部分参与进攻的空军飞机都有被击落的可能,大部分海上出发的部队也将在途中被击沉。福吉艾尔和第

2航空军的指挥官布鲁诺·洛泽尔（Bruno Loerzer）持悲观态度。齐亚诺写道："支持者只有凯瑟林和卡瓦莱罗，后者习惯性地将责任又推到了别人身上。"

他们都希望隆美尔的攻势能取得成功，如果后者能击溃第8集团军并占领埃及，悬而未决的马耳他岛将不再成为问题。如果不能，这将是个代价高昂的错误。虽然"黄蜂"号返回了斯卡帕湾，但"鹰"号继续留在这里给马耳他岛输送"喷火"。马耳他岛的制空权重新回到了有利于同盟国的方向。

在大西洋的彼岸，唐纳德·麦金泰尔正在美军位于纽芬兰岛阿真舍的海军基地参加会议。在美国人到来之前，这里只是个小渔村，18个月后，这里变成了庞大的军事基地。就像亨利·凯泽带着他的人以破天荒的速度在烂泥滩上建起船厂一样，拥有完整港口设施的海军基地现在就矗立在那里，包括崭新的公路、居住区、餐厅和其他设施。那里甚至还建设了新的机场，地下储油罐也在计划之中。

麦金泰尔的职责是维护英军护航舰队的利益，随着中线大洋护航舰队的成立，英国皇家海军也参与到跨大西洋的全程护航任务中来，阿真舍就是其西部的基地。美国人一开始对英军还不太信任，但很快大家就相熟了。美军参谋们同他们分享了通报海运路线所使用的密码。

事情都进展得很顺利。对于招待这些皇家海军船员的标准，美国人非常慷慨。他们的修理设施也是一流的。当"普瑞尔"号（Prairie）修理船意外着火后，麦金泰尔猜想美国人能否在不大幅耽搁维修进度的同时用新船取代。他写道："我多虑了。他们似乎有魔法棒一般的从包里掏出1艘同样装备精良的修理船。"他亲身感受到了美国人具备的旺盛精力和高超技巧。这种热忱、意愿和一夜移山的能力是麦金泰尔从未见识过的。作为美国在1942年初夏时战争能力的体现，阿真舍是个令人印象深刻的例子。

但美国海军对美国东海岸的潜艇猎杀反应迟缓。由于这个原因，加上太平洋战场不断需要增兵，中段大洋护航舰队不断被削减。短时间来看影响不大,德军潜艇主要在更南方的海域肆虐,而非集中在大西洋中段。由于中段已超越了一般飞机的航程,这里也被同盟国称为大洋中段无飞区。加拿大护卫舰主要负责波士顿到哈利法克斯之间的护航任务,英军在4月派出一支分遣队前往地中海地区给油轮护航,里面包括24艘反潜拖船,皇家海军的一个中队驻扎到了美国东海岸。美国海军顽固地反对实施商船编队,强调必须积累足够的护航力量再考虑。但这并不妨碍加拿大人和英国人自己行动,他们很快在东海岸和加勒比海之间建立起了编队体系。

美国人虽然还未正式建立商船编队体系,但空中巡逻已得到大大增强,往南一直到哥伦比亚共有26个基地,装备包括飞艇和远程轰炸机。"桶队"(Bucket Brigades)方式于4月初被引入,商船编队将沿着东海岸航线航行,沿途有飞机巡逻护航,夜晚船队会进入附近港口过夜。

最终,首支编组好的南向商船编队于5月14日起航。不过,在墨西哥湾和加勒比海地区仍不准备实施商船编队制度。

5月初,特德·舒伦带着U-564再次重返大西洋的西岸。由于距离遥远,潜艇一般在大西洋上靠大型潜艇担任油船的角色作补给,这些母船性质的潜艇被称为奶牛(Milchkuhe)。在补充燃油后,舒伦杀入佛罗里达海峡,这条宽100英里(161公里)左右的海峡两边分别是美国的南角和巴哈马群岛。

他们在海峡里击沉了4艘船只,小心翼翼地避开了反潜飞机和美国海岸护卫队的炮艇,如果他们选定的目标属于编队体系,进攻则会带来更多的危险。他们本可取得更多战果。舒伦在基韦斯特(Key West)发现了3艘货轮,向他们射出鱼雷,但引信又失灵了。他写道:"否则,他们将会成为美味的甜点。"

德军潜艇在5月击沉了数量多达125艘船只,其中14艘是单独航行的。6月,这个数字又升高到了144艘,其中121艘是单独航行的。似乎为了证实美国海军的错误,由加拿大海军护航的宝贵油轮在从加勒比地区的特立尼达驶往哈利法克斯的路上一艘也没损失,甚至在整个夏天都毫发无损。

德军潜艇的第 2 次"欢乐时光"完全算是意外，这主要得益于美国海军的错误策略，而不是由于德军潜艇技术的大幅革新。尽管有"奶牛"这样的战术变革，但潜艇的作战能力并无太大提升。Ⅶ型潜艇的效能和开战之初相差不大，Ⅸ型潜艇也就是在吨位和航程上有所增强。鱼雷改进也不大，引信问题依旧存在，舒伦就为此付出了代价。通讯技术有所加强，但进化速度低于同盟国。最严重的问题还是邓尼茨缺乏足够数量的潜艇对英国生命线造成威胁。每月的击沉目标值从 50 万吨船舶提升到 80 万吨。德军 1 次也没能完成过自己的目标。6 月，在英国沿岸水域加上大西洋航线和美国沿岸一共击沉了 65 万吨船舶，这个数字不能说不可观，但远远不够。

在战争中，合适且正确的训练非常有用，经验也非常重要。1942 年 5 月的隆美尔幸运地拥有着这么一支队伍——德国非洲军（DAK）训练有素、士气高昂且经验丰富。在波兰、法国、低地国家、巴尔干，甚至在苏联的胜利都非常有价值，哪怕是在苏联寒冬里经受的失败也能转化为对以后行动的有益影响。

非洲军的参谋长是弗里茨·拜尔莱因（Fritz Bayerlein）上校，这位时年 43 岁的职业军人来自维尔茨堡（Wuerzburg），参加过相当多的战斗。20 世纪 20—30 年代，他作为年轻军官热切拥抱新战术的探索。他于 1929 年在德累斯顿步兵训练学校工作时结交了隆美尔，次年又在汉堡重逢，这些经历使他们惺惺相惜。大战爆发以来，拜尔莱因被晋升为少校，担任第 10 装甲师的首席参谋，随着古德里安的装甲铁拳横扫波兰和法国。在"巴巴罗萨"战役中，他效力于古德里安麾下，并被晋升为古德里安装甲集群的首席作战参谋，他从中获益良多。

11 月，他被调任北非，以中校军衔担任非洲军参谋长，向路德维希·克鲁威尔（Ludwig Cruewell）将军汇报。精明能干的他决心在利比亚大干一场。在"十字军"行动中，他距离被俘也就差之分毫，他不断出现在战斗的最前沿并亲身经历了昔兰尼加大撤退。由于其在西迪雷泽战斗中的优异表现，获得了骑士十字勋章。

4月，他被晋升为上校，筹划隆美尔定于5月26日发动的进攻。英军阵地散布在长达35英里（56公里）的战线上，连接步兵旅或者师阵地的是绵延不绝的雷场和铁丝网，装甲旅在后线担任机动预备队。整个战线的最南端是由自由法国部队防守的古堡比尔哈凯姆（Bir Hacheim），那里距离海岸线只有40英里（64公里）远，周围建起了层层雷场和铁丝网屏障。

隆美尔的作战计划简单明确。克鲁威尔指挥意军第21军，用这些步兵部队在战役首日对付北端的英军防线，意军第10军攻击战线中段。这些攻击的目的是让英军误认为这是隆美尔的主攻方向。当晚，非洲军的主力装甲部队加上意军"阿里艾特"装甲师会往南绕过英军防线，向对方腹地杀去。英军主力将被包围在这个大口袋里，本质上类似于2年前德国对法国和低地国家的作战计划：2个钳子，1个用来吸引敌人注意力，另1个发起致命一击。

5月，白天的气温高达50摄氏度，伴随着酷热而来的还有驱赶不尽的苍蝇和跳蚤。本身肤色就比较深的拜尔莱因现在已变得焦黄，那顶棉质的便帽（Feldmuetze）简直黏在了他的脑袋上。隆美尔依旧戴着他的大檐帽，上面夹着一副缴获的英军防尘眼罩。拜尔莱因和其他非洲军的士兵则更随意：轻薄的衬衫，短衣短裤，衣物上满是汗斑或是尘土，大家早已习以为常。

前线的饭食非常糟糕，主要来源于意大利人的提供：坚硬的饼干、橄榄油、沙丁鱼、芝士条，还有臭名昭著的被称作"AM"的意大利肉罐头。士兵们开玩笑地说，"AM"是德语里"老骡子"（Alter Maulesel）的意思。饮水非常宝贵，不管级别如何，都是统一的分配标准。痢疾非常普遍。治疗的方法倒也简单：停止饮食，直到病症自动痊愈。

汉斯·冯·卢克少校现在也调入到了非洲军。隆美尔亲自把他从苏联战场要了过来，负责指挥第3侦察营。调令是去年10月签发的，直到次年1月，他才被部队放走。他是戴着金质德意志十字勋章离开苏联的，这个勋章级别高于一级铁十字勋章，低于骑士十字勋章。他写道："巨大而又臃肿的星星,我们立刻将这个大家伙戏称为希特勒的煎蛋。"

卢克于4月8日抵达利比亚的德尔纳（Derna）。他在空中乘坐Ju-52运输机时已饱览了广阔沙漠的壮丽景象。他心里立刻对沙漠产生了渴望。他写道："这和苏联的雪地形成了有趣的对比。"他立刻被车辆带去见隆美尔，其指挥部躲在海岸公路边上，由几顶帐篷和伪装网构成。即使是通往那边的轮胎印子也被小心地清理掉了。

"很高兴你来了。"隆美尔对他说。这是他俩自1940年法兰西战役后的首次重逢。隆美尔让他负责第3侦察营，"让其成为你的荣耀。"

冯·卢克向隆美尔汇报了苏联的情况后，他被带去见装甲集团军的参谋长阿尔弗雷德·高斯（Alfred Gause）将军。高斯告诉他，补给是最大的问题，它们要先被运往的黎波里，然后再用驳船或者卡车沿着海岸线运往前线。这是一段800英里（1 287公里）长的补给线，每月的实际补给需要为6万吨，上个月只运来了1.8万吨。冯·卢克惊讶地听到高斯说胜利的机会或许溜走了，英国人虽然要绕道非洲南端运输补给，但他们所有的补给物资都能安然送抵埃及并最终交付前线。德军并未重点轰炸英国的港口，潜艇也没能击沉足够的商船。他希望新的攻势也许可以扭转局面。

在接下来的7周时间里，冯·卢克尽快适应新的自然环境，并赢得了该营官兵对他的尊重。他的前任确实非常受爱戴，这也给他带来了不少困难。他知道，北非的恶劣环境无法改变，只能接受沙漠的特性：白天酷热、夜晚冰冷。成千上万的苍蝇组成了生活的一部分。他要像第2步枪旅的阿尔伯特·马丁，以及其他先来的英军、意军和德军士兵一样，学会适应沙暴、幻景和难以捉摸的视觉错乱。他写道："我学会用指南针走路，如何摸黑走路，如何轻声用口令问答找回自己的营地。前往沙漠深处的侦察任务让我着迷。"

随着对马耳他岛的空袭减弱，德国空军开始大力增援北非。到了5月，他们拼凑了702架飞机直接支持隆美尔的攻势，其中497架处于完美状态。整个地中海地区还有另外739架飞机可被随时调动增援。

战斗机部队里包括原来驻扎在西西里岛的第 53 战斗机联队的一个大队，以及从去年就驻扎在北非的第 27 战斗机联队的 2 个大队。在第 27 战斗机联队第 1 大队里的飞行员包括汉斯－亚辛·马尔塞尤，22 岁的他是将门之后。作为出色的战斗机飞行员，他不按常理出牌，常常不把上级的命令当回事。这可不是国防军里能看得惯的作风，他也确实有足够的资本才能恃才放旷。

马尔塞尤在第 52 战斗机联队只待了一个月，就被大队长麦基·施坦因霍夫开除了，因为他实在太顽固且屡次违反纪律。他被踢到了第 27 战斗机联队第 1 大队后，参加了巴尔干战役。之后转移到西西里岛，最后于 1941 年 4 月来到德尔纳和大队其他成员会合。从那时开始，马尔塞尤变得非常上进，这是因为其指挥官埃杜·诺依曼（Edu Neumann）上尉不仅非常尊重他，而且给予了他更多的自由度。到 1942 年 5 月初，他已取得了 52 个战果，获得了骑士十字勋章和金质十字勋章的荣誉。5 月 16 日，战绩上升到 60 个，战绩里只有一架是双发的"马里兰"，其他均为英国皇家空军的战斗机。

这是惊人的成就。德国空军在苏联取得的战果数量虽然颇丰，但被击落的大部分是由菜鸟飞行员驾驶的质量低劣的飞机。英国皇家空军的飞行员普遍受过严谨的训练，能力较强。英军的战斗机质量比苏军先进不少，战斗机也比轰炸机要更难被击落。诺依曼发现，马尔塞尤确实是不可多得的战斗机奇才，说他空前绝后也不夸张。他目力极佳，总能率先发现敌机的踪影，射击精准，一般平均 5~6 发炮弹或者 15 发机枪子弹就能击落一架敌机。诺依曼说："他也许是最好的变向射击战斗机飞行员。"

马尔塞尤的技术说简单也简单：尽早发现敌机，朝他们飞去，射几梭子子弹，造成部分损伤，爬升，重新评估局势。然后俯冲，进行新一轮的进攻，寻找那些已受伤的对手，如果有，就要把他们揍下来。他善于计算速度和距离，因此能用最佳角度击中对手。没有多少战斗机飞行员能掌握变向射击的技术。

诺依曼同样认识到，马尔塞尤虽然在地面上不靠谱，但一上天就像变了个人。他从不放松对自己的训练，不断练习跑步和仰卧起坐，加强自己的腹肌，这有利于他克服超重力。因此，马尔塞尤可以比其他人更擅长做急转动作，而不会昏迷。

马尔塞尤和他第 27 战斗机联队的战友们现在驾驭的是更为强大的改进后的 Me-109F 型战斗机，这种机型只少量装备了前线。这是对"E"型的有力改进，使其优于英军沙漠空军装备的"飓风"或者是"小鹰"（Kittyhawk）。英军飞行员即将发现其恐怖的威力。

5 月 19 日早上，马尔塞尤带着他的僚机莱纳·普特根（Rainer Poettgen）进行"自由狩猎"。他在下方发现了 7 架 P-40"小鹰"。马尔塞尤一个俯冲，就击中了 1 架并将其打伤。然后他继续逼近，在 200 码（183 米）的距离开火，击中了对方的发动机。那架"小鹰"完蛋了，但马尔塞尤看到对方飞行员竟成功驾驶其安全降落，然后跳出机舱逃走。看到敌机飞行员已走出安全距离之外，马尔塞尤驾机俯冲，将那架飞机打燃。他对杀人有负罪感，因此，总是尽可能地避免人员伤亡。

他再次爬升，发现有架"小鹰"咬住了他的屁股。凭借 Me-109F 优异的爬升速度，他脱离了追击，然后关闭发动机，一个急停掉头，直接向追击者俯冲过去，在近距离开火击中了 P-40 的机翼和整流罩。这是非凡的战斗技巧。

5 月 26 日，隆美尔按照计划准备好了。他有空中优势，但在地面上没有，他只有 560 辆坦克，其中 230 辆是落后的意大利坦克。英军有 850 辆坦克，其中 400 辆是崭新的"格兰特"，这种美制 30 吨级重型坦克装备了 75 毫米炮和 37 毫米炮并带有 1 挺机枪。隆美尔希望用突袭和战术能力来弥补数量上的不足。他在克鲁威尔将军率领意大利人发动北线攻势前的几小时给妻子写信说："我们将在今天发起决定性的进攻。这将会非常艰难，但我有充分的信心相信我的军队会取胜。"

他的进攻必须取得突然性，占据加扎拉防线的英军有更多的人员和坦克，显然更有优势。一旦开战，他们的补给线更短，更有力，这些都是隆美尔知道的。但关键在于,英军通过电报破译了情报,非常清楚德军装甲军团将在那天发动进攻。从纸面上看,英国人已稳操胜券。

第 16 章

请君入瓮

5月13日，劳尔夫·沙普斯中士随着第34"红牛"师主力到达苏格兰。运载他们的是英国的"阿基塔尼亚"号（Aquitania）班轮，这艘巨大而华丽的轮船拥有多达4个烟囱，曾是跨大西洋航线上的明星。现在，它成了艘灰暗的运兵船。沙普斯在船上感觉像被塞在罐子里的沙丁鱼般拥挤，加上糟糕的食物以及如幽灵般存在的德军潜艇，使得上岸的他们如释重负。但好日子不长，他们又被塞入小船送往北爱尔兰的奥马（Omagh）。沙普斯写道："那里是我见过的最美的地方。"

马克·克拉克（Mark Clark）准将这时也来到了英国。他于5月25日搭乘波音客机飞抵普勒斯维克（Prestwick），和他同机的还有老友德怀特·艾森豪威尔（Dwight Eisenhower）少将，后者从2月起开始担任美国陆军战争计划局（War Plans Division）局长。这个部门很快被改组为作战局（Operations Division），负责落实总统决定的"德国优先"战略。艾森豪威尔判断，核心问题在于苏联能否继续参战，当时的状况虽好于去年夏天但也不能说绝对。考虑到这个情况，艾森豪威尔在3月底建议，英美两国动用48个师在法国北部登陆，时间不能迟于1943年4月1日。在勒阿弗尔和布伦之间登陆并建立桥头堡的行动代号为"大锤"（Sledgehammer），随后的巩固和向内陆突破的行动代号为"围捕"（Roundup）。美国将于1943年4月1日前准备好30个师和2 550架作战飞机，但到1942年9月15日，只有3

个半师和 700 架作战飞机到达了英国。他们的目标定于 1943 年春横渡英吉利海峡，如苏联情况特别危急，将在 1942 年提前发动紧急进攻，当然这几乎等效于自杀。同时，作为"波莱罗"行动（Bolero）的一部分，越来越多的部队、飞机和补给正在加速运往英国。

马歇尔将军批准该计划后转呈了罗斯福，最后交到了英国人的手上，他们认为 1943 年 4 月这个时间点非常具有挑战性。他们预设的前提是，德国到那时要有迹象表明"在实力上和士气上都被削弱"。在得到确认后，丘吉尔及英军总参谋长也同意了这一计划。艾森豪威尔为此很开心。他在日记里写道："我希望那可以得到执行。我们都承诺能全身心投入到斗争中去。如果可以对主要的方向和目标达成一致，我们就能劲往一处使，不会在黑暗里到处乱撞。"

被昵称为"艾克"的艾森豪威尔出生于 1890 年，家世比较普通。从 2 岁起，他就住在堪萨斯州的艾比利尼（Abilene），那是美国中西部的普通小镇。他在学校表现优异，顺利进入了西点军校深造，并于 1915 年毕业。他和马克·克拉克不同，并未在法国参战。他历经了一系列参谋岗位的锻炼，并获得好评。20 世纪 30 年代末，他前往菲律宾，在麦克阿瑟麾下效力，后于 1939 年回国加入了第 3 集团军。他于 1941 年夏在路易斯安那大演习中表现优异，被马歇尔将军一眼相中。那是一段快速发展的时期，一旦有人赏识，就能得到迅速晋升，克拉克和艾森豪威尔都是时代的宠儿。

这也是艾森豪威尔首次来到英国，商讨未来的作战计划和指挥架构。他前往苏格兰视察部队的训练，新近成军的美国游骑兵正在练习登陆行动。他们回到伦敦后，住在克拉里奇酒店（Claridge），这里后来成为了著名的美国人据点。他们在那里见到了詹姆斯·切尼（James Chaney）少将，后者现在负责指挥所有驻英美军。马歇尔并不信任切尼，因此，派克拉克和艾森豪威尔去评估他的表现，需要尽快理顺在英国的两军联合指挥架构。

5 月 27 日，他们去参观在肯特郡举行的一场师级规模的演习，由伯纳德·蒙哥马利（Bernard Montgomery）的东南军区负责。他们被邀请到蒙哥马利的指挥部,在等待蒙哥马利到来的那段时间看到满墙都挂着地图。蒙哥马利进来后,立刻开始了干脆、务实的谈话。在场坐着不少军官,艾森豪威尔在会议进行到中途时点燃了香烟。

蒙哥马利停下来看着他:"谁在抽烟?"

"是我。"艾森豪威尔回答。

蒙哥马利严肃地说:"我不允许有人在我的指挥部抽烟。"

艾森豪威尔掐灭了香烟,蒙哥马利继续发言。克拉克写道:"我们对此大笑不已,当然,不能让蒙哥马利听到。"

随着缅甸的战斗越来越激烈,印度也受到了威胁。太平洋战场上噩耗不断,同盟国艰难地抵挡着日军的进攻。看起来,日本帝国海军甚至要将手伸入印度洋,夺取维希法国控制的马达加斯加。如果他们在那里建立海军基地,英国前往印度和中东的补给线也将受到威胁。因此,英军总参谋部决定发起自 1915 年的加利波利行动以来的最大登陆作战行动。

5 月 5 日,第 121 特遣队的海军陆战队和第 5 师的 2 个旅在马达加斯加岛登陆。防御该岛的是 8 000 名维希法国士兵,其中大部分是装备简陋的当地土著士兵。尽管如此,防御方在首日防守迪亚戈 – 苏亚雷茨港(Diego Suarez,今安奇拉纳纳)的战斗中仍然非常顽强。50 名海军陆战队士兵于次日摸到维希法国军队的后侧进攻才解决了守军。小镇又多坚持了 1 天。维希法国的军队撤往南部,战斗仍在继续,但该岛的主要港口已被攻克。就当时的情况来看,连接英国和中东、印度、澳洲的重要补给线得到了保障。

北非英军也在尽力从抽兵救援印度和远东的窘窘里爬出来。沙漠空军在 1942 年 5 月的状态也相当不错,虽然其数量远少于去年秋天。

比利·德雷克作为飞行中队指挥官来到了北非。他之前参加过不列颠之战的后期战斗,于 1942 年初调往塞拉利昂,在那里度过了无所事事的 1 个月后被人发现他是有才华的飞行员和指挥官。因此,他于 3 月来到了第 280 中队报到。5 月 25 日,他被任命为第 112 "鲨鱼"

中队指挥官,该中队的名称得自于飞行员们把"小鹰"战机都画上了阴森恐怖的鲨鱼牙齿。

德雷克此时不过24岁,但已是有着10个以上战果的王牌飞行员了,战斗经验丰富。这一路非常艰辛,为了击落敌人,他必须尽可能地逼近对方,同时要小心背后不被人偷袭。他必须对自己飞机的性能了如指掌,明白操纵的极限在哪儿。飞行必须要成为他的第二直觉,这样才能专注于猎敌。飞行员必须根据周围的情况变化作出瞬间反应。"小鹰"现在已不再只被当做战斗机使用。德雷克在到达第280中队时,惊讶地发现:"我首先看到的是,1架'小鹰'在机腹上挂着巨大的炸弹。"现在鲨鱼中队的主要任务是对地攻击:低空快速飞行,将仅有的1枚炸弹扔下后,再扫射其他目标。德雷克评价:"地面进攻是首要且最重要的,偶尔才会有空战的发生。"

制订这一新策略的是"玛丽"·坎宁安空军少将。其在去年夏天指挥沙漠空军时获得了不少成功,现在又有了新帮手,比如他的副手托米·艾姆赫斯特(Tommy Elmhirst)空军准将。艾姆赫斯特在皇家空军中也有着辉煌的履历,其在不列颠之战时在空军情报部门工作,后调入战斗机部队位于宾利修道院的司令部。之后出任轰炸机部队的机场站长。这些经历使他和坎宁安一样熟悉了现代空战的各个环节,对北非战场来说非常有用。

坎宁安和艾姆赫斯特两人有点互补,比如坎宁安高大而结实,艾姆赫斯特矮小且随和。坎宁安外向活泼,艾姆赫斯特内向收敛。坎宁安思维活跃、粗枝大叶,艾姆赫斯特心思缜密、耐心细致。艾姆赫斯特在2月加入了位于利比亚刚布特(Gambut)的空军司令部。

当他初到刚布特时,外面还能看到数架坠毁飞机冒出的浓黑烟柱。他花了几天时间搞清情况,平缓下来的战事给了他和他的上司3个月时间重整沙漠空军,零散的单位将被取消。他们在大队下面设置3个联队,每个联队有各自的后勤人员和维修单位,尽量配置在同一机场。后勤的集中化管理有助于联队和中队指挥官专心管理各自的手下,无需为后勤分神。此举也终止了沙漠空军日益分散的风险。

随着战斗机中队无须再为后勤烦恼，坎宁安可以带着这些中队长们集中精力去提升战斗力。从2月到5月底，他们在作战间隙大大提高了训练强度。他首先希望提升的是射击水平。很容易理解，这在训练中是较难掌握的技能，因为缺乏活动靶用以练习。不过，沙漠环境体现了优势，晴空加骄阳的组合使战斗机能练习"影子射击"，而不是瞄准牵引靶。领航引导也得到了提升，他们经常和轰炸机机组进行讨论。地勤人员也在努力：他们要迅速完成燃油加注和弹药补充的操作，人人都要参与到关于迅速建立或撤离基地的练习。坎宁安和手下的大队长们每周都要开会，讨论战术、训练和行政上的事宜，不断分析并完善。这不仅使部队的战斗力得到提升，还使士气重新获得鼓舞，他们对前途和方向很有信心。

坎宁安通过重组空军实现了他的目标。和特德一样，他相信目标是获取战场的制空权。一旦制空权得以实现，他将有更多机会直接支援地面作战。德国非洲军有质量较高的低空支持，英国皇家空军能做得更好，建立起与地面指挥官更紧密的联系，能判断如何取得最好的支援效果。比如，地面要求他摧毁某个特定的目标，他能在敌军防线之后识别出更有价值的目标，将优势最大化。

坎宁安也在从敌人那里学习。他对德军俯冲轰炸的效率印象深刻，他还知道"斯图卡"在俯冲过程中的防御力很脆弱。他尝试让美制的"小鹰"来承担这样的角色。该型飞机在10 000英尺（3 048米）高度以上的爬升能力不足，但在低空的操纵性较佳。它们的俯冲性能优于意大利新式的马基-202以及最新型的Me-109，还是非常可靠的火力平台。考虑到种种因素，他开始将它们当做"小鹰轰炸机"来使用。他们可以带着机腹的炸弹轰炸目标，快速俯冲、投弹、脱离，一气呵成。他将它们当做"斯图卡"来使用，还不会受困于后者俯冲时越来越捉襟见肘的性能。

"飓风"也被投入到了低空作战。他们和"小鹰"一样不能与马基-202或者Me-109对抗，尤其是近段时间。在坎宁安看来，他们在高空作战并不具备优势。为了强化该机型的优势，部分战机被加装了大口径火炮,能在低空对付敌军坦克。作为一款稳定的火力平台,行动迅速且皮实,可以发挥重要的作用。"小鹰"和"飓风"在低空行动时,会面临轴心国战斗机的威胁,但这种风险是可以接受的。

英军对此已有了成熟的解决方案,其中有些就是从不列颠之战中总结出来的。当"飓风"或者"小鹰"集中精力对付 10 000 英尺(3 048 米)高度以下目标时,"喷火"将应对前来找麻烦的轴心国战机。坎宁安刚来到中东,就不断要求增援更多的"喷火"。到 5 月,他有了至少 1 个中队的"喷火",配备了适应沙漠环境的福克斯热带空气过滤器。主意决定了,英国人就会全力以赴地去实施。

与之形成鲜明对比的是,德国空军忽然间变得迟疑不决。原先取得优势的一方会被追赶上,并被甩在后面,空战的情况就是如此。隆美尔的一个重大失误在于没有真正领会战争运营方面的重要性,在他脑子里,后勤和补给是别人的问题。他对空中力量的理解也不充足,这和大部分英国陆军指挥官的看法相似:他们认为空军作为地面力量的直接支援角色,招之即来。德国空军在地中海战场的指挥官奥托·霍夫曼·冯·瓦尔道(Otto Hoffmann Von Waldau)将军对此并不认同,他们两人的关系也不融洽。实际上,隆美尔对空军的认知和英国陆军指挥官在去年夏天时如出一辙,区别在于特德和坎宁安将两人的分歧讨论升华为有效的战术空中支援,而隆美尔和冯·瓦尔道之间的隔阂越来越深。

从后勤管理来看,英国沙漠空军在广袤且浩瀚的沙漠上制订的体系是非常有效的。德国和意大利的中队并不能迅速在机场间转移,因此在移动过程中将暂时丧失作战能力。德军战斗机本可执行对地骚扰工作,但他们的首要目标不是击落对方的轰炸机,而是集中在敌军的战斗机上,这也是亚辛·马尔塞尤所热爱的。对这些王牌飞行员来说,击落对方战斗机才是空战战术的精髓,但这并不意味着是正确的战术。

沙漠空军目标明确,但第 8 集团军还没摸清方向。虽然英军拥有了更多火力更强的"格兰特"坦克,也获得了更多人员和补给,但这种物质上的优势并未帮助他们转化为战术上的优势。在"十字军"行动里,临危受命的内尔·里奇将军是位能干的参谋军官,但缺乏实战经验。很多时候,他是作为奥金莱克的前线代理人而不是能独立担当大任的部队指挥官。尽管奥金莱克在埃及总部很支持里奇,并将他迅速提拔为三星将军,但这并不能让后者自然地获得下属军长和师长的尊重,也不能让他马上弥补战术经验不足的短板。随着隆美尔率领他的非洲军开始大胆突进,英军只是被动地进行集体商议,缺乏清晰的目标和规划。

这样的结果是,英军沿着从北往南40英里(64公里)的防线上布置了一些集结部队的"盒子"(boxes),这些区域周围环绕着战壕,里面配备有完整的炮兵、步兵和工兵,"盒子"之间以雷场填补。问题是这些"盒子"相距甚远,难以互相支援。更糟糕的是,由皮埃尔·柯尼希(Pierre Koenig)将军指挥的自由法国旅位于战线最南边的比尔哈凯姆,他们和最近的友军之间也有15英里(24公里)的距离。对于高度敏感的法国人来说,这种隔绝会产生被抛弃的感觉。

去年12月开始接手第4印度师的弗朗西斯·"格蒂"·图克(Francis "Gertie" Tuker)少将此时也感到绝望。作为参加过第一次世界大战的老兵,他曾想放弃军旅生涯,去做艺术家。但他最终留在了印度军里,参加了伊拉克、阿萨姆和伊朗北部的战斗,后来又活跃在西北前线。图克是个喜欢钻研战争艺术的人,他花费了不少精力去思考并写作未来的战争形态。他在20世纪30年代成功地在印度陆军里推行了新的步兵操练条令,由于效果出众,他还被任命为印度陆军的训练总监,驻扎在奎塔(Quetta)。

当他到达中东后,图克先去拜访了奥金莱克,后者询问他对时局的看法,由于奥金莱克也是出身于印度陆军,因此了解图克那广受赞誉的训练方法。图克非常热忱地准备了一份报告,强调需要组建1支由2个装甲师组成的机动军,另由1个配备充足装甲战斗车辆的步兵师(机械化)支援。这正是德国非洲军的做法。

可他的建议并未被采纳。实际上,这份报告石沉大海。奥金莱克实际上将他的装甲部队拆分为更独立的旅级单位,类似之前由乔克·坎贝尔组建的小型机动纵队。这些小规模的"乔克纵队"对付那些支离破碎的意军防线起到了很好的效果,但面对组织严密的大规模机动部队时会力不从心。奥金莱克确实在模仿德军,但他认为,小规模战斗单位更灵活。

图克看到了奥金莱克战略的盲点:对付敌军必须集中兵力。将第8集团军的步兵和炮兵分散到孤立的"盒子"里,将装甲部队分成小块的做法非常危险,隆美尔完全能用自己强大的装甲部队将英军一口一口地吃掉。正如后来隆美尔对一位被俘英军军官所说的:"即便你有2辆坦克而我只有1辆,只要你将它们分散使用,我就能将它们各个击破。"这句话清楚地点明了奥金莱克策略的失败处。说实话,奥金莱克和他的高级军官们早该看到这点。

回到2月,第4印度师被派往前线加强加扎拉防线。图克利用这个机会重新审视了战争局势,情况不容乐观。他不明白,第8集团军为何被散布于沙漠各处,小小的托布鲁克要塞在隆美尔的重压下独自支撑了8个月。要补给托布鲁克并不困难,既不缺乏水管,也不缺少仓库,英军完全可以加强那里摇摇欲坠的防线,可储备足够6个月使用的淡水、食物、燃油和弹药。可以通过防御刚布特机场、艾登姆(El Adem)、西迪雷泽以及封锁海岸公路来支援托布鲁克。2个装甲师加上辅助他们的完全机械化的第4印度师可以组成图克向奥金莱克建议的那种机动装甲军。

这种配置可取代漫长的防线,后者很容易被敌军侧翼包围,只要托布鲁克顽强撑住,隆美尔就不敢入侵埃及。因为托布鲁克位于轴心国补给线的重要节点,即使德军绕道前进,隆美尔也必须留下可观的后卫部队以预防补给线被切断,图克判断德军不会贸然作出这样的决定。托布鲁克去年在优势德军的猛攻之下坚持了下来,现在,随着第8集团军实力的增强,他们没理由被攻克。

图克在2月向里奇提出了对加扎拉防线隐患的担忧,但这位第8集团军的指挥官告诉他无须担心。3月,图克和第30军指挥官威洛比·诺里（Willoughby Norrie）促膝长谈，阐明了自己关于围绕托布鲁克构筑防线的想法。图克写道："据我所知，他没有接受我的建议。"3月15日，奥金莱克的参谋长汤姆·科贝特（Tom Corbett）中将作前线视察，图克花了整天的时间希望前者明白，目前布阵的漏洞。图克写道："他最后回应说，已在加扎拉埋了大约100枚地雷，没有多余的可用在托布鲁克附近了。"

图克似乎不断地拿自己的脑袋撞墙。任命里奇为第8集团军指挥官的决定是英国在北非的悲剧，为什么那人不是图克，毕竟他们军衔一样。图克的自信、冷静、沉着和超强的战术理解正是第8集团军所欠缺的。

战场的实际情况是，奥金莱克低估了图克的建议，前线其他那些军、师级军官也对自己所处的情况缺乏清晰的认识。如果他们更清醒一些，或许会发现图克的计划不仅有道理，还是唯一正确的解决方法。他们对合理的增援托布鲁克的计划拒之千里，到底是怎么想的？第8集团军的官兵们是那么经验丰富、坚忍不拔，他们理应取得更好的战果。

图克的第4印度师甚至被调离了前线，5月26日，他本人被调任负责防线的左翼，下辖自由法国部队、第7摩托旅、第3印度摩托旅和第29印度步兵旅。这个结果对图克来说有些黑色幽默，坚决反对孤立防守的人却被委任为防区指挥官。

常见的批评是，英制坦克和装备不堪实战考验，德制坦克和轻武器性能更优良，德军士兵训练更好。这实际上是流传过广的谬论。1942年5月底，第8集团军除了缺乏强力反坦克炮，其他装备还是相当不错，他们的坦克性能明显优于德军或者意军。英国部队在训练和战斗力上均不落下风。

重要的差别在于，其指挥官的素质。对于那些勇敢的英军士兵而言，最可悲的是军官的战术水平在加扎拉表现为最低水平。

与此同时，在罗马的齐亚诺伯爵发现，墨索里尼从严重的流感康复后重拾信心，对隆美尔的新攻势抱以极大希望。他对齐亚诺说，轴心国的部队即将占领尼罗河三角洲，甚至能很快夺下马耳他岛。当然，领袖的这番豪言壮语不过是他的一厢情愿，并未建立在扎实的战局分析上。

他一字未提苏联的局势，当时他刚增派了 7 个师驰援意大利远征军已有的 3 个师。这支部队被改编为意军第 8 集团军，指挥官乔瓦尼·梅塞（Giovanni Messe）将军被伊塔洛·加里波第（Italo Gariboldi）将军替换。齐亚诺对此很不满意，他虽然认为后者更能干，但后者老态尽显。墨索里尼和卡瓦莱罗却认为，梅塞在东线有些锋芒毕露，需要杀杀他的锐气。齐亚诺写道："卡瓦莱罗是那种木秀于林必摧之的信徒。"

7 天前，齐亚诺与返回罗马的梅塞进行过一番长谈。梅塞对自己遭到撤职离奇愤怒。他告诉齐亚诺，他们并不能在冬季到来前"彻底解决"苏联问题。齐亚诺写道："我们即将向东线再增派 30 万士兵，这将成为一个严重的危机。"这 30 万人的装备并不充足，且还是拼了老命凑出来的。

5 月 26 日（周二），隆美尔发动了攻势。克鲁威尔将军率领的意大利军从战线北部发动佯攻，斯图卡俯冲轰炸机猛轰英军第 1 南非师驻守的阵地。当日下午，图克将军飞往前线，于 6 点在艾登姆降落，直奔第 30 军军部，那里位于托布鲁克港往南 25 英里（40 公里）处。南部防线的局势仍比较平静，德军对北部的轰炸越来越猛烈。夜幕来临，图克看到有探照灯光束向西照射，他和周围的人一边闲聊，一边欣赏夜空中的群星闪耀。晚上仍然平静，他所在的地方听不到枪炮声。战局仍然快速变化着，北部防线的南非人驻守的阵地遭遇了敌军的主攻。南部的过分沉寂让图克和其他一些人感到心里发慌。

战线越向南越平静，那里归图克指挥，第 7 摩托旅驻守在雷特玛盒子（Retma Box），位于比尔哈凯姆东南 20 英里（32 公里）处，他们只能静静地等待着不确定的未来。阿尔伯特·马丁和他的第 2 步枪旅的战友们也在那里。对他们来说，5 月 26 日只是"普通的一天"，马丁听到的唯一消息是，日本人在中国发动了新一轮进攻，当晚入睡时没有任何异常的感觉。

凌晨5点，他们被匆忙唤醒，命令要求他们立刻进入阵地，因为"德国鬼子来了"。几分钟后，他跳入了散兵坑，"高度警觉、头脑清醒"。时间卡得恰好，因为德军的猛烈炮火很快就落到了他们的阵地上，撕裂了宁静的夜晚，撬动了坚硬的荒漠。

隆美尔的非洲军和第21摩托化军形成了坚硬的拳头，集中了多达10 000辆车辆。第21装甲师的矛头是由汉斯·冯·卢克少校指挥的第3侦察营。他们于夜间集结，在漆黑中借助星光和指南针的引导行动。冯·卢克记录道："真是诡异的场景，每人只能看到前方或者身边的车辆。"他们慢速前进以避免大规模扬尘并防止和同伴走散。

天亮时，他们发现，英军果然未预料到他们的到来。虽然当晚有不少报告表明，发现德军向南移动，但这些报告在被送达第30军和第8集团军司令部后并未被重视。6点30分，一切疑问都解开了。第3印度摩托旅告急："德军装甲师"正向他们扑来。

上午，德军第21和第15装甲师已肃清了防线南翼的抵抗，随后向北奔袭被英军称为"骑士桥"（Knightsbridge）的沙漠公路交会点，第90轻装师加速朝东北方向突进，正是该部攻击了图克所辖的部队。同时，意军第21军包围了比尔哈凯姆，从后方攻打法国人的阵地。汉斯·冯·卢克对本方的进展非常满意。他写道："我们斗志昂扬，奇袭奏效了。"

实际上，隆美尔的进攻也有点撞大运。由于他和冯·瓦尔道的关系紧张，空军并未给他提供充分的侦察情报。凭借自己的情报单位获取的信息，他对英军第8集团军的阵地配置了解有限，对英军坦克数量的了解不完整，甚至不知道其中大部分已更换为美制"格兰特"坦克了。

尽管有这么多不确定因素，但隆美尔率领的4路机械化大军势如破竹，一路疾驰所扬起的尘土以及火炮射击的破坏力足以让对手胆寒。在雷特玛盒子，炮弹呼啸着砸过来，爆炸威力惊人，阿尔伯特·马丁透过浓烟看到数百辆敌军战车涌现到他面前，那是扑向艾登姆的第90轻装师。显然，第7摩托旅的阵地已经失守。马丁写道："之前，费尽心血构筑的防御阵地被突破了，如风四散。"他们冲向撤退的车辆，边走边还击。到了早上9点，雷特玛盒子已经沦陷。第90轻装师继续前进，将守军阵地各个击破，英军南翼各旅都没能挡住他们的步伐，被迫后撤。

图克将军当时仍在第30军军部，他原本准备去视察驻扎在比尔哈凯姆的法军。诺里将军告诉他说，部队已经打完了。图克问他还有什么事可以安排给自己。诺里说，他也不确定，让他再等一会。图克按照他的要求做了，捏着自己的拇指回想这场大混乱到底是怎么造成的。

德军的2个装甲师势不可挡地杀向骑士桥。到中午时，他们已到达了目的地，汉斯·冯·卢克和手下看到有个坦克纵队朝他们开来。它们是德军之前从未遭遇过的"格兰特"坦克，它们在冯·卢克手里的50毫米火炮射程之外率先开火。卢克立刻命令部队停止前进，向北布置防御阵地。当士兵们忙碌起来后，他爬下自己的指挥坦克，跑向反坦克火炮。敌军的炮弹四处横飞，忽然间，他感到自己的右腿被猛地一击，立刻摔倒在地。原来是附近1辆装甲车被击中，爆炸开的弹片击中了他的右侧大腿。鲜血浸透了他的裤子，他很快失去了知觉。当他醒来时，发现旁边停着1辆侦察车，士兵们忙着将他抬到车上，送进后方医院治疗。

医生告诉他："少校，你可真是不幸中的万幸。你的右侧腹股沟有个拳头大的伤口。再偏离几厘米，你的男子汉象征可保不住了，但血管和神经受伤严重。"伤口被止血带和绷带包扎后，医生给他打了几针吗啡，他回到部队继续自己的指挥。他虽然知道自己需要进一步的治疗，但眼下危急的战局容不得自己离开。现在，他们营被夹在加扎拉防线的英军步兵和右边的2个英军装甲旅之间，只能继续坚持下去。

从目前的战局分析，虽然隆美尔击溃了一连串的英军阵地，但在当日下午的处境仍然微妙。他们并不是包抄了英军的主要防线，反而是陷入了危险境地，一边是英军用层层雷场保护的步兵盒子区，一边是英军大量的装甲部队。虽然英军南部的阵地被攻克，但那里的部队并未被歼灭，大部分部队像第 2 步兵旅那样成功组织了后撤。

更严重的是德国非洲军自身也遭受了严重的损失，很多部队在尘暴中陷入混乱。1/3 的坦克出现损毁，剩下的不仅缺少燃油还很分散。非洲军陷入了被包围的险地，补给线几乎被切断。在成功击破英军南翼防线后，陷入被分割消灭境地的并非第 8 集团军，而是轴心国军队。

加扎拉，1942 年 5 月 27 日

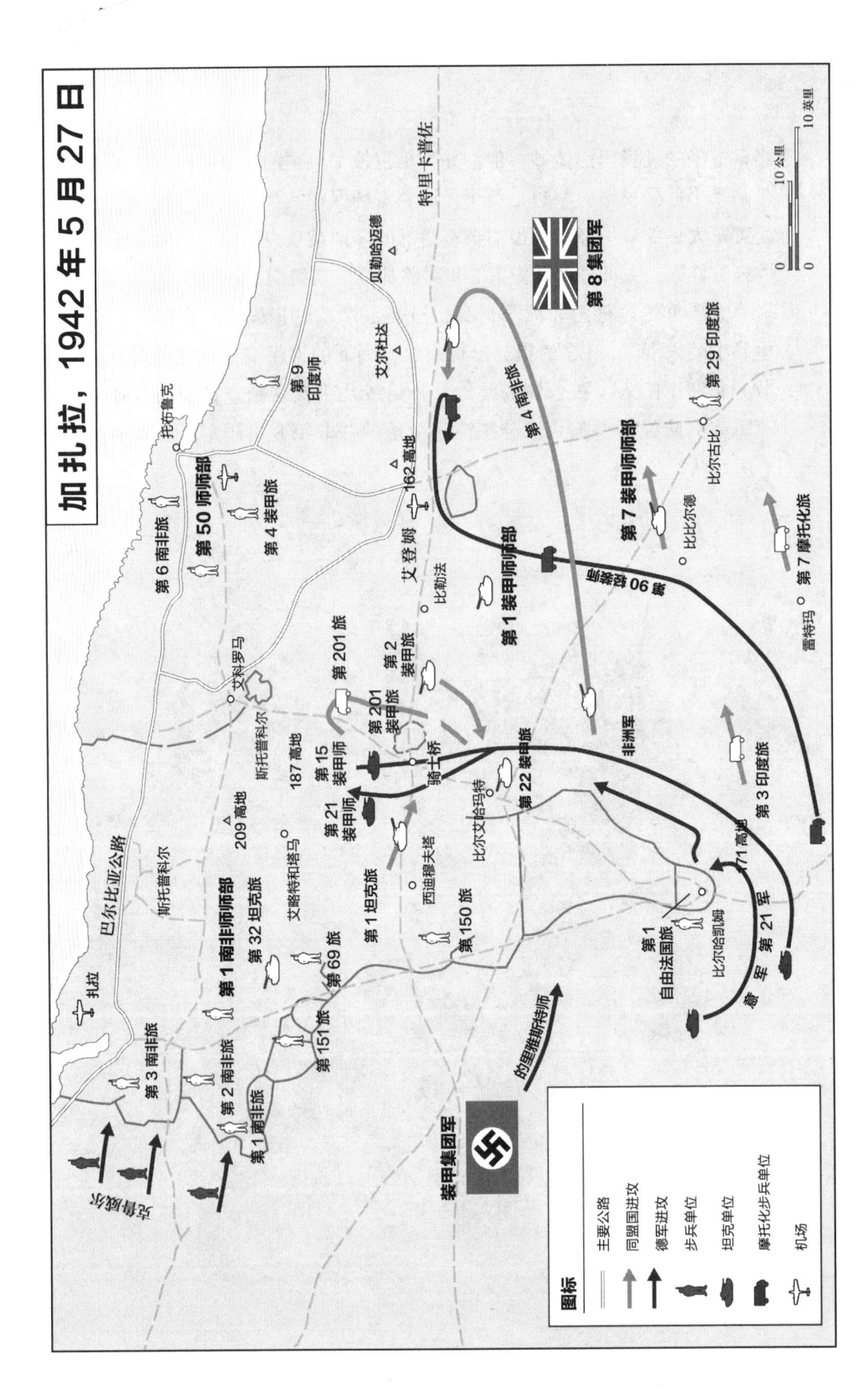

第17章

联合生产

"真好奇苏联人在春天还有力量做什么？"赫尔曼·巴尔克在1942年3月3日的日记里这样写道。德国情报工作保持了和往常一样的糟糕水准，完全不清楚对手的真实状况。因此，熬过去年严冬的巴尔克他们自然满怀信心地认为，德军很快就能征服苏联。

双方都在为春季和夏季攻势作着准备，而南方显然是必争之地。对苏联红军来说，他们希望能包围并歼灭位于哈尔科夫（Kharkov）附近的大股德军，而希特勒和他的幕僚们则积极准备"蓝色方案"，即在夏天占领高加索地区。在那一行动之前，需要完成一些准备行动。尽管去年遭遇了挫败，但希特勒开始担任陆军总司令，巴尔克并未失去信心。他写道："唯一明确的是，我们将重新掌握主动权，他们将被消灭。"

可实际上，苏联红军于5月12日对伊久姆（Izyum）发起的奇袭将防守方打了个措手不及。德军防线被撕开了一个大口子，但苏军又一次很快失去了进攻势头。冯·博克陆军元帅于5日后发动反击，由冯·克莱斯特率领的第1装甲集团军向西北进发，目标是切断苏军突出部。到5月20日，苏军的退路只剩下12英里（19.3公里）宽，5月22日，突入的苏军遭到了完全包围。被困苏军立刻发起了突围行动。5月28日，苏军被俘24万人，被缴获1 200辆坦克和2 600门火炮，德军在去年冬天失利的阴影一扫而空。毫无疑问，德军在这场战役中取得了辉煌的胜利。

尽管如此，德国战争机器仍旧被老问题困扰。新近被晋升为少将的赫尔曼·巴尔克厌烦了在陆军司令部的文案工作，申请在5月底回到前线作战，负责指挥第11装甲师。该师自"巴巴罗萨"战役以来损失惨重，现只剩少量的作战单位，不过补充工作正在开展，起码人员数量已重回满编状态，只是摩托化车辆只恢复到战前40%的水平。冯·舍尔将军和他的下属已竭尽所能地帮助前线获得更多新出厂的或者刚修好的车辆。

通过削减炮兵单位的数量以及用摩托化编队运载步兵，巴尔克总算让他的师具备了一定的作战效能。他手下有位旅长抱怨说，装备状况这么糟糕的部队没法发动进攻。此话不假，虽然情况不妙，但巴尔克认为从之前那个可怕冬天熬过来的德国陆军仍能计划大规模的进攻，这简直是奇迹。"蓝色方案"被定于6月底发动，就比去年的"巴巴罗萨"战役晚一周时间。他们已错过了不少时间，而作为对手的苏联红军虽然仍遭受着大量的损失，但自我修复的速度非常快。

北非酷热的沙漠上，激烈的战斗仍在继续。

在加扎拉防线北翼，第13军的南非人牢固地把守着阵地，被围困在比尔哈凯姆的自由法国旅同样没屈服。让·马蒂厄·鲍里斯中尉就是他们奋战中的一员。鲍里斯是个来自巴黎的犹太人，他背井离乡，成功逃往英国并在那里加入了戴高乐将军组织的自由法国运动。经过数月的训练，他们于1941年9月底得知将被派往中东作战。1941年10月4日，他们登上了"尚蒂伊"号客轮出发。巧合的是，鲍里斯和他的家人在1939年的复活节曾搭乘这艘法国船前往爱琴海游玩。

这艘船上此时除了有包括鲍里斯在内的6名军官和30名士兵之外，还载有一些老百姓。船被编入前往南非的护航船队。鲍里斯和战友将避孕套吹成气球逗孩子们玩，除此之外，他还喜欢闲暇时酝酿自己的诗句，从波德莱尔（Daudelaire）和魏尔伦（Verlaine）的作品里吸取灵感。他们于12月18日抵达苏伊士运河，然后登陆前往皮埃尔·柯尼希将军的营地。鲍里斯被编入第1炮兵团，正式加入了拥有3 723名男性和1名女性的第1自由法国旅。那位神奇的女子是个叫苏珊·特拉弗斯（Susan Travers）的英国人，她既是将军的司机，也是其伴侣。

他们于1月向前线开拔，经历了短暂的战斗后，被派往比尔哈凯姆换防那里的英军第150旅。他们在那里加固战壕，构筑工事，积极巡逻，等待着新的命令。

5月24日，鲍里斯前往比尔哈凯姆以西50英里（80公里）的罗通达·赛格纳里（Rotonda Segnali）侦察，该位置已深入敌军防线的后方。参与这次行动的2个分别拥有6门炮的炮连隶属乔克纵队，目标是骚扰轴心国的补给线，鲍里斯担任通信官。忽然间，天空中出现了意大利战机，猛地冲下来对他们扫射，同伴中有人的脚掌受了贯穿伤。场面一度混乱，他们既没有外科医生，又离后方很远，只能由救护兵通过无线电获得指引对伤者实施截肢手术，用吗啡和威士忌缓和伤者的疼痛。

次日，他们发现了德军坦克，用法制75毫米火炮摧毁了1辆4号坦克。偷袭得手后，他们将炮挂在英制卡车后，急忙赶回比尔哈凯姆。结果正遇上隆美尔庞大的坦克、火炮和车辆纵队向那里展开迂回攻势。到了5月27日早晨，比尔哈凯姆与外界的联系已被彻底隔断。9点，意军"公羊"师的70辆M-13坦克从他们阵地的后方发动了袭击，而他们原先防御的方向是西面。在2个半小时的苦战中，敌军的18辆坦克要么葬身雷场，要么被守军火炮击毁，不过更多的坦克已涌到由外籍军团小旅（由3个营组成的小规模单位）把守的外围阵地。意军最终败下阵来，留下32个燃烧着的残骸。意军被抓了不少俘虏，其中还包括指挥官。鲍里斯看到那人被带进来，立刻发现其军服上别着法国荣誉勋章（Légion d'honneur）和军功十字章（Croix de guerre）。那个人说道："我在1917年是和法军并肩作战的，我的妻子是法国人，当我知道要和法国作战时非常伤心。可我无法推卸职责，我并不怕死。"法国人很喜欢他，鲍里斯写道："他和我们一起待了几天时间，经常一起玩桥牌。"

5月28日，德军装甲部队主力被困在骑士桥以西的几条小山之间，这里后来被称作为"蒸锅"（Cauldron）。非洲军之所以没有覆灭，得益于他们超强的反坦克防御能力，这种被他们称为"高射炮防线"的战术对英军杀伤力极大。被困在锅里的除了非洲军装甲集团军残存的坦克外，还囊括了非洲军的高级指挥官们，包括隆美尔本人和弗里茨·拜尔莱因。

如果英军装甲部队和炮兵可以从各个方向同时向德军发起果断的总攻，德军将难逃失败命运。但由于混乱的战场局势，里奇希望能通过侦察队获得更准确的情报后再作决定，直至当日下午才发起了真正的交火。与此同时，第21装甲师继续北上，于次日才回转，重要的时机已然错过。此时的第90轻装师之前已向四周散开，当他们发现第21和第15装甲师受到威胁后，立刻回缩并向西支援他们。英军装甲旅同时进攻德军和意军的"公羊"师，后者也中止了对比尔哈凯姆的进攻，挥师增援北面。

意大利步兵仍在整个英军防线的西侧施加压力，不知疲倦地进行炮击。轴心国空军也不断袭击英军阵地，当时的他们已与隆美尔失去了联系，不知道如何帮助那些陷入危险的坦克部队。西南方向的阿尔伯特·马丁所在的第2步枪旅与第7摩托化旅的残余部队混编，负责保护后方的巨大仓库。当时，谣言四处流散。马丁在日记里写道："据说，我们击毁了135辆德军坦克，也许这个数字有点夸张，但隆美尔确实损失了大量装备。"

这确实是当时的真实情况，但非洲军的救援近在咫尺。意军成功通过了雷场中的狭窄通道，渗透至英军第150旅所在的盒子的两侧，那里和"蒸锅"挨得很近。这意味着夜间，那些被困在英军防线之后的装甲部队将有可能获得新的补给。关键在于第150旅是否能及时地重新封锁住通道。

隆美尔那天忙着指挥将补给物资运往比尔哈凯姆以及北上的部队。他一贯坚持亲自率领前锋冲锋，好几次差点丧命。他命令克鲁威尔尽力向北突破，可他们的进攻再次被南非人抵挡住了。

坦克战仍在继续，英军第1装甲师并未全力出击。诺里将军催促该师师长赫尔伯特·拉姆斯登（Herbert Lumsden）少将："行动起来，进攻他们的后侧。"拉姆斯登回应，需要积累足够的力量才能行动。这可不妙，与法军在1940年的迟钝反应如出一辙，而这次既没有堵塞公路的逃难者也不缺乏无线电通讯。德军坦克被困在那里，束手无策，英军需要下决心发动总攻。在远处的零星开炮或是小股部队袭扰可起不到什么作用。

5月30日晨，隆美尔掌握的坦克里有200辆已无法作战，克鲁威尔将军也在进行航空侦察时被击落，落入敌军防线后被俘。坦克和车辆的残骸散落在战场上，很多仍冒着黑烟。尽管非洲军的情况危急，但隆美尔仍成功地使补给持续送入装甲师手里。更重要的是，他原先散落的部队慢慢集结起来，与之前的薄弱状态相比有了极大改善。随着补给的到来，他们的实力开始慢慢恢复。

但德军坦克部队的整体状况仍不乐观，此刻，若英军指挥层下定决心，一定能将非洲军一网打尽。可这并未变为现实，第8集团军的指挥官再次犹豫了。里奇制订了新的作战计划，让第30军和自由法国部队从南面发起进攻，让戈特的第13军从北面发动包夹。如果该计划能立刻实施，也能奏效。事实上，里奇手下的各军长告诉他，他们需要至少24小时的准备时间。隆美尔的反坦克炮让英军闻风丧胆，拉姆斯登告诉里奇要谨慎行事。

这是多么不应该呀！这时，他们要做的是集中一切力量，没有任何顾虑地围攻德军，应在5月30日立刻行动。有魄力的领导者会让下属果断行动，但里奇却接受了拉姆斯登的劝告，后者对战局非常悲观，只想着如何防守。拉姆斯登甚至还建议，由步兵趁夜发起对德军反坦克火炮的偷袭。由此可见，他有多么畏惧风险。现在的局面由一个师长，而不是里奇这位集团军指挥官掌控，可见英军在关键时刻的指挥能力多么薄弱。

西线之战 / THE WAR IN THE WEST

格拉迪丝·考克斯在 5 月 30 日的日记里写道："这是战争爆发的第 1 000 天。"格拉迪丝和她的丈夫拉尔夫原先生活在伦敦北部。当她听到内维尔·张伯伦首相对德国宣战后，决定和其他人一样培养写日记的习惯，记录自己的所思所想。他们在自己的公寓被德国空军炸塌后，前往萨里郡的吉尔福德避难，还在湖区休养了一段时间。现在，他们回到了伦敦，居住在新的公寓里，他们的小狗博比仍旧陪伴左右。格拉迪丝热切地阅读书刊杂志，积极地收听广播讲话。她并不知道这场战争还会持续多久，但和其他英国人和美国人一样，喜欢听到德国的坏消息，比如德国即将内部崩溃。她在日记中写道："有人说，希特勒和他的将军已经闹翻，职业军人显然已看出了战局的必然结果。"虽然这种谣言有些幼稚，但关于德国糟糕的食物供给状况的报导并未夸大。

在战争拉起后的第 1 000 天，她听闻德国保安局的头目莱因哈德·海德里希被捷克抵抗分子刺杀。她写道："已有 6 位无辜平民被处死。"她一直关注着德军后续报复此次暗杀所处死的平民人数。6 月 4 日，海德里希伤重不治的消息传来。她有些快意地写道："纳粹匪徒中最坏的一个终于死了。到今天为止，有超过 150 名无辜民众由于这次暗杀而被处死。"

几天后，她又愉快地写道："美国海军在中途岛重创了来袭的日本海军。这是美国参战的第 6 个月，终于报了珍珠港被偷袭的一箭之仇。"

太平洋上终于传来了好消息。美国海军成功地扭转了战局，这很大程度上归功于美国破译了日本海军的密码，太平洋舰队才能提前埋伏，一举摧毁了来犯的日军航母舰队。日军 4 艘航母和 1 艘战列巡洋舰沉入太平洋底，这对日本来说是灾难性的损失，也是致命一击。日本的战略是希望通过偷袭将美国海军打残，为自己进军太平洋和东南亚地区争取足够的时间。6 个月可不算充裕，在经历了一连串的失利后，美军终于在中途岛打了个翻身仗。丘吉尔写道："这扭转了日本在太平洋的统治地位。"

苏联方面，虽然其外长莫洛托夫拜访了伦敦和华盛顿，但英美对苏联的担忧并未减轻。罗斯福给丘吉尔发电报说："我强烈感觉到苏联人的状况很危险。"哈利·霍普金斯在给首相的信件里表达了类似看法："我们很担心苏联战场，随着苏军在前线的不断溃败，我们很难摸清楚下一步该采取何种行动。"

这个问题必须迅速解决。越来越多的军火正从美国如雨后春笋般涌现出的兵工厂里被制造出来。比尔·努森很好地利用了亨利·史汀生授予他的权力。当努森把手里的工作交给战争生产委员会主席时，史汀生对他说："你不会受到任何时间限制。生产中的瓶颈随处可见，请你用自己的判断去解决优先级。"截至那时，他已经飞了55 000英里（88513公里），视察了超过100个城市的350座工厂。他观察武器的生产过程，和那些管理者以及流水线上的工人访谈，不断解决他们碰到的问题。在他的帮助下，产量通常可以提升10%~15%。

唐·纳尔逊也没闲着。虽然他遵循努森留下的大部分规则，但伴随着授予的更大权力，他在这6个月里也作出了一番成绩。

他对采购流程进行了梳理。在设立战争生产委员会之前，所有包括新的火炮、坦克、飞机、制服等军事采购，都由军方直接控制。华盛顿不少人担心，这或许会让军队控制整个美国经济，毕竟现在经济主体是为战争服务的。

英国的采购流程则属于军民结合。比如，对飞机的生产需求要通过航空部来确认，其部长是非军队人士，但部里也不少皇家空军的高级军官控制着关键岗位。订单将递送给飞机生产部，由生产部部长奥利弗·利特尔顿审批，最终交付给战时内阁。

德国作为军国主义和极权主义国家。他们的空军司令戈林帝国元帅同时担任航空部部长，他既是军事领袖也是政治领袖。德国的采购计划由空军2号人物埃尔哈特·米尔希元帅主要负责，他同时管理着空军参谋部和航空部。

美国自上次大战以来对军事装备的采购规模较小，只占全国整体经济的一小部分，普遍观点认为采购仍由军队自己管理即可。但现在的军事采购规模已接近整国经济的全部，所以人们开始思考，能否将如此重要的责任完全交付军人？因为军人对如何运行商业和工业知之甚少。

尽管参议院和众议院希望尽早改革，但纳尔逊却坚决反对。因为改变监管意味着设立全新的单独的民政机构，大量复杂的合同从军队换手过来的过程必然需要克服不少立法雷区。军队对此也会心怀不满，双方将会不断爆发冲突。现在，速度才是重点。他不认为美国有充裕的时间能实施新的管理架构。从另一个角度来看，军人理应最清楚他们的所需装备，非常清楚最终产品能否满足他们的需要。纳尔逊写道："告诉军人，他们需要什么武器可不是我的工作内容。如果我完全接手生产部门，很可能需要接下这个新活儿。"

他的决定无疑是正确的，但这也意味着他上任后的短暂蜜月期已经结束，很多人会给他提出批评，并希望他栽跟头。

春天，问题已摆上了案头。铝不够用，铜也不够用，更严重的是钢铁业出现了短缺。1月，相比订单需求已出现了450万吨钢板的缺口。罗斯福总统的生产指标是按照美国在1942年达到400亿美元产值，1943年达到750亿产值的假设来制订的。而实际情况是，在1942年的订单已膨胀至620亿美元，1943年膨胀至1 100亿美元。这个数字膨胀到了无法达到的程度，核心原料太缺乏。因此，纳尔逊在罗斯福的支持下成功地将订单缩减到了可实现的水平。可这也意味着陆军和海军无法获取到预期数量的装备。同样被影响到的还有嗷嗷待哺的英国人和苏联人。

美国参战改变了一切。他们的武装力量不仅需要对付纳粹德国，还需要消灭日本帝国。为了实现该目标，他们的年轻人需要迅速武装起来，越快越有效就能挽救越多的生命。英国在战前就选择了用钢铁换生命的策略。美国人也坚信同样的原则，如果能生产出更多的军舰、坦克、火炮和飞机，将大大降低他们的人员损伤。

4月，纳尔逊鉴于美国的生产计划需要调整，建议和英国人协同回顾两国的整体军火生产项目。这样，纳尔逊可以在调整计划时兼顾英国的需要。毕竟，他们已是同一条船上的伙伴了。

6月初，上任英国生产大臣没多久的奥利弗·利特尔顿来到纽约，进行了关于合作计划的磋商。

利特尔顿到达时，正好传来了太平洋战场的好消息，唐·纳尔逊和他坐在一起召开新闻发布会。此时，美国首都的天气闷热、潮湿。利特尔顿感到酷热难耐，纳尔逊更是汗流浃背，满屋子抽烟的记者让情况变得更糟。他们坐了1个小时，总算结束了。

结束煎熬后，利特尔顿很快被带去白宫拜会罗斯福。在椭圆办公室准备的"工作桌午餐"包括冷冻龙虾和蛋黄酱，主人自然是总统本人和哈利·霍普金斯，后者是利特尔顿早就认识并喜欢的。利特尔顿写道："龙虾壳很快堆满了桌子，但蛋黄酱并未沾到旁边的那些文件和报告。"

他被罗斯福折服，对与霍普金斯的重逢也满心愉悦，他此次来美的主要任务是建立联合生产和资源委员会（Combined Production and Resources Board），正式宣布成立的时间是6月9日。纳尔逊和利特尔顿是该组织的双首脑，他们的目标是建立统一的资源库，这不仅包括美国和英国，甚至还将加拿大纳入了进来。在委员会于10天后召开的首次正式会议上，他们一致同意，对于在美国生产出的军火和物资，英国和美国军队享有相同配额，因为英国的战争努力具有同样重要的战略性。以此为基础，双方起草了各自的战备计划，如征召多少士兵，组建多少武装部队。不过，英国总参谋部之前的计划已做到了1943年，而刚参战的美国还在摸索优先目标的具体实施方案。

西部沙漠和哈尔科夫的局势让所有人警醒，未来是多么难以预料，因此制订计划开始变得困难。当利特尔顿回国时，虽然已有了联合生产和资源委员会，但双方如何协同生产的计划还未达成。虽然并不理想，但已是行进在通往胜利的路上。即便在实际工作中协同具有较高的难度，但双方都表达了合作的良好意愿。重要的是，他们在坦克、火炮、零件和船只建造上达成了默契。需要注意的是，美国和英国并未正式成为同盟，他们仍然保持着联盟伙伴的关系，他们已在尽可能的范围内配合行动。在 1942 年的夏天，轴心国的情况可完全不同。

第 18 章

托布鲁克陷落

5月31日,在意大利的齐亚诺伯爵给自己放了一天假,回了趟在里窝纳(Livorno)的老家,总算能享受一下海钓的乐趣,暂时抛开烦恼。这真是短暂的轻松,他的下属还不断向他抱怨食物和酒的短缺。带他出海的渔夫雷纳托也诉苦说,几个月时间瘦了30磅(27斤),家人也都日渐消瘦。

看起来,似乎地中海地区的每个人都处于饥饿状态,但又有什么办法呢?北非的战争如火如荼,这里得不到世界其他地方运来的物资。意大利已经执行了严格的配给制,大部分成年人每天只能获得1 000卡路里的食物。无论车辆或是取暖都严重缺油,不过对平民生活影响不大,毕竟大部分私车已被征用。鞋子、基本药品,甚至肥皂都从商店里消失了。年轻人被送往前线战斗或是充当占领军,留下的人只能在痛苦挣扎中煎熬。传统意大利妇女是不工作的,她们忙着带孩子、烧饭、洗衣和打扫屋子,所以前线寄回来的微薄的军饷也很重要。和痛苦中的意大利人相比,希腊和巴尔干的情况更糟糕。像格拉迪丝·考克斯那样的英国人真算享有充裕的物质生活了。

齐亚诺还有别的烦恼。不只是梅塞将军警告东线即将面临的危机,周刊杂志《时光》的记者兰贝托·索伦迪诺(Lamberto Sorrentino)也发回了恐怖的报告,他被德军的血腥残忍所震惊。齐亚诺写道:"对普通民众的大屠杀、强奸和杀害幼童是常见之事。"索伦迪诺告诉他,布尔什维克一定会为此坚持抵抗至最后一刻。记者提醒他："未来的4个月，将见证前所未见的大灾难的爆发。"当伦敦和华盛顿的领袖们担心莫洛托夫所带来的灰暗前景时，意大利人也在担心，他们或许将落入万劫不复的地狱。

地中海战局让齐亚诺揪心不已，意大利人最关心的马耳他困局并未被解决。那天，齐亚诺从海钓之旅返回后，找到了贾科莫·卡尔博尼（Giacomo Carboni）将军详谈，后者是预备用以进攻马耳他岛的意军师师长。卡尔博尼坦诚地说，他坚决反对对该岛的进攻，他还对东线局势非常悲观。齐亚诺写道："他对德国的前途非常不看好。"

在英军的加扎拉防线的最南端，鲍里斯中尉和自由法国部队仍在坚守。自从他们在5月27日击退了第1波大规模坦克攻势后，双方交火不断，守军也曾派出小股部队进行战术骚扰。5月31日晚，柯尼希将军收到命令，准备率部前出到防线以西。不过，这道命令很快被取消了，2天后，他们仍坚守在原阵地上。2名意大利军官举着白旗前来劝降，这是隆美尔给他们的投降机会。柯尼希感谢了他们的好意，但也表达了自己不会投降的决心。意大利人走时称赞道："你们真是勇敢的军人。"

他们此时水和弹药严重缺乏。在柯尼希将军拒绝投降的几个小时后，炮弹再次砸了过来，"斯图卡"也展开了空袭。比尔哈凯姆确实是插入轴心国眼中的尖刺，隆美尔于6月3日再次向他们劝降。柯尼希也再次拒绝，并以炮火作为宣誓。

比尔哈凯姆孤悬在那里，是德军空袭的理想目标。鲍里斯在次日看到，头顶上爆发了激烈的空战，几分钟内就有7架"斯图卡"被击落。夜里，英军有支救援队突破了敌军包围，成功地将弹药、食物和水送到了守军处。次日早晨，鲍里斯陪同查尔斯·布里克涅（Charles Bricogne）上尉检查了75毫米炮连，就在此时，有枚炮弹在他们身旁爆炸。鲍里斯立刻趴到地上，布里克涅说："我希望你没在摔倒时受伤。"鲍里斯赶紧站了起来，感到有些羞愧。他反省到，这是很好的一课，决心以后向榜样看齐，绝不趴下。

当德军轰炸机对比尔哈凯姆狂轰乱炸时，他们的战斗机仍按照既定战术纪律以狩猎对方战斗机为目标。5月30日晨，亚辛·马尔塞尤带着他的4机编队在艾登姆和托布鲁克之间向1队英机发动袭击，对手来自英军第250中队和澳军第450中队。马尔塞尤很快盯上了澳大利亚飞行员格拉汉姆·布克兰（Graham Buckland）的飞机，在对方做攀爬机动时一击得手。他看着布克兰从机舱里跳出，但降落伞竟没能打开，后者活活摔死了。马尔塞尤看着心惊肉跳："可怜的家伙。"

这是马尔塞尤的第65个战果，他认真记住了对方的坠落点。飞机落地后，他立刻带上自己的僚机飞行员莱纳·普特根乘车前往那里。他们很快找到了对手的遗骸，还保持着坠落时的姿势，该地处于轴心国防线后方，没人靠近过。布克兰的那架"小鹰"残骸就在几百码外的地方。他们搜集了布克兰的证件，确认了他的身份和所属部队，然后赶回了机场。马尔塞尤重新爬进自己的"梅塞施米特"，飞到位于盟军防线后方的第250中队机场，在跑道上的低空处将布克兰的遗物包投掷了下去，并附有自己手写的便条。完成动作后，他爬升高度返回本方基地。英军对他一枪未发。

这可不是马尔塞尤首次这么干。他确实是某种理想主义者，似乎打着一场和周围人完全不同的战争。他的14号"梅塞施米特"在战场上闻名遐迩，被誉为沙漠里的"红男爵"，唯一区别在于他的飞机涂的是沙漠黄。他成为了仅次于隆美尔的北非英雄。战斗对他来说，如同决斗，对敌人和荣誉的尊重是战斗机飞行员的根本素质。

他对死亡非常敬畏，常担心那些丧命于他枪下的对手下落不明，他们的家人将会非常难过。他在自己首次空战胜利后就有了这样的想法。这也许和他自己的经历相关，母亲在发现父亲有外遇后离了婚，孤身将他抚养成人。他常给母亲写信，让她得知自己的近况。马尔塞尤在第27战斗机联队第3中队的战友路德维希·弗朗茨科特（Ludwig Franzisket）说："他是个看起来很矛盾的人。一方面杀死对手，一方面又尽力去救援，或者为死者收殓。我只能说他本质上是个人道主义者，不幸被投身到这场不人道的环境中来，他希望努力改善这一切。"

英国沙漠空军受到重创，3天时间内（5月29—31日）被击落了39架战斗机，但他们也成功摧毁了上千辆敌军车辆。与第8集团军糟糕的指挥水平相比，"玛丽"·坎宁安指挥的沙漠空军打得有声有色。5月28日晨，他命令所有飞行员不得寻求与对方战斗机作战，也不允许飞行高度超过6 000英尺（1 829米），他们的首要目标被明确为轴心国的补给纵队。他知道马尔塞尤这些敌人对他们造成了很大的威胁，不过现在必须要专心帮助陆军对付隆美尔的作战行动，另外他手里除了少量"喷火"V型外，也没多余的战斗机可以用来巡逻。

英军第239联队下辖的第112"鲨鱼"中队驻扎在刚布特机场。比利·德拉克在关键时刻接手了这个中队。飞行员们在天亮前就起了床，集中到待命帐篷，随时准备奉命出击。德拉克表示："一般来说，我们大概知道目标是什么，大多是进攻任务。我们首先需要了解清楚任务所需飞机的数量，以及哪些飞行员参加。"地勤人员会准备好启动电池等待飞行员登机，接着发动机的轰鸣声会响彻机场。螺旋桨会将沙尘卷扬起来，从机鼻角度望出去的视野并不好，加上时而腾起的飞沙就更糟糕了。为了减轻这样的影响，飞机会排成1条长队起飞，沙漠里的唯一优势是空间。

比利·德拉克在法国飞过"飓风"，在英国飞过"喷火"，现在换为了美制P-40"小鹰"。他比较喜欢该型飞机，因为其在10 000英尺（3 048米）高空的表现丝毫不逊色于Me-109，如果其机腹还要带枚炸弹的话，机动性会大打折扣。俯冲轰炸是个技术活，要从8 000英尺（2 438米）开始以60度角俯冲，在投掷炸弹后需爬升到1 500英尺（457米）的高度。他说："你需要尽可能地逼近目标，但又要避免撞到地上。"没过几天，他就熟练地掌握了这种作战技巧。

6月1日，在过去4天的俯冲轰炸和扫射作战中，他们损失了3位飞行员。低空飞行是非常危险的，因为对方的轻武器和防空火炮都能对本方造成威胁，一旦被击中几乎不能逃生。是否会被击中，完全看运气。德拉克说："因此，对地攻击的黄金法则是，一击即走。你将炸弹投下后必须赶紧离开。"

沙漠空军的努力获得了回报，每天平均能消灭 150 辆敌军车辆。一本缴获的德军日记里记录着："低空扫射不断，一片混乱，恐慌。"

最让坎宁安和艾姆赫斯特揪心的还是有限的资源和飞机。他们每天都忙着筹措战机。坎宁安在 6 月 1 日给特德的信件里写道："我相信，必须要尽可能地给我们多送几架'喷火'过来。"这语气更像是一厢情愿的希望。他们自己也不知道还需要如此高强度的战斗多长时间。

6 月 1 日，隆美尔和他的高级军官们仍然待在"蒸锅"中，他们举行了作战会议，大家一致认可局势令人绝望，他们必须尽快向西突破英国人的雷场。没多久，隆美尔的高级参谋齐格弗里德·威斯特法尔（Siegfried Westphal）就受伤了，很快装甲集团军的参谋长高斯将军也受伤了，英军坦克炮炮弹爆炸的气浪将他砸向了身旁的德军坦克。拜尔莱因临危受命。

他们直到准备突围时才意识到西边雷场里有个英军"盒子"，把守在那里的是第 150 旅。凯瑟林元帅也来到前线帮助非洲军，临时代替被俘的克鲁威尔的职责。在他的强烈要求下，隆美尔决定让装甲部队主力全力向西攻击，而意军向东配合夹击。隆美尔虽然不是个完美的人，但绝不会犹豫不决。战斗持续了一整天，天黑时，第 150 旅终于被歼灭。隆美尔承认："对手的防守相当有水平，和往常一样，英国人战斗到了最后。"拜尔莱因确信，第 150 旅的覆灭改变了整个战局。他说："如果我们没有在 6 月 1 日占领那里，整个非洲军则只有坐以待毙。3 天后，我们就会被彻底包围，燃料已耗尽。正如现实中发生的，我们奇迹般地将补给顺利通过雷场运进来了。"

这时，汉斯·冯·卢克终于可以从战场上撤下来了。过去的 5 天，他和第 21 装甲师的兄弟们都被困在"蒸锅"中，他待在自己的指挥车上，大腿上缠着止血带，挂着吗啡坚持着指挥侦察营。急救站的医生告诉他，伤口越来越糟糕，必须立刻送往德尔纳的伤员后撤站。冯·卢克内心非常的舍不得离开部队，怀着沉重的心情将指挥权交给了副营长。司机将他送到了德尔纳。那里的医生检查后发现，他的伤口已经感染。伤口被简单清洁后，用船送往西西里岛。次日，他一上陆，就被送去了手术室。这之后，他将被送回德国的医院疗养。在意大利的手术很痛苦，补给很紧张，连做手术用的麻药也非常匮乏。手术医生告诉他："请咬紧牙！" 2名护士紧紧地按住他，防止在医生切开他伤口时剧烈扭动。冯·卢克写道："我像野兽那样嚎叫，感觉就快痛晕了。"恰巧，受伤的第15装甲师师长古斯塔夫·冯·沃斯特（Gustav Von Vaerst）听到了他的惨叫，坚持让护士一定给冯·卢克来针麻醉剂，这才终止了对他的折磨。

非洲军成功地从"蒸锅"里向西突围并不是拜尔莱因所说的奇迹，这完全是由第8集团军指挥官的无能造成的。当突围战斗进行到白热化时，数量占优势的英军坦克和火炮却在其他地方无所作为。整个北线甚至一枪未发。

里奇决定采纳拉姆斯登的建议进行夜战，如果他们真能按照计划时间发动进攻，取得胜利的概率非常大。德军装甲集团军在和第150旅的激战中已精疲力竭，耗尽了所有弹药、食物、饮水和燃料。拜尔莱因一度对局势感到绝望，向隆美尔请求终止作战行动，否则必败无疑。但这也体现出了领袖气概的差异，里奇对手下的拖延束手无策，隆美尔却能驱使士兵继续进攻。到了晚上，第150旅遭到全歼，英军防线中央被拉开了个大口子。

隆美尔的装甲师在"蒸锅"里被困了多达3天时间，随时会遭遇覆灭命运，但英军一次次地错过必杀良机。里奇和他的手下白白拥有那么多优势兵力，却耻辱地输掉了战役。沙漠如同巨大的角斗场，双方都是面对面的公平决斗。技巧高低和失误多少都赤裸裸地展现在那里，里奇斗不过隆美尔。

沙尘暴和黑烟似乎使战场迷雾更浓厚。比如，6月2日由于猛烈的沙尘暴，航空侦察无法进行。但这不能作为英军失败的借口。很多第 8 集团军的通讯记录都表明，里奇在大部分时间里对战场的动态还是清楚的，至少比隆美尔获得的情报完整很多。里奇在甘布特的作战指挥部里装备着充足的无线电设备，办事人员和接线员能高效地处理海量信息，并将它们及时传递给参谋人员，后者能用彩色铅笔在地图上标注战场态势。坎宁安自己的指挥部就在附近，随时能过来商讨战况。自战斗打响后，沙漠空军已执行了大量的对地攻击任务，同时也进行了不少战术侦察任务，及时地将敌军动向进行汇报。

因此里奇可以清晰地了解战场的变化。这让人很难理解他那过分的犹豫。

英军的夜袭于 6 月 1 日半夜发起，那时已来不及挽救第 150 旅的命运，且进攻组织很混乱。英军计划兵分两路，其中北线在最后关头没能发起进攻，南线是由重组后的第 7 装甲师负责。阿尔伯特·马丁所在的步枪旅 2 营参与了这次进攻，但没多久就由于缺乏侦察而中止了。里奇又草拟了一份名为"阿伯丁"行动（Aberdeen）的新计划，交由诺里负责，诺里将任务分给了手下的 2 名师长。2 名师长纠缠了半天，都表示自己的部队无法立刻行动。最后的"阿伯丁"行动变成了这样：夜间先由火炮进行充分轰击，然后步兵渗透，最后上装甲兵。可到那时，非洲军已获得了大量增援，作好了应战的全部准备。

回到英国，当艾森豪威尔和克拉克在英国四处参观时，苏联的外交部长莫洛托夫正访问伦敦。莫洛托夫是那种英、美领袖难以容忍在同一屋檐下共事的人。作为斯大林的忠实信徒，他亲手参与了 20 世纪 30 年代对苏联红军的大清洗，共有 25 000 名军官在此期间被处死。他还是强迫农场合作化改造的执行者，残酷收缴了乌克兰的农作物，人为制造了大饥荒，促使大约 700 万~1100 万乌克兰人饿死。即便是希特勒，直到 1942 年 5 月，也没谋害过如此多的生命。1939 年 8 月，依旧是莫洛托夫和冯·里宾特洛甫炮制了那份导致大战爆发的和约。而现在，他作为盟友来到了英国。

他到访的首要目的是，商讨签订《英苏条约》，督促同盟国开辟第二战场。他和丘吉尔说得很直白，同盟国必须尽快发动进攻，至少能从东线吸引走 40 个德军师。首相也坦率表示，今年不可能开拓欧洲大陆战场，盟军还未做好准备。他是对的，这几乎无法执行。

带着糟糕的消息，莫洛托夫又去了华盛顿。罗斯福此时已从丘吉尔的信里得知了他和苏联人的会谈结果，后者再次向他提议去年 10 月在阿卡迪亚已谈过的想法，即美国和英国联合占领法属北非。他强调此举可以一石二鸟，甚至三鸟。这能加快北非的战局进展，扫清地中海南部的轴心国势力，逼迫意大利退出战争，可以给英、美两军演练一下联合作战。在这里取得胜利也相对容易，才可能尝试跨越海峡，登陆纳粹占领的法国。

莫洛托夫在华盛顿作为总统客人下榻在白宫，侍者在帮他收拾行李的时候发现有 1 根香肠，1 条俄式黑面包和 1 把手枪。总统的保镖收到这样的报告当然无法安心，但他们还是选择了忍耐。那把手枪，当然还有面包和香肠还是留在了莫洛托夫的房间。显然，美国人不愿惹怒莫洛托夫。

在他们的首次会面上，莫洛托夫直接提出了开辟第二战场的要求。他警告说，苏联红军也许无法撑过那个夏天，他因此需要得到干脆地回答：可以还是不可以？罗斯福掉头和马歇尔将军商量了一下。现在的局势是否已确定可以开辟第二战场？

"是的，总统先生。"马歇尔回答。

罗斯福显然对此感到满意，他请莫洛托夫转告斯大林，他们可以预期今年开辟第二战场。马歇尔虽然知道总统的表述并非他的本意，但他也不好公开纠正总统。当时，无论是罗斯福还是马歇尔都知道当年不可能在欧洲大陆上开辟新战场，因为这意味着最迟 8 月或者 9 月就要发动跨海作战。

返回美国的艾森豪威尔少将对英国的组织工作表示满意，但同时又失望于英国悲观地认为不可能在 1943 年春发动渡海作战。这种"保守态度"意味着英国间接地表示，他们不同意美国的计划。帝国总参谋长艾伦·布鲁克清楚表明："成功的希望很小，且有赖于一系列不可知因素，而灾难的机会更大，基于大量已知的军事现实。"

艾森豪威尔对切尼将军的印象也不好，他在给马歇尔将军的报告里总结了"给予欧洲战场作战指挥官的指引"。艾森豪威尔告诉他的上级，这是一定要认真阅读的。马歇尔告诉他："我当然想读读了，如果你是执行人，你什么时候可以出发？"

3天后，艾森豪威尔被任命为欧洲战场作战指挥官的提议就得到了通过。这次，克拉克依然和他同行，身份变成了副手，统帅美国第2军，司令部立刻在英国建立起来。正是艾森豪威尔向马歇尔推荐了克拉克。"你们该一起去。"马歇尔告诉他。

回到利比亚沙漠，战斗仍在激烈进行。轴心国空军和沙漠空军在比尔哈凯姆上空进行殊死搏斗。自由法国军队仍旧被困在那里，而轴心国的补给线正绕着他们运转。

6月3日，沙漠空军一举击落了来犯的13架"斯图卡"中的7架，这让地面上观战的法国人欢声如雷。4日，比尔·德拉克将炸弹准确地砸向了正在集结的一支轴心国部队。6日，他率领"鲨鱼"中队的几架飞机前往比尔哈凯姆上空巡逻，在那里发现下方出现了4架来犯的Me-109。由于德机没有发现他们，他们成功地将其全部击落，其中1个记录由德拉克获得。他们随后轰炸了轴心国的地面车辆，1辆燃起了熊熊大火，另外6辆无法动弹。那天下午，中队又击毁了5辆车子，击伤了12辆。第112中队那天总计出动了38架次飞机。德拉克手下的大部分飞行员至少飞了3架次，他们还攻击了位于"蒸锅"内的德军。

可不管他们如何努力，仍不足以挽救第8集团军在地面即将面临的灾难性命运。

6月4日，齐亚诺伯爵感到形势已非常危急。卡瓦莱罗元帅将那天在利比亚的战斗情况描述为"值得注意"。齐亚诺写道："对于熟悉这位将军讲话习惯的人来说，这个词意味着事情进展非常糟糕。"

齐亚诺后来又见到了梅塞将军。他很喜欢梅塞，认为他非常能干，因此很重视后者的意见。齐亚诺写道："像任何与德国人打过交道的人一样，他厌恨他们，表示唯一对付他们的办法就是痛击对手的腹部。"梅塞告诉齐亚诺，苏联红军仍有强大的实力，装备很不错，他们会突然崩溃的论调纯属幻想。德国人虽会继续取得一些胜利，但他们会在冬季来临时被再次困住，碰到更为严重的物资短缺。

"阿伯丁"行动终于在6月5日清晨打响。英军的步兵渗透进展很成功，但他们的情报搞错了，因此攻克的只是一些轴心国的外围阵地，没能消灭重要的反坦克炮阵地。主攻开始时，大部分德军反坦克炮都能发挥作用，并取得了惊人的战果。第8集团军缺乏有效的反坦克火炮，比如南诺丁汉游骑兵就只能拿25磅炮来充数，这种火炮并不适合反坦克作战，他们遭遇了惨重的伤亡。英军的巡洋坦克投入了战斗，其作战能力次于美制的"格兰特"，它们在很短的时间就被德军的88毫米、75毫米和50毫米反坦克炮打得七零八落，参与进攻的70辆坦克被干掉了50辆。德军火炮可以每分钟发射数枚炮弹，无论是杀伤力还是射程都远优于英军坦克炮。

更糟糕的是，进攻方还不清楚隆美尔已在"蒸锅"的南面雷场开辟了1条通道，源源不断的配件和补给被运送进来，将之前战损的坦克抢修出了很多，恢复了不少战力。当第90轻装师和第21装甲师在"蒸锅"里抵挡英军进攻，德军第15装甲师从上面提到的那条通道中偷偷钻出去，运动到了英军阵地的东面，英军反而陷入了危险的境地。原本，他们在1周前就能稳操胜券，能围剿德军装甲集团军，现在却发生了胜负颠倒。

当时，图克将军在前线无兵可管，无地可守，准备返回留守在埃及的师部。不过，他也听说了里奇准备对"蒸锅"发动总攻的计划。他刚到埃及，就立刻前往总部，通过战区参谋长汤姆·科贝特要求奥金莱克立刻去前线掌控局势，集中所有力量实施全力一击，以夺回战场主动权。他警告，现在到了关键时刻，英军即将面临本可以避免的一场大灾难。

科贝特立刻向奥金莱克汇报，但结果很简短——总司令不会前去。图克眼见自己无能为力，只得返回自己的师部。

奥金莱克应该意识到了目前的险境，当第8集团军对"蒸锅"发动的进攻失败后，形势已滑入了失控状态。加扎拉防线已经分崩离析，隆美尔摆脱了"蒸锅"的束缚后，准备彻底粉碎比尔哈凯姆的威胁。

6月10日，法军在比尔哈凯姆的阵地已到了失守的边缘。他们被团团围住，几乎弹尽粮绝。鲍里斯中尉经历了炼狱般的炮火洗礼。他在几天前曾亲眼看到童年好友让·皮埃尔·罗森瓦尔德（Jean Pierre Rosenwald）中尉被炮弹当场毙命，那场面让他心有余悸。12日，战斗变得更为激烈，德军对比尔哈凯姆发动了一整天的进攻。鲍里斯正在团部值班，他接到电话说杰拉德·特奥多（Gerard Theodore）中尉负伤了，找不到医生。鲍里斯立刻赶去，看到他那负伤的朋友身上裹着止血带，他立刻接过了指挥权。这时，有人从指挥部向他大喊："指挥官找你！"鲍里斯向那个无线电员匍匐爬去，就在此时，1枚子弹飞来击中了那人的脑袋。

6月10日，柯尼希决定当晚进行突围。鲍里斯需要把命令传达给前进观察哨的上尉。由于野战电话线路已被切断，使用无线电又可能泄露情报，因此他派了1名炮手去传令。但那个可怜蛋跑出去还没50米就被打死了。鲍里斯派了另外1人，又被击中。鲍里斯只能再命令1名中士前去，这人立刻回应，他在法国还有妻儿，可否放过他。逼得鲍里斯拔出手枪以威胁，那人终于不情愿地跑了出去，结果他成功地完成了任务并安然返回。

午夜，法军从雷场里清出通道，以大约40辆装甲车组成突围队伍。鲍里斯和布里克涅上尉同车。一开始还比较顺利，但突然间步枪声响起，机枪的怒吼也加入了进来。他们停下来帮助一些伤员爬车，冒着枪林弹雨往前冲。1辆布伦机枪车压上了地雷，夜空被德军发射的照明弹照亮。布里克涅鼓励他说："不是所有的子弹都会打死人。"这时，

1枚弹片钻进车里，击中了上尉的心脏，当场毙命。剩下的人仍然不顾一切地朝外冲，终于回到了阵地。鲍里斯说："我喝了点汤，有辆车将我们拉往后方，我在车里睡了20个小时。炮兵团损失了66名官兵。原有的24门大炮只剩下了8门。"

6月10日，丘吉尔将战争部作战行动总监约翰·肯尼迪少将和军事情报总监弗朗西斯·戴维德森（Francis Davidson）少将一起叫到唐宁街10号，商讨北非局势。48岁的肯尼迪在上次大战时服役于炮兵部队，之后一直在战争部担任参谋军官。他和戴维德森是总参谋长布鲁克下面的2员大将。肯尼迪的角色很重要，他不仅要负责整体战略，还需要评估战场指挥官呈报的内容，然后提交战局分析报告给总参谋长和战时内阁。同时，他还要负责制订作战计划。以此看来，肯尼迪在英国的战争机器里占据着核心位置，除了那些在北非的统帅，他是给丘吉尔汇报北非局势的最佳人选。

当他们匆匆赶到内阁会议室时，差不多是上午11点30分的样子。首相已经坐在那里，背靠着壁炉，穿着连体工作服。丘吉尔点燃了雪茄，正查看标注驻中东英军的清单文件。丘吉尔掌握的数字和肯尼迪手里的数字一致，他们开始了进一步的讨论。首相给他看了封理查德·凯西（Richard Casey）发来的电报，后者接替奥利弗·利特尔顿担任中东的国务大臣。这封电报是关于中东防御委员会最近的会议，参与者有凯西和军方代表。他们商议，一旦德军突破苏联，从北闯入中东该如何应对。他们应该退守尼罗河三角洲？还是进守阿拉伯油田？他们的结论是，两者不可兼顾。

肯尼迪认为，预想最糟糕的情况不是坏事，但丘吉尔为此非常不快。显然，这会表现出消极防御心态，甚至说失败主义也不过分。德国人似乎不太可能在短暂的夏季作战时间中实现这种可能性。首相认为，这种思考太过幼稚。他对奥金莱克已产生了强烈的不信任感。在1个月前的5月14日，在隆美尔发动进攻之前，奥金莱克给布鲁克发来长信，表示自己对印度的情况非常担心，考虑是否应终止在沙漠里的进攻行动，将兵力放在巩固远东局势上。肯尼迪写道："关于是否将奥金莱克解职的议题已在伦敦酝酿了一段时间。现在，我们感到这个人事变化将很快发生。"

遗憾的是未能更早地将奥金莱克解职，那样也许能避免眼前在发生的灾难。与此同时，丘吉尔对肯尼迪和戴维德森发泄了一通不满情绪。

他吼道："我不知道还能怎么帮助陆军。我们帮他们所作出的一切努力似乎都白费了。"新组建的师被派去增援，新式的"谢尔曼"坦克也在送去的路上，"格兰特"已投入了战斗。

肯尼迪感觉要回应些什么，但又不知从何说起。

丘吉尔继续说道："我怀疑陆军的进攻精神。"但这实际上不是陆军的问题，而是将领的无能。对印度的担心，对管理幅度过大带来的分心，对德军从背后攻来的担忧使奥金莱克举棋不定。里奇只是个办公桌能手，远不能胜任眼前的重担。各军、师级军官之间矛盾重重，不能形成合力，无论是坐镇开罗的奥金莱克还是在前线的里奇都无法掌控局势，也无法分清目标主次，制订有效战术。对失败的恐惧使他们谨小慎微、迟疑不决，而这必然会带来失败。

失败意味着战败。英军步兵依然在战线北面绝望地把守"盒子"，而装甲部队的战斗才是决定性的。英军剩下的装甲旅撤退到骑士桥附近，等待隆美尔的下个动作。隆美尔于11日下午动手了，他的部队已集结完毕，士气高昂，面对颓废沮丧的英军装甲部队，德军所向披靡。到了13日，里奇承认加扎拉防线已名存实亡。14日，南非师的师长丹·皮纳尔（Dan Pienaar）将军数次拒绝其长官戈特将军让其进攻的命令，指挥部队撤回托布鲁克。6月16日夜，英军放弃了托布鲁克以南的艾登姆。17日上午，隆美尔亲自率领部队冲锋。他的装甲大军穿越海岸公路，来到托布鲁克以东，将这座城市再次完全封锁。

第8集团军此时已全力向埃及边境逃去，第7摩托旅仍旧在艾登姆以南作战，于夜间骚扰敌军的补给队。19日，英军的补给队给他们带去了食物和弹药，同时还有指令。信里说得很含糊：他们将继续

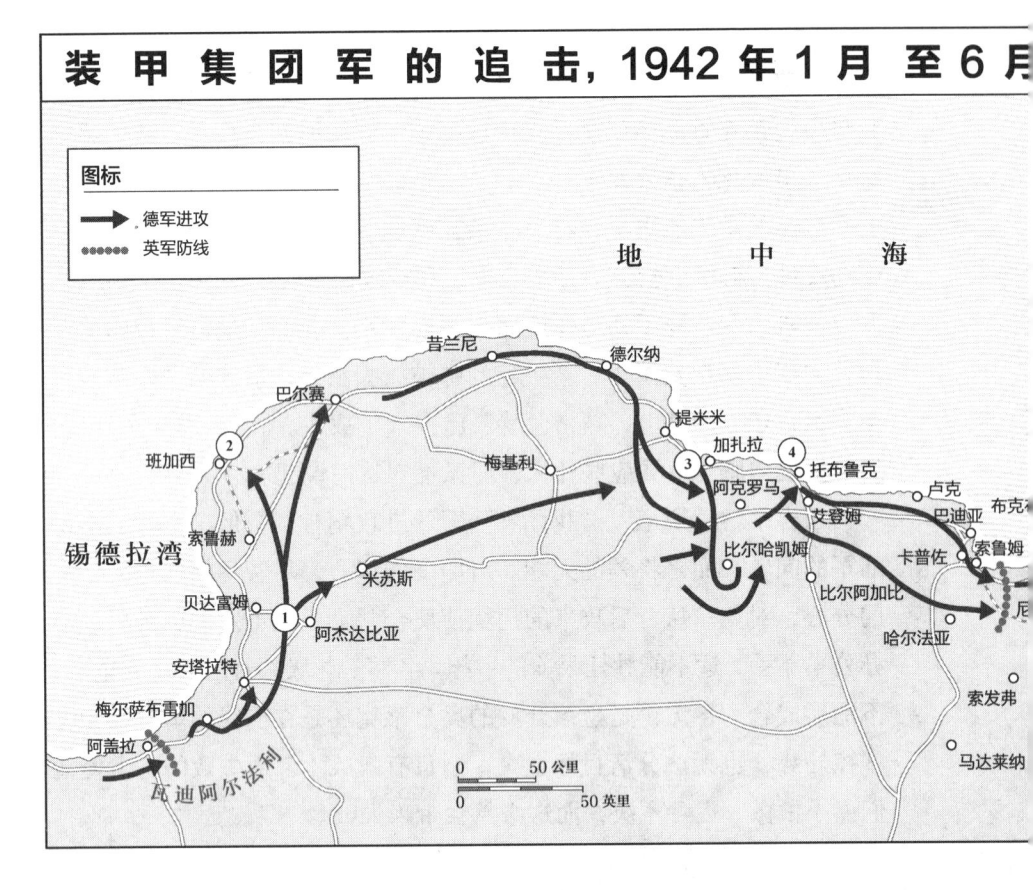

装甲集团军的追击，1942年1月至6月

骚扰作战，但他们现在是孤悬敌后。阿尔伯特·马丁写道："一团糟，上面那些人知道他们在做什么吗？"

那天夜里，英军步枪兵袭击了1座德军营地，双方进行了激烈的交火。马丁和他的战友发现，他们无法打赢，急忙撤离。马丁在日记里写道："这种自杀性出击只够激怒敌人，别的什么都做不了。"

他们很快撤回了安全地带，听到枪炮声渐渐变远。天亮时，他们看到北边冒起了浓浓的黑烟。

6月20日夜，托布鲁克被切割为两半，南非人坚守城西。晚上8点，里奇电令他们突围。到了21日破晓，部队还未取得多少进展，轴心国军队设置了重重拦截。当一年里白天最长那天的太阳出现在地平线上时，托布鲁克堡垒挥舞起了白旗。

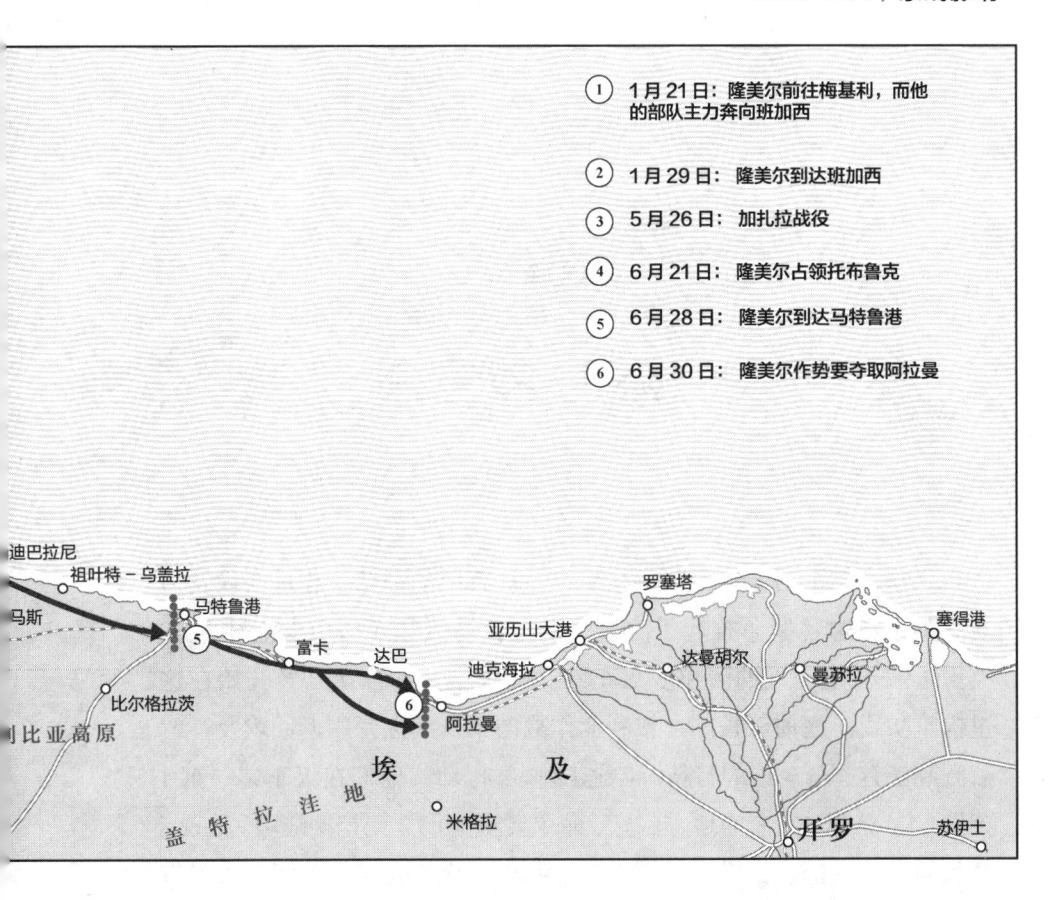

① 1月21日：隆美尔前往梅基利，而他的部队主力奔向班加西
② 1月29日：隆美尔到达班加西
③ 5月26日：加扎拉战役
④ 6月21日：隆美尔占领托布鲁克
⑤ 6月28日：隆美尔到达马特鲁港
⑥ 6月30日：隆美尔作势要夺取阿拉曼

仲夏的酷热慢慢从加扎拉和托布鲁克的战场上褪去，华盛顿开始变得燥热。6月21日，丘吉尔带着布鲁克和一众高级军官来到美国首都，详谈英美联合战略。布鲁克和马歇尔将军同意他们将联合进攻北非，丘吉尔受邀来到总统位于纽约海德公园的别墅，进行私下会谈。当他们返回白宫椭圆办公室时，副官过来默默地递给丘吉尔粉色的电报通知。上面写着："托布鲁克及25 000人已经投降。"事实更为残酷，总共有32 000人被俘。丘吉尔惊恐地不敢相信，要求再次确认。很快，确认到了。他后来写道："这是我在战争期间经历过的最严重打击之一，我并未向总统掩饰我的震惊。这是痛苦的时刻。失败是一回事，耻辱是另一回事。"

图克将军对此的评论更为简洁："这是英国陆军历史上打得最糟糕的战役。"

第19章

海 与 沙

　　北非，英军第8集团军正在溃逃，被打散的部队争相逃向埃及边境。英军在边境紧急拉起了防线，但主力均撤往亚历山大港往西60英里（97公里）处的阿拉曼火车站。前来增援的部队已经开始在这里构筑防线。之前，长期在叙利亚作战的第9澳洲师刚返回埃及，就被派到了这里。3连的特德·哈迪随师部行动，他们在火车站往东1英里（1.6公里）左右的地方驻扎，命令要求他们立刻挖掘战壕。他说："我们拿着汽锤、铁锹和凿子干活。我们在夜里拉起铁丝网，布置雷场，有时甚至在白天也干。"

　　尽管这里距离亚历山大港和开罗近得可怕，但阿拉曼阵地毫无疑问具备整个埃及和利比亚范围内最好的防御条件，其自然条件限制了防线的宽度：往南40英里（64公里）就是阿盖拉洼地，那里环绕着陡峭的深崖。小股特攻部队可以绕过洼地，但大军是无法做到的。如果隆美尔想要突破，只能选择正面攻击。

　　隆美尔现在充满信心，并不认为这无法实现。欣喜若狂的希特勒立刻将他晋升为陆军元帅，后者不仅想着粉碎阿拉曼防线，还在规划如何占领开罗、埃及，乃至整个中东。他鼓励下属："非洲装甲集团军的士兵们！现在将彻底消灭敌人。我们直到消灭英国第8集团军的最后1名士兵才能休息。" 隆美尔在给妻子的信里提到过去几周发生的事，"仿佛梦境一般"。德军在占领托布鲁克后缴获了大量物资，尤其是珍贵的坦克、燃料、食物和弹药。速度决定一切，这是一场经典的运动战。他知道不能让英国人缓过气来。他要在第8集团军站稳脚跟前摧毁阿拉曼防线。

凯瑟林于6月21日下午飞往前线，和隆美尔开会。他脑子里仍被马耳他堡垒所占据，希特勒原本同意在7月入侵该岛，后又准备视隆美尔进攻的情况再作最终决定。凯瑟林仍希望能促成7月占领马耳他岛，但他需要为此将北非的德国空军全部抽调过去。隆美尔则坚称第8集团军已如案板上的肉那样唾手可得，必须一鼓作气扩大胜利，显然不能在此关键时刻将空中支援撤离。凯瑟林表示，如果轴心国跨越地中海的补给线没有安全保障的话，隆美尔作战成功的可能性也会变低，而马耳他岛正在迅速恢复战斗力。两人互不相让，新近成为陆军元帅的隆美尔显然在希特勒和墨索里尼面前更有发言权，他也利用了这点。

墨索里尼在大喜和大悲之间纠结。他对隆美尔的战果喜出望外，唯一的遗憾是这个胜利属于德国而非意大利。他沮丧地告诉齐亚诺，希特勒将隆美尔晋升为元帅已表明了这场战役里的德国成色。

纠结归纠结，领袖已准备好带着自己最好的白马飞去开罗举行胜利游行了。他希望意大利军需部在15天内完成在亚历山大港的筹备工作。

兴奋的墨索里尼现已将马耳他岛抛到脑后，显然，希特勒对他的想法并不在乎。元首决定，支持他的宠将，将入侵马耳他岛的作战计划彻底终止。

在英国媒体和公众看来，托布鲁克的陷落是沉重的打击。同时，这还伴随着一连串耻辱性的坏消息。哈罗德·亚历山大将军率领的英印联军在缅甸退守伊洛瓦底江（Irrawaddy），在丢失了新加坡和马来亚之后，印度面临着极大的威胁。6月25日，身在华盛顿的丘吉尔面临英国国内下议院的不信任案投票。虽然并未被通过，但这是他上任英国战时首相以来面临的最严重批评。

国防部的约翰·肯尼迪少将感到丘吉尔太过重视皇家空军,尤其是轰炸机部队的发展。哈里斯的梦想是对德国城市进行持续的大规模轰炸,也称"千机轰炸"计划。他从 5 月底,开始不断鼓吹这个长期战略,以此来平息媒体对轰炸机司令部的批评。但这个计划激起了肯尼迪、布鲁克和海军参谋长海军上将达德利·庞德爵士(Sir Dudley Pound)的不满。肯尼迪认为,这实质是想让英国皇家空军轰炸机部队独立成战略角色,但其他各兵种在现实作战中更需要密切配合。他说:"如果我们将 20% 的远程轰炸机调往中东,那么,隆美尔是否能发动进攻都值得怀疑,更别说他能保持现在的这种进攻速度。即使此刻,我也宁可将进攻德国的轰炸机撤出 50% 分配至大西洋、中东和印度战场。目前的轰炸策略,使我们在大海和陆地上的战斗付出了高昂的代价。"

不过,他的这种观点过高地估计了一些因素。如果奥金莱克和里奇在加扎拉战役里的表现能再好少许,凭借沙漠空军和皇家空军中东轰炸机部队当时的战斗力足以抑制隆美尔的进攻。另外,轰炸机司令部虽然提出了"千机轰炸",但实力在当时仍然薄弱,肯尼迪提出可派到中东的重型轰炸机也并非很大数量。哈里斯在 6 月所拥有的轰炸机中队仅为 35 个,每天能投入作战的轰炸机数量为 402 架,重型轰炸机只有 141 架。将 20% 的轰炸机送往中东,意味着 7 个中队的数量,相当于将轰炸机部队彻底拆散。

肯尼迪的另一个盲点是:美国人在 1942 年初已开始执行护航体系,大西洋之战的未来可期,德军潜艇正不断地被加速击沉。而在缅甸战场,雨季来临,不难预料日军无法在短期内侵入印度。从更大层面来看,东线正酝酿更为猛烈的碰撞,当德国人正为物资短缺困恼时,英国正积极帮助苏联人轰炸第三帝国的腹地。

因此,丢失托布鲁克的原因并非是缺乏战机。即使是从印度返回中东,亲眼目睹加扎拉防线溃败的记者艾伦·穆尔黑德也批评所谓德军武器优良的论调,认为关键问题在于英军拙劣的指挥。他写道:"我们最缺乏的无疑是果断的指挥。"他的观点一针见血:导致托布鲁克沦陷的并非缺少优良的反坦克炮,也不是地面部队的表现不佳,而是糟糕的指挥。不过只要第8集团军仍能阻挡住隆美尔,指挥问题很快可以解决。更多的"喷火"被运抵中东,首个美国陆航中队也会前来参战。美军最新型的"谢尔曼"中型坦克和大幅改进的新型"格兰特"坦克正在运来的路上,共有300辆,性能具备优势。随着英军防线越来越靠近尼罗河三角洲和运河区,补给线也变得越来越短。不过,随着日本的参战,英国损失了远东诸多殖民地,他们在中东的补给状况反而得到了加强。因此,乌云虽然还笼罩在开罗和伦敦的上空,但也不全是坏结果。只要第8集团军坚守住当前的阵地,一切都有转机。

当然,现在也是刀口舔血的状态。阿尔伯特·马丁写道:"我已经受够了,我们什么时候才能不再后撤?我们无法忍受,毫无斗志。"斗志消沉且溃散的英军被德军装甲集团军尾随追击,难怪隆美尔嗅到了血腥的味道。

当英国人还在痛苦消化着远东和北非的坏消息时,大西洋也出了问题,德国潜艇正享受第2次"欢乐时光"。轴心国势力似乎再次崛起。

7月9日,特德·舒伦的U-564溜出布雷斯特港,穿越比斯开湾,准备向西进行第6次战斗巡航。他们计划横渡大西洋,进入到加勒比海以南狩猎。路上传来了拦截1支商船编队的命令,他们在海面上以15节的速度航行,很快追上了目标。在夜幕来临前,准备进攻,从右舷远方发现了船的桅杆。就在此时,观察哨喊道:"敌机!"

"下潜!下潜!"舒伦下令,他们或许已被敌人发现了。5号水箱发出了空气排出的嘶嘶声,他也赶紧从指挥塔下到船腹。他们紧急下潜到60米深的位置,准备经受深水炸弹的袭击,但什么也没发生。他们小心翼翼地再次上浮,通过潜望镜观察周边情况,似乎没有敌情,舒伦命令潜艇浮出水面。他们迅速观察,敌机消失了,让人沮丧的是商船编队也消失了。没多久,他们发现了另1架敌机,只得再次下潜。舒伦诅咒着敌人,他写道:"一直这么上上下下,好像坐电梯!这些该死的巡逻机。"

午夜时分,他们又追上了编队。不过,同盟国的飞机再次出现,逼迫他们下潜。至次日白天，他们又被迫下潜了2次，每次至少15分钟，这使他们难以进入攻击阵位。这场耐心的游戏需要钢铁般的意志，舒伦开始感觉到有些精疲力竭，毕竟，长时间待在舰桥上，且精神高度紧张的警戒太累人了。

他们3天的尾随毫无收获。U-571在黄昏后也加入了追击队列。他们一同向目标靠拢，敌人的飞机再次出现，他们还在机腹装备了强力探照灯。舒伦命令下潜，在他盖上舱盖的瞬间，一眼瞥到了探照灯已罩住了另外那艘潜艇U-571。他写道："那之后，再未看到或者听到那艘艇的消息了，那艘艇失踪了。"

终于在第4晚的追击中，U-564赶到了编队前方，占据了攻击的最佳位置，在商船队和护航舰艇之间捉迷藏。舒伦关掉了柴油机，静静地等待。气氛很紧张，没有人说话，艇上唯一的声音是船员的呼吸声。舒伦等到护航舰艇越过他，才命令潜艇调整至射击位置。在800米的距离上，1艘货轮闯入了他们的视野，潜艇向其发射了3枚鱼雷，又向另外1个目标发射了第4枚鱼雷，然后他们启动主发动机全速撤离。随后，传来了爆炸声。舒伦写道："突然，场面变得疯狂起来。红色、绿色和黄色的火焰直冲云霄。一团巨大的火球将夜空照亮，将船只的轮廓印得清晰。"这并未持续多久，所载军火发生的大爆炸将船只撕得粉碎。爆炸形成的压力波横扫海面，明亮的天空倒映在海里。横飞的碎片如下雨般砸了下来，落入他们周围的水面。舒伦命令艇员回去，他自己留在舰桥上欣赏。他从未见过这般景象。

舒伦在这场战斗中获胜，但那只是大西洋中同盟国少有的没有覆盖到的角落。美洲沿岸的大屠杀已接近尾声，邓尼茨对此心知肚明，健全的编队体系和加强的航空巡逻必然会带来这样的结果。德军潜艇现在根本不敢接近英国和冰岛以南，因为那里在陆基飞机的覆盖范围之内。除了飞艇和中型轰炸机，英国皇家空军海岸司令部还引入了一个中队的具备超长续航的（Very Long Range，缩写为VLR）B-24"解放者"，这种由美国生产的4发轰炸机威力巨大。

新技术提升了海岸司令部击沉潜艇的能力。大幅改进的雷达投入使用，其高分辨率令人称赞。5月，新型的250磅（113公斤）深水炸弹可以设置为水下25英尺（8米）爆炸，这将对德国潜艇带来致命威胁。另1个新技术是被称为利光（Leigh Lights）的探照灯，这就是U-751遇到的那个。6月12日，邓尼茨命令，所有潜艇直到越过西经12度才允许水面航行，这意味着他们需要浪费更多时间和燃料。7月，共有12艘潜艇被击沉，其中半数由飞机击沉，也是同盟国空军到目前为止取得的最高单月战果。

泰迪·舒伦带着U-564成功抵达了加勒比海海域，在那里又击沉了3艘货轮。但随着美国船只加入了编队，反潜飞机的巡逻次数不断增加，德国潜艇的好日子结束了。对于邓尼茨的潜艇战来说，更悲哀的是，自大战开始以来，同盟国新造船只的吨位首次超过了被潜艇击沉的吨位。大西洋之战发生了关键性的扭转。

"马特鲁港昨日被攻克，"隆美尔在6月30日给妻子的信里这样写道，"部队一直向东追击到半夜，我们又走了60英里（97公里），距离亚历山大港只剩下不到100英里（161公里）了！"

自5月底以来，第8集团军包括战死、战伤和被俘总计损失了50%的实力。德国非洲军用缴获的英军装备补充了自己50%的损失。在开罗的英军司令部陷入了恐慌，参谋们开始焚烧文件。

正如德国战争机器在战争首年给人不可抵挡的印象一样，隆美尔的装甲大军现在也是所向披靡。但在事实上，德军在经历了超过5周的血战，并在英国皇家空军的不断袭扰下艰难穿越沙漠来到埃及边境时，已成为了强弩之末。

非洲军参谋长弗里茨·拜尔莱因写道："岩石、沙漠、干旱、荒凉的地带只有少许荆棘冒出地面，非洲的骄阳在7月间无情地灼烧大地，这就是阿拉曼前线的场景。"现在，他手里只有13辆可以作战的坦克，整个地区唯一的淡水井尚掌握在英国人的手里。隆美尔尽管获得了丰厚的战利品，但他现在的补给状况仍然一塌糊涂。第90轻装师只剩下1 000名士兵，该师满编应为15 000名士兵。隆美尔总共有超过300门火炮,但补给线太过漫长。托布鲁克港已是一片废墟,铁路也无法被有效利用,因为可堪使用的火车头严重缺乏。他的饮水、燃料和弹药储备正在迅速耗尽。拜尔莱因本质上是个现实主义者,打心眼里认为目前碰到了难以被敲碎的硬核桃。

尽管如此,隆美尔还是于7月1日清晨对英军阿拉曼阵地发动了进攻。7月3日,他的尝试失败了。南线新加入战斗的新西兰师表现出了很强的韧性,将意军"公羊"师的炮兵部队摧毁了。

隆美尔看到手下各师平均只剩下1 500人,也即10%的满编实力,只得被迫取消进攻。那些关于胜利荣耀的幻想开始黯淡下来,从辉煌到沮丧瞬间转变。实际上,德国非洲军一直缺乏补给,哪怕是在进攻加扎拉防线之前也如此。非洲军的处境也印证了德国和意大利在战争中一直未能摆脱的难题:缺乏资源,尤其是与同盟国相比。他们的部队也许在战术上有优势,能取得个别战役的胜利,但不足以让他们赢到整场战争胜利。隆美尔对妻子说:"事情进展并不如我预期般顺利,抵抗仍然顽强,我们的力量消耗殆尽。"

第8集团军成功退守了阿拉曼防线,稳住了阵脚,这要归功于沙漠空军高超且无畏的行动。

当陆军指挥官已混乱为没头苍蝇时,坎宁安仍然张弛有度。托米·艾姆赫斯特空军准将对坎宁安非常钦佩:"'玛丽'对空战的把握非常精准,他把这支规模不大,也不算先进的空军调度得当,发挥出了最大的进攻效果。"他对手下要求严格,但艾姆赫斯特认为,沙漠空军的士气和斗志依旧高昂。比利·德拉克认为,坎宁安是个"相当不错的指挥官"。他的威望和判断力毋庸置疑。正如艾姆赫斯特指出的那样,坎宁安总能倾听别人的意见,"而当次日的战斗命令在晚上传达出去时,从没有任何疑义。"

在从加扎拉防线撤离时,德国空军的大部分轰炸机被调集去轰炸一支前往马耳他岛运送补给的船队,这对沙漠空军来说非常幸运。当第8集团军进行总撤退时,坎宁安的部队是决定陆军能否逃出生天的关键因素。弗里茨·拜尔莱因如此认为："英国皇家空军展现了高水平和战斗力。面对这样的敌人，凯瑟林的部队日渐萎缩。我们总是处在对皇家空军的惊恐之中。"

艾姆赫斯特负责制订具体的行动计划，精准地调动沙漠空军左右冲杀。所有的战斗机和轰炸机小队被分成2组，轮流替换，一半人员在作战时另一半人员可以前进或者后退至新的机场。2组人不停地转换角色。

这种蛙跳式战术从6月15日开始实施，比利·德拉克第112中队的经历称得上是这段时间典型的表现。他们在那天出动了34次，攻击了第21装甲师的车队，击落了3架敌机，击毁了34辆车。当晚，A小队转移到第75降落场，B小队留在甘布特。6月16日，坎宁安告诉特德："我已沿着撤退路线准备好了转移机场，可以平稳地让部队后撤，并保持和敌人有20英里（32公里）的距离。"

人们都清楚，绝不能留给敌人任何东西。即使是不能战斗的飞机，只要能飞，就将被带回后方机场。有架飞机甚至在没有仪表盘的情况下被飞了回去。有些只能用卡车拖走，实在搬不走的就纵火烧毁。有个联队成功撤回了26万加仑的燃料和300枚炸弹，当最后1辆卡车东撤时，德军的炮弹已落在了他们身边。

地勤人员提前将装备收拾妥当，命令一来就能动身。飞行员要一直保持作战状态，地勤人员也一样。他们有时需要整夜赶修，确保飞机的完备率。在此期间，前线各中队都保持了80%的编制实力。

6月25日，坎宁安开始了全天轰炸。德国非洲军在那天的每个小时都遭到了轰炸机的轰炸和战斗机的扫射。夜间，"惠灵顿"轰炸机在照明弹的指引下轰炸轴心国的补给纵队。第112中队在当天3次给轰炸机护航，单独出击8次。他们在次日更是创造了战斗机中队的单日出击记录，69架次。每个飞行员都飞了5~6架次。沙漠空军的战斗强度已超过了不列颠之战的水平。7月3日，沙漠空军完成了1 000架次以上的出击，而德国空军在那天只出动了203架次。这个数字是惊人的，因为飞行是高强度的动作，尤其是战斗飞行，这展现了他们非同一般的决心和专注度。

正是良好的组织、计划和士兵的专注度使德军坦克师能在2年前取得法兰西之战的胜利，2年后让英军第8集团军败下阵来并退回阿拉曼防线。皇家空军超绝的努力终于帮助英军抵挡住了隆美尔的攻势。此时，德国空军的机场远落后于陆军前进的速度，这意味着德军飞机在目标上方的停留时间变得越来越短。他们的维修工作也没有托米·艾姆赫斯特指挥得那般有效：德国空军的完备率很少能超过50%。隆美尔的进攻只得在缺乏空中掩护的情况下进行，空中掩护正是战役初他一直倚赖的。在缴获的德军军官日记里，对皇家空军进攻的描述："到此时，我才意识到战争的可怕。托米们直到晚上还在向我们开火。我们遭受了很多次进攻，这些轰炸是我所经历过的最糟糕的。"

第 20 章

千机轰炸

英国，帝国总参谋长艾伦·布鲁克将军和空军上将查尔斯·波特尔爵士对如何使用空军的分歧正变得越来越大，前者要求建立独立于空军之外的陆军航空兵。波特尔对此表示强烈反对，根本没有足够的飞机可供实现这种配置，空军比陆军更能判断如何最有效地使用空中力量。坎宁安沙漠空军的表现足以支持他的看法。

轰炸机司令部也陷入了舆论的风暴。5月底，哈里斯空军中将首次发动了千机轰炸，目标是德国的科隆。尽管他各中队的飞机总数仅有400架，但他从训练司令部搜刮了一些，还从海岸司令部借来了250架，将过时的飞机也拼凑集中，竟达到了1 000架！准确地说，是1047架。这是场豪赌，但结果非常成功，他们对敌军的重点目标形成了毁灭性打击，德军最高统帅部被震骇了。

更为重要的是，空袭会提升本方民众的士气，这也是哈里斯的预想。关于轰炸德国的新闻占据了英国所有报纸的头条。格拉迪丝·考克斯激动地在日记里摘抄了《伦敦标准晚报》的报道："这是我们群岛历史上最辉煌的6月1日！上千名年轻的英国飞行员打碎了希特勒的计划。"《每日镜报》宣称："1 500架飞机的大轰炸，3 000吨的炸弹风暴！德国广播从昨晚就开始为皇家空军对科隆的大空袭哀嚎。从科隆传来的电文写道：'灾难降临到我们城市。'"类似《镜报》这样夸张的文风在其他报纸上也随处可见，哈里斯乐见其成。接下来的几周，英国又发动了 2 次类似进攻，哈里斯虽然无力持续组织大规模的进攻，但他的轰炸行动仍然帮助他平息了外界对轰炸机司令部的批评，他们毕竟对德国战争机器造成了严重威胁。

哈里斯现在又接收了 2 种强大的新型战机。首先是双发的德·哈维兰"蚊"式，这种设计轻型、高速的轰炸机性能卓越，可胜任侦察机角色，偶尔客串战斗机也不是问题。最让轰炸机司令部满意的是，这种飞机大部分由木头制成，其速度可达到 400 英里（644 公里）每小时。这使他们可突破大多数雷达的探测，此外，德军大多数飞机都无法追上他们。"蚊"式可以挂载炸弹、机炮或者机枪，属于性能优良的机型。

哈里斯最期待的是，轰炸主力阿维罗"兰开斯特"轰炸机，其在 4 月已参加过实战洗礼，总计投下了 8 000 磅（3629 公斤）炸弹。这种飞机在部队装备的数量正缓慢增长，哈里斯逐渐能拥有配备该机型的中队。他的目标是建成 5 个装备"兰开斯特"的大队。凭借那样的实力加上改进的导航设备能给德国带来真正的威胁。

这些实操困难和后勤问题摆在了那些中队长的面前，他们要将 4 人机组调整为 7 人机组。现在，担任第 106 中队指挥官的盖伊·吉普森中校正安排下属从双发的阿维罗"曼彻斯特"换装为更大的四发"兰开斯特"。

吉普森的"兰开斯特"从曼彻斯特附近的伍德福德（Woodford）的阿维罗工厂直接飞来，每次 5 架，由海空运输辅助单位（Air Transport Auxiliary，缩写为 ATA）负责。哈里斯计划设立特别的重型战机换装单位。吉布森带着他的飞行员和地勤总计 800 人的中队准备完成换装任务，那年他只有 23 岁。

轰炸机司令部这时获得了新型的被称为 GEE 的导航设备，在去年已经过了测试。这种雷达脉冲系统能帮助飞机上的导航员根据从英国 3 座不同地面站发来的脉冲信号的远近来锁定自身的航标。英军希望靠这种设备大幅改善导航质量，提高轰炸精度。这种设备的使用极限距离可达德国的鲁尔区，且不支持盲飞。这意味着哈里斯的轰炸机仍需依赖于晴朗的夜空，最好有明亮的月光帮忙，但这样的气象条件也同样有利于德军高射炮和夜间战斗机的拦截。1942年夏，战争一方取得的科学技术进步很快会被另一方找到破解办法，德国人已想出了办法对付 GEE。正如英国人之前成功克制了"弯腿"，德国人也有办法应对哈里斯的最新导航设备。

第106中队中有11架飞机参加了千机轰炸，但吉普森当时由于生病遗憾地错过了战斗行动。他康复后，终于在7月8日夜间首次驾驶"兰开斯特"进行了实战。他和同伴坦诚："每次参加行动都会让我感到恐惧。"在飞行前的休息室的等待最难熬。吉普森写道："真是痛苦。你能感觉到肠胃在撞击背部，让你无法站直。"这时，他会疯狂地抽烟，大声地笑，有时还会不停地去厕所。但只要他坐进驾驶舱，听到发动机的轰鸣声，就会缓过神来。

当天晚上，他们袭击了威廉港（Wilhelmshaven），一共出动了285架飞机。吉普森在作战日志里写道："天很黑，但情况不错。轰炸高度12 000英尺（3 658米）。炸弹投向了码头区域，并不确定是否命中了潜艇码头，防御火力非常精准。"他们并未命中潜艇基地，报告显示，他们炸毁了码头旁的建筑、商场和附近一些民宅。大约25人死亡，170人受伤。这微不足道的损失也印证了战略轰炸在过去3年里的困境：需要更大的轰炸机，需要更好的轰炸精度。

千机轰炸对德国夜间战斗机和空军司令部的名誉造成了严重打击。当科隆空袭发生时，戈林正在他童年生活地——位于纽伦堡附近的法丁斯坦堡（Burg Veldenstein）招待米尔希和施佩尔。那天晚上，希特勒亲自给他打来电话，称科隆大区领袖汇报有数百架轰炸机出现在城市上空。希特勒想明白这是怎么回事。戈林向他夸口，这一定是大区领袖搞错了，最多70架。他的口气很肯定，但他实际上对此一无所知。次日早晨，戈林了解到共有40架敌机被击落，似乎是德方取得了大胜，但伦敦很快宣布超过1 000架飞机轰炸了科隆。当希特勒质问他时，戈林狡辩说，英国人在撒谎。希特勒对自己的参谋人员说："毫无疑问，不可能只有70~80架飞机前来轰炸。我绝不会向不快的现实屈服。我必须看清楚再作结论。"戈林和德国空军的名誉大大折损。

尽管如此，米尔希抓的飞机产量正在提升。他成功地把威利·梅塞施米特的影响力降低了，且不再先付款再交货，大大降低了采购成本。这对亨克尔公司来说是灾难，米尔希把恩斯特·亨克尔变成了纯设计研发的角色。容克公司也受到了严格的财务监管，这样，之前飞机制造业的三巨头铺张浪费、随心所欲的生产工作被严格纳入米尔希的监管中。

他采取了一些提高经济性的措施，使产量提升的同时并未消耗更多的铝材。以战斗机生产举例，从1941年底每月200架提高到1942年6月每月349架，且还有继续上升的趋势。尽管取得了不少效果，但米尔希也不能解决一切问题。新机型从绘制草图到量产通常需要4年时间，这意味着，1942年德国空军使用的主要的飞机型号仍停留在战前的研制水平。

比如，He-177虽然不尽如人意，但也没法一脚踢开，因为现在没有时间重新研发四发轰炸机。戈林在这年5月视察里希林（Richlin）飞机试验场时才首次看到这头巨兽。他惊讶地发现，飞机上的发动机上下重叠为1组，每组驱动1个螺旋桨。令人遗憾的是，空军总司令直到如此后期才了解到主要重型轰炸机的设计。他发怒道："这样的发动机如何在机场维护？我敢说，哪怕是换个火花塞也需要将发动机彻底拆开！"几周后，他和施佩尔一起去佩内明德的测试场观看He-177携带4吨炸弹进行试飞。起飞没多久，飞机就向右侧倾斜，坠落爆炸了。事故原因是螺旋桨轴上的连接件断裂。

Fw-190战斗机的发动机采用的是宝马-801D，而Me-109战斗机使用的是戴姆勒-奔驰DB-605。这2种型号的发动机本身就存在质量问题，米尔希到夏天将这些问题解决了。德国空军的扩充速度并未如希特勒、戈林和米尔希所期望的那么快。米尔希不仅惊讶于千机轰炸的威力，他还担忧英国拥有的飞机产量水平以及美国加入后的生产力。对科隆的进攻让他看到了未来战争形势的苗头。他在6月告诉戈林："比较德国的飞机产量和我们所掌握的英国飞机产量，可以看出英国能比我们生产出更多的战斗机和轰炸机。"戈林听到这里哑然失色。

面对无可避免的轰炸毁灭，米尔希必须考虑未来守卫帝国天空的战略。全面保卫德国是德国空军高层的重要任务，因此千机轰炸后，戈林受到了毫不留情地斥责。德国空军的高射炮部队在1942年初明显少于6个月前的数量，这是因为他们在东线的惨重损失。从4月起，德军改善了战术，每个雷达侦测单位配属3个炮连，并将每个重型炮连的装备数量从4门增加到6门，将轻型炮连的数量从12门增加到15门，将探照灯连的探照灯数量从9部增加到12部。他们逐步将重型高射炮口径从105毫米增强到威力更大的128毫米。总体来说，高射炮作战单位的数量在1942年增加了35%。帝国范围内被划为8个"空域"，总计拥有838个重型高射炮连和538个中型、轻型高射炮连。英国皇家空军的轰炸机部队发挥了较大的作用，将如此多的德军火炮和人力牵制在帝国境内，无法驰援前线。

德国空军一方面增强其高射炮的防守力量，另一方面约瑟夫·卡姆胡贝（Josef Kammhuber）将军负责的夜间战斗机部队也取得了显著进步。隶属夜间战斗机部队的赫尔穆特·楞特已取得了30个夜间战果，并获得了骑士十字勋章。现在，他已晋升为第2夜间战斗机联队第2大队指挥官，成为了希特勒和戈林知晓的夜间战斗机王牌。他和盖伊·吉普森一样，时年23岁，但已在当年1月就成为了大队长。

千机轰炸表明，德军急需提升地面雷达和空中雷达的作用，并增加夜间战斗机的数量，卡姆胡贝从1940年夏就为此奔走呼吁。他所建立的"天床"系统可以在任何区域引导夜间战斗机拦截敌军零散的轰炸机。英国曾攻破"弯腿"和"X设备"的R.V.琼斯博士发现，如果英军轰炸机用同样1条路线进入欧洲大陆，机群前后相继的话，他们碰撞的可能性并不高，还能使"天床"系统发生堵塞而失效。楞特在千机轰炸那晚就体会到了这个问题。他起飞拦截对科隆袭击的英军机群，但他没有遇到1架敌机。这个新战术被轰炸机司令部称为"轰炸机流"（Bomber stream）。

德国也在研制新式雷达和导航技术。巨大的"维尔茨堡"雷达开始投入使用，"弗莱娅"雷达的改进型"猛犸"雷达也被研制成功。"猛犸"雷达反射镜更大，可侦测到更远的距离。更先进的"水瓶座"（Wassermann）雷达是当时世界上最优秀的早期预警雷达，全向侦测距离可达150英里（241公里）。1942年初，"明石"（Lichtenstein）机载雷达进入现役。卡姆胡贝认为，这种可以侦测到200码（183米）~2英里（3.2公里）的雷达至关重要，因此要求希特勒给予"明石"最高生产优先权。

首批4组"明石"设备被送到赫尔穆特·楞特上校驻扎的荷兰吕伐登机场，部队使用后很快发现了新设备的问题。安装在机鼻的"明石"变成了空气制动器，非常影响飞机的操控性。大部分飞行员都和楞特一样，宁愿依赖地面雷达的改善，由地面控制员引导拦截敌机。他们没有"明石"也一样能玩转。楞特在1942年6月总计执行了10次战斗飞行，击落了9架敌机，包括1架进攻不莱梅的"哈利法克斯"。楞特在给父母的信里写道："上帝又一次在战斗中眷顾了我，四发轰炸机是个难敲的核桃。上帝保佑，它没能将炸弹扔到德国。它被迫提前扔掉炸弹，我这才看到这个怪兽能携带多少炸弹。地面上，大约1公里长的范围被爆炸所笼罩。"

1942年夏天，英军和德军在天空、大海、陆地展开了全面激战。北非的英军避免了被歼灭的命运，双方在阿拉曼防线上形成僵局。在隆美尔让非洲军转为守势后，奥金莱克尝试了2次反攻，但轴心国部队都成功抵御了。现在，双方都无力再次发起进攻。

第8集团军稳住了阵脚，月初的危机已经度过。德军方面，隆美尔显然再次支撑到了极限；英军方面，显然也需要作出调整。1942年上半年的战局对英国来说充满灾难和耻辱。这样的趋势需要得到扭转，且很迫切。

希特勒明确表明，对苏战争是一场意识形态之战，他要求将领们在作战时必须毫不留情。数不清的苏联村庄被烧毁，而数量远超德军预想的苏军战俘也将面临悲惨的命运。

↑ "巴巴罗萨"战役是一场比1940年5月西线作战更为冒险的赌博。不过，在战役之初，数以万计的苏军被轻易俘获，这让德军指挥官们相信胜利唾手可得。

↓ 英军和自由法国军队联手在叙利亚击败了盘踞在那里的维希法国殖民政府，这让盟军在中东的局势更为稳固。同时，依靠新夺取的叙利亚机场，盟军化解了德军付出高昂代价夺取的克里特岛造成的威胁。

韦维尔将军（中）和戴高乐、卡特鲁将军（右）在一起。英国人和骄傲的自由法国运动领袖之间的关系已开始紧张起来。

电影明星小道格拉斯·费尔班克斯志愿加入了美国海军，在大西洋、地中海和北冰洋等战场执行护航任务。好莱坞也积极投入了这场战争。

法国女演员科琳·吕谢尔也被卷入了战争，周旋于盟军和纳粹之间。

罗斯福总统和温斯顿·丘吉尔首相首次以两国领袖的身份进行的会面定于普拉森舍湾。他们在8月签署的《大西洋宪章》是美国参战的重要基础，也确定了美国海军将直接加入大西洋之战。

美国驱逐舰"鲁本·詹姆斯"号被艾里希·托普指挥的U-552击沉。这是美国在第二次世界大战中首艘被击沉的战舰，比珍珠港事件爆发还早2个月。该事件在美国国内引起了极大愤慨，民谣歌手伍迪·格里斯还特别为此创作了歌曲。

↘ 昵称为"奥克"的克劳德·奥金莱克将军于1942年7月被任命为英军中东战区总司令。他被寄望于能迅速扭转北非战局。

↘ 1942年10月时，大量苏军沦为战俘，但德军仍然无法获得预期中的最终胜利。更糟糕的是，雨季来临，德军前进的轮子被粘住了。

左图是朴实无华的15CWT卡车，阿尔伯特·马丁（上图）和他第2步枪旅的战友依靠这样的装备获得高度机动性。

↑ 非洲军士兵将这样的木质车厢作为自己的温馨家园，外面用树枝随意伪装了一下。

→ 德军3号坦克，德军坦克的质量在当时并不优于对手。

日军对珍珠港的偷袭终于将美国正式拉入了战争，第二次世界大战成为了一场全球性的冲突。

在东线作战的"亨克尔-111"轰炸机头舱看出去的景象。1942年初，德国空军已疲态尽显，这也是德国国防军里一直得不到喘息机会的军种。

右图及下图：德军在东线的进攻陷入停滞。德军整体的机械化程度并不高，数量有限的车辆纷纷抛锚。随着大雪降临，德军和130年前的拿破仑大军一样，只能依赖马匹承担运输任务。

赫尔曼·巴尔克于1942年被晋升为少将。

闪电战的灵魂人物古德里安由于和希特勒意见相左，于1941年12月被撤职。

挪威人贡纳·松斯特比作为盟军间谍而拥有的诸多伪装证明。

挪威人晏斯–安顿·波尔松率领的突击队成功袭击了维莫克重水工厂。

法国抵抗组织"战斗"的领袖亨利·弗勒奈。

轴心国竭尽全力试图摧毁战略意义非凡的马耳他岛。轰炸造成了可怕的毁坏，但该岛从未被彻底击溃。轴心国没能控制该岛使他们在后来麻烦不断。

↑ 隆美尔在前线和士兵交谈，站在他身边的是弗里茨·拜尔莱因上校。

↙ 里奇将军（中立者）在和麾下将领商讨战局时挠头。他无法胜任第8集团军的指挥任务，使盟军遭受了最耻辱的一场惨败。

瓦尔特·马祖卡托。

↑ 齐亚诺伯爵作为墨索里尼的女婿担任意大利外交部长，他对德国盟友的不满情绪与日俱增。

← 比利·德拉克是出色的战斗机部队指挥官，他作为沙漠空军的一员参加了加扎拉战役。与空军优异表现形成鲜明对比的是陆军的无能，英军一路撤往阿拉曼。

↓ 让·马蒂厄·鲍里斯所在的自由法国军队在比尔哈凯姆进行了艰苦卓绝的英勇战斗。

第21章

大海与草原

1942年7月19日（周日），凌晨2点30分，泰迪·舒伦第1个爬上U-564的舰桥，观看800码（732米）外有2个火球刺破了夜空。海面上燃起了红的、绿的、黄的火焰，随后冒出了巨大的火球，将夜空照得犹如白昼。这不仅照射出了2艘船只残骸的轮廓，还照亮了这支从利物浦开往西非弗里敦的OS-34编队，他们运载着送去北非战场的物资。

2艘船被命中，"玳瑁帝国"号（Empire Hawksbill）正从他眼前消失。船上的37名船员和9名炮手在大火中丧生。爆炸形成的冲击波让潜艇在海面上摇摆不定，燃烧发出五颜六色的光倒映在漆黑的海面上。舒伦写道："接二连三的爆炸形成的碎片如雨点般砸向我们和周围的海面，激起的浪花可达1米高。"舒伦让艇员下去，将潜艇迅速撤离。在他长期的潜艇生涯中，从未见过如此情景，让他久久不愿离开舰桥。

突然，1艘护卫舰如同黑鸦般闯到了他们和沉船之间。舒伦立刻将国防军宣传部队的官方摄影师叫来，这家伙是自己硬挤上舒伦潜艇的。

"宣传员！"他叫道，"快，快，上舰桥。"

让他惊讶的是，不是摄影师的脑袋冒出来，而是耳边传来了下潜箱注水发出的嘶鸣声，潜艇开始向艇首方向下沉。真是见鬼了！舒伦发现潜艇正在下潜，立刻爬回指挥塔，在海水即将淹没前及时关闭了舱盖。

"你们都昏了么?"舒伦对领航官怒吼,"谁负责对甲板上人员的警告?"

"但是,老板,"那个人喃喃道,看起来很吃惊的样子,"是你自己下的命令。"

舒伦这才明白是怎么回事。他喊的"宣传员"被同伴们听成了"警报"。他仍然很生气,只能发泄在那个摄影师身上。他吼道:"你整天在我们身边碍手碍脚,当出现难得的精彩或者值得拍摄的东西,你又消失了。"舒伦告诉他,这真是千载难遇的精彩镜头。

他们说话间已潜入到水下100米,在死寂一般的潜艇里听到螺旋桨的声音从头顶经过,很快传来了ASDIC系统所特有的乒、乒、乒声。

舒伦转头指示轮机长(Leitender Ingenieur,缩写为LI):"狗屎!他们发现我们了。轮机长,下潜150米。"

从监听室传来的报告都是轻手轻脚的,不少敌舰正捕猎他们。其中有艘从他们后方驶来,声音如铁帚扫地一般。3艘护卫舰。舒伦在想,他们为何还没进攻。此时,5枚深水炸弹在他们附近爆炸。舒伦心想:"这些该死的深水炸弹越来越危险了。"不过,U-564看起来还好,并未漏水。

舒伦命令:"监听室,他们过几分钟还要再来一轮。根据螺旋桨噪声判断,敌军在尾部方向。当护航舰艇靠近时,立刻告诉我。轮机长,一听到报告就全速左转,然后让船上浮。在距离水面60米深度时,彻底放空潜水箱。是的,不用担心,我们试试运气。我们要浮出水面拼一下,我可不想坐以待毙。"

很快,又有5枚深水炸弹爆炸了,但这次落到了他们的身后。潜艇在上浮,就像是被钢丝吊上来一般。舒伦站在舱盖下面,当潜艇刚露出水面,他就打开了舱盖。货船还在那里燃烧,他看到了3艘护卫舰。很明显,对方没有发现他们。柴油发动机轰鸣起来,他们开始驶离。很快,他们的速度达到了16节,为了加快航速,舒伦命令同时用发电机驱动。

没多久,他们就被发现了,护卫舰发射了照明弹,指向他们。站在舒伦边上的执勤官立刻蹲下了。英军还在不断发射照明弹，此时，潜艇的航速已达到了 17 节，让那些护卫舰追不上了。舒伦刚舒一口气，就恐惧地发现柴油发动机停止了工作，舱盖下冒出了浓浓的黑烟。

"潜艇无法下潜！"轮机长报告。

舒伦向下喊话："什么叫'无法下潜？'警报！我们必须下潜，别无选择。赶紧潜航逃走吧。"

他们还是坚持下潜了，但舒伦下到指挥塔里发现伸手不见五指，船里漆黑一片，所有人都在咳嗽，被黑烟呛得不行。他不明白为什么应急灯还没亮起。他拿起手帕捂住嘴，他和潜艇上的人这时还听到恐怖且熟悉的螺旋桨声。舒伦不禁抬起了头，敌人就在头顶。老天保佑，他们走过去了，那些 ASDIC 发出的"乒、乒、乒"声也慢慢消失了。

为了安全，舒伦命令在水下又待了 15 分钟再上浮。大西洋变得平静、空旷，他们成功逃走了。

应急灯亮了起来，他们打开舱盖，用排风扇将烟雾清除干净，但所有的东西上都蒙上了一层灰。舒伦要求调查原因，轮机长没找到故障根源，最后还是机械师发现了问题。

原来，有块油布放在排气管边的弯管上。当潜艇高速机动时，油布掉下来挡住了排气管，温度升高的排气管引燃了油布，烧碎的油布掉落舱底，地上的残油又助长了火势而变得不可收拾。最后，他们想办法打开了透气窗，让海水冲入舱底，浇灭了余火，但此时激起的浓密烟雾充满了潜艇内部。小小的油布差点将整艇人报销了。

不管怎样，他们终于活了下来，战绩本上又多了 2 艘沉船。舒伦没有对事故大加指责，反而在配给紧张的情况下举行了"咖啡茶歇会"，给大家鼓劲。他说："这清晰地表明，上帝不仅给我们伸出了手，还伸出了整个胳膊帮助我们。"所有人都保持冷静，没人惊慌失措，轮机长稳妥地掌控了船只运转。舒伦继续说道："这是了不起的成就。现在，我们可以一起庆祝胜利，包括那个把擦油布搁在那里的糊涂蛋。"他为他们自豪。

他没有告诉他们，这是他最后一次战斗巡逻。在指挥 U-564 进行了6次出击后,他被调往邓尼茨身边担任教官。舒伦和艾利希·托普一样已做出了卓越的贡献,是时候让他们把自己的经验和专业知识传递给新人了。

这次夜间的历险再次证明了潜艇上的工作有多么危险,随着同盟国反潜技术的提高,危险性只会越来越严重。

除了新技术带来的进步,战争的结果仍主要依赖于人的决断,英国人的领导力在海上又出了大纰漏,使他们在远东和加扎拉遭受羞辱后,再次雪上加霜。

PQ-17编队由35艘商船组成,于6月27日从冰岛出发,装载着300架宝贵的飞机、600辆坦克、4 000辆卡车和可装备50 000人的物资前往苏联的摩尔曼斯克和阿尔汉格尔。这是到目前为止前往苏联的编队中最大的一个。这条路线危险重重,尤其是冬季,冰凉刺骨的海水能在几秒内将落水的人冻死。夏天,这个高纬度地区几乎被极昼覆盖,这意味着德国空军能全天候地袭击商船编队。

担任护航任务的是2艘英国巡洋舰、2艘美国巡洋舰和3艘美国驱逐舰,英国本土舰队也出海提供支援,距离编队后方200英里(322公里)处。道格拉斯·范朋克中尉服役于美军重巡洋舰"威奇托"号(Wichita),吉芬海军上将他派来担任观察员,写宣传稿,和他之前在"黄蜂"号上干的一样。

编队此时还不知道他们的行踪已被德军潜艇盯上,邓尼茨海军上将获得这个情报后,又增派了2艘潜艇加入围剿。最初的几天,冰雾使在北冰洋航行的编队获得了较好的隐蔽机会。但7月2日天空开始放晴,德军的空袭立刻展开。7月3日,范朋克在日记里写道:"19时,刚破译的海军部电文确认了我们之前得到的情报:德军的'提尔匹兹'号、'希佩'号带着4艘大型德军驱逐舰已驶离特隆海姆。"

在伦敦的海军部,庞德海军大臣警告德军水面舰艇部队随时可能从挪威峡湾出击,这也是北上PQ编队一直面临的威胁。他要求编队绝不能和"提尔匹兹"号战列舰交战。一旦这艘巨舰出海,编队需要想办法引诱对方进入英国本土舰队的埋伏中去。

英军已截获了"提尔匹兹"出海的情报,庞德得出结论是:德军战列舰带着众多水面舰艇离港,他们会避让开英军本土舰队,追上并消灭整个商船编队。

商船编队到7月4日前还比较顺利。德军在那天下午从芬兰北部的凯米(Kemi)派出了25架轰炸机,由大队长哈尤·赫尔曼少校率领。他们从云层里冲出袭击编队。范朋克写道:"我们的右舷上空冒出了黑色、棕色和灰色的烟雾,好像把一串泥浆洒到了淡青色的天空。几秒钟后,枪炮声传来,新一轮的进攻再次开始。"他看到了"小而迅速的虫子正在水线上飞速向我们冲来"。

这些虫子就是赫尔曼大队的Ju-88轰炸机。他们把炸弹投下后,迅速向太阳方向爬升,钻进云层。赫尔曼写道:"突然,洁白的天空被黑色的烟柱刺穿,场面像火山爆发一般。"被击中的船只开始燃烧起来。

当天晚上,又一次袭击击沉了2艘,重伤1艘。范朋克在"威奇托"号舰桥上记录着惊险的战斗过程:"18时29分,1架敌机燃烧着坠落,就在我们旁边!火焰冒起有数百英尺高,紧跟着腾起了黑烟。'威奇托'号船员一片沸腾。是我们打下来的,大家呼喊着'打死这帮杂种!'爆炸声不断传来。看来,有船烧得很严重。浓密的黑烟直挂云端,又1架纳粹飞机着火坠海。"

当一切看起来都在掌控之中时,忽然传来了新命令,所有护航舰队立刻西撤。12分钟后,传来了海军部更为详细的说明:"由于敌军主力水面舰艇的威胁,PQ-17编队解散,各船自行前往苏联港口。"

范朋克和"威奇托"号上的舰员非常吃惊,猜想"提尔匹兹"号战列舰一定已出现在了附近海域,随时能发动袭击。他们不知道的是,庞德在为此召开的紧急会议上让大家表态,就"提尔匹兹"号的有限情报应如何应对。大部分人反对解散编队,但海军中将亨利·摩尔爵士(Sir Henry Moore)建议,如果要解散,一定要快。实际上,庞德已作出了决定,这条致命的命令被发了出去。

实际上,"提尔匹兹"号并未在海上,其最后只是转移了一下泊位。庞德的决定毫无疑问表明了他当时的慌张。有人怀疑,是他所患的脑瘤导致了这次荒唐的决定,他在次年秋天因该病去世。也有人猜想,他那时有些情绪失控。不管从哪方面看,这都是个错误的命令和灾难性的决定。

范朋克写道:"我们不想抛弃 PQ-17 不管。孤立无援的他们只得各自逃命。绕成一圈的商船就像是惊慌失措的小鸡。"

商船离开护航舰队和商船编队后,如同案板上的肉般任人宰割。他们数量上的优势被剥夺了。

无可避免的大屠杀开始了。德国海军总司令艾利希·雷德尔海军元帅确实曾命令"提尔匹兹"号率领海面舰艇出海拦截,但收到商船编队解散的消息后,他相信潜艇和空军足以解决它们,因此又命令战列舰回港了。

当最后 1 艘幸存的商船于 7 月 28 日到达阿尔汉格尔时,编队原有的 35 艘船被击沉了 24 艘。也就是说,PQ-17 编队损失了 68.5% 的船只、120 名船员、120 架飞机、430 辆"谢尔曼"坦克、3 350 辆车和另外 10 万吨战略物资。对德国人来说,仅是停泊在港口内的"提尔匹兹"号造成的威胁就使同盟国损失了大量船只。对于英国人来说,这场耻辱性的失败动摇了所有人的信心,无论是苏联人、美国人还是本国人。

是时候扭转颓势了。

东线,代号为"蓝色"方案的夏天攻势于 6 月 30 日打响,德军为此已谋划了很久,时间在"巴巴罗萨"战役后 1 年。随着之前哈尔科夫反击战的胜利以及克里米亚半岛东部作战的成功(塞瓦斯托波尔于 7 月初被攻克),德军恢复了一些自信。

但也出现了一些征兆表明"蓝色"方案似乎有点过于野心勃勃。投入到该任务的德军仍然处在从人员到物资严重缺乏的状态。巴尔克少将所辖的师就低于编制实力,而这不是个案。在最高统帅部的瓦利蒙特将军于6月6日收到下属准备的报告《战争潜力1942》。报告直白地列出了国防军的不足。5月1日，东线德军缺编625 000人，无法弥补目前损失的1 073 066人。北方集团军群和中央集团军群下辖的装甲师严重缺乏补充，只能装备1个营的实力，每个师只有40~50辆坦克。报告还显示："由于缺乏运输车辆和马匹，部队机动性受到严重影响，某种程度上的去机械化无可避免。"

事实上，就算是担任"蓝色"方案主要执行角色的南方集团军群也只有卡车所需量的85%。德国空军现在也只有编制的50%~60%的实力，每个中队只有6~8架飞机，而编制是12架。这意味着德国空军的实际力量低于1940年5月10日的水平。从人力上看，1923年生人已被征召入伍，这些刚满18岁的年轻人本应先去帝国劳工阵线工作，而现在要早于预期时间18个月投入战场。"生产坦克、飞机、潜艇、卡车和重要设备的原材料都面临严重短缺，我们的战争潜力低于1941年春的水平。"

"蓝色"方案本身也规划得比之前各计划更细致、复杂。由于德军此时已无力在对南方发动进攻的同时继续围攻列宁格勒，因此需要将主力先集结到南方，作战成功后再将部队和装备调往北方。即使是挤出来被投入到"蓝色"方案的部队也非常紧张，希特勒决定极细致地使用他们。比如，装甲部队不允许孤军在前，不允许出现隆美尔和古德里安在过去推崇的无畏突击。"蓝色"方案被分为4个前后相继的战役，并赋予了精准的时间表。但谁能完全掌控战争呢？一旦时间不能按计划推进，会带来一连串的问题。指挥和行动的灵活性是运动战的精髓，而现在全没了，一方面这是由于希特勒喜欢插手细节管理，一方面也是实力削弱让他们别无选择。

最后，德国的情报工作也表现得很糟糕。戈林独占的"研究所"能确保他的情报比政治敌人领先一步，安保处也牢牢把控着第三帝国内部的任何动向，但他们对国外敌人的情报收集非常糟糕。此前，在不列颠之战时，他们已严重低估了对手的实力。2年后，他们又犯了同样的错误。比如，他们认为苏联空军有6 600架飞机，实际数目为

22 000 架；他们认为苏联红军有 6 000 辆坦克，实际数目为 24 446 辆；火炮数目的误区更大，他们估计为 7 800 门，实际数目超过 33 000 门。

  1942 年 6 月 28 日早晨 2 点，赫尔曼·巴尔克少将来到了第 11 装甲师的指挥部。他们位于南方集团军群的左翼，目标是沃罗涅日（Voronezh）。此时的夜晚一片寂静，2 点 15 分，德军开始炮火准备。即使是巴尔克这样经验丰富的老手也对火力的猛烈感到吃惊，炮兵阵地扬起了大量尘土和烟雾，夜晚的平静被撕裂。苏联的火炮很快开始了回击。早上 9 点，工兵已在首条阻碍前进的河流上架起了浮桥，如同古德里安突破马斯河一样，巴尔克首先冲过河去。他在炮火下视察了前面开路的步兵团，然后坐进了指挥车和坦克一道前进。他写道："真是振奋人心，广阔的平原上没有任何树木遮挡，150 辆坦克隆隆前进，天空中的'斯图卡'在翱翔。"

  他的装甲师进展顺利，几天时间就抵达并突破了特米河（Tym）。让他担忧的是，苏军坦克和反坦克炮及时撤退了。苏联战场和北非一样，空间并非决定性因素，人员和装备能否保存下来才是关键。苏联人已学会了这点。这次，德军没能实现大规模的包围战。

  整个南方集团军群的战线，"蓝色"方案正按计划实现，主力正向南冲向高加索地区。当这些胜利传到"狼穴"时，希特勒变得越来越情绪化。他一会幻想北非与高加索战场的轴心国军队可以实现伟大的会师，一会又担心侧翼被袭击。他对前线的干预越来越严重，哈尔德为此烦透了。比如，希特勒调集绝大多数装甲师前去进攻罗斯托夫（Rostov），使自己的侧翼洞开，哈尔德对此坚决反对。当德军按照希特勒的意愿行动时，所有人都看出了其中的问题。哈尔德写道："形势正变得难以让人忍受，这种指挥是病态反应，缺乏对指挥机制的理解。"

  希特勒每到焦躁的时候就会亲自干预。隆美尔的胜利和"蓝色"方案取得的进展表明，最终的胜利似乎唾手可得。虽然这是幻想，但希特勒对此极度渴望，任何一场挫折，无论大小，都让他痛苦。

  7 月底，德军已粉碎了苏军防线，进攻更为势如破竹。按照"蓝色"

方案的计划，南方集团军群将分为 A 集团军群和 B 集团军群，大量德军都集结在高加索方向。冯·李斯特（Von List）将军负责指挥 A 集团军群，他们于 8 月 9 日占领了重要目标迈科普（Maikop）。但苏军在撤离前已把当地的石油设施悉数破坏，因此夺取此地已失去了战略意义。弗里德里希·保卢斯（Friedrich Paulus）将军指挥的第 6 集团军往东朝斯大林格勒（Stalingrad）进攻，那是伏尔加河上的重要城市。8 月 10 日，德国空军增援 A 集团军群，德军抵达斯大林格勒的外围。

随着德军前线越来越往南推进，其补给线开始慢慢变长，而苏军的抵抗也变得越来越顽强。抛锚的车辆难以获得补充的配件，燃油也出现了短缺问题。德军装甲部队的活动范围日益受限。希特勒可以高谈阔论所谓的连接埃及和高加索的大战略，但这很大程度上只是幻想，国防军没有足够的装备以控制如此大的范围。就好像飞机有自己的作战半径，军队也有自己的控制半径。一般来说，500 英里（805 公里）已是极限，更合理的距离是 300~350 英里（483~563 公里）。这是平衡点，一旦越过平衡，作战效率会大幅下降，敌军将有能力反击。

德军此时虽然距离巴库油田（Baku）这样的黄金国近在咫尺，但就算打下那里，数千英里的距离也使他们难以有效利用当地产出的资源。希特勒幻想的大帝国从高加索经过中东，连接埃及，只是后勤问题就会相当麻烦：缺乏公路和基础设施，缺乏海运船队，他们无法将石油运回德国。1942 年的世界还没有密布的石油、天然气管道，苏联在迈科普和格罗兹尼（Grozny）之间建有管道，但那对德国人来说没有用处。其他的苏联管道还在德军占领范围之外，最近的是从古利耶夫油田（Guryev）到亚速海北岸的管道，位于斯大林格勒以东 350 英里（563 公里）处，管道终点位于乌拉尔山脉的奥尔斯克（Orsk）。没有哪条线路是通往德国的。即使迈科普的油田未被摧毁，石油又如何运出去？运力已达到极限的德国铁路无力运输。难以置信的是，德国竟没人思考过这些后勤的细节问题。

德军唯一的希望在于，此举能中断苏联的石油生产，从而影响军工生产。占领世界第 3 大油田——巴库，能严重削弱苏联的战争能力，但后者从莫斯科以东600英里（966公里）外古利耶夫和别洛列茨克（Beloretsk）油田获得的石油依然能超过德国每年的总供给。更糟糕的是，希特勒只相信乐观的形势评估，因此他认为"蓝色"方案发动时，苏联已到了其军事和经济的极限。他并未意识到，斯大林已命令将大部分苏联的战争工业东迁，集中于乌拉尔地区。那里的石油管道、水路、铁路运输网络使苏联的军火工厂能高效运作，远超德国情报部门的想象。

德国空军的飞机无力到达乌拉尔和西伯利亚地区，故而无法侦察或者轰炸。德军对此采取的态度是掩耳盗铃。最高统帅部战争经济局的报告记录："苏联如果将所有钢铁均用作军火生产，最大限度是在短时期内追平德国军火工业为德国陆军和空军所生产的武器量。"这显然是缺乏根据的胡说。凭借替代材料和东迁的高效工业体系，苏联可以为红军新组建的师提供大量装备，加上英、美的军援物资则更为可观。德国人的预期和实际之间出现了巨大偏差。

德军现在也不是只关注"蓝色"方案。希特勒从未放弃占领列宁格勒这个苏联第2大城市的欲望。被长期围城的苏联人展示出了坚守到底的决心。惨绝人寰的围城已超过1年时间，这造成了多达100万人的死亡，数字惊人。夏天，拉多加湖上的冰面融化。无论是苏军还是德军都很快意识到，水运是高效的运输方式。超过100万补给物资和31万部队通过拉多加湖被运往列宁格勒，50万平民被送走。新补充进去的火炮和波罗的海舰队残存船只的舰炮一起在8月压制住了德军火力，给他们伴奏的是肖斯塔科维奇（Shostakovich）新谱的《第7交响曲——列宁格勒》。负责演奏的是列宁格勒交响乐团，精彩的音乐会通过广播传遍全球。当晚，没有1枚德军炮弹落到他们边上。

冯·曼施坦因将军被派来指挥对列宁格勒的进攻。他把拥有6个师的第11集团军派往北边，他们还装备了3门巨型攻城炮。这支部队的任务是向列宁格勒西北海岸线进攻，消灭驻扎在喀琅施塔得岛（Kronstadt）上的苏联海岸炮部队，他们从战役开始就不断给德军制造麻烦。如果作战顺利，德军将再向东攻入城内。希特勒于去年12月就已接管了陆军指挥权，此次他难得的放手成就了冯·曼施坦因的独立指挥。这场代号为"北极光"的战役预计于8月底发动。

苏联红军抢在8月19日前发动了反攻，他们再次从沃尔霍夫（Volkhov）向东南方向突击，这表明他们依旧有足够的人力储备进行大规模的正面作战。无论德国人投入了多少人员、火炮和坦克，苏联人总能给予更多的回应。

苏军这次作战所取得的效果和1月那次相近，但无法给列宁格勒解围。不过，这也迫使冯·曼施坦因将大部分部队派往东南方向抵挡苏军的进攻，因此"北极光"行动夭折。希特勒对此暴跳如雷。苏军虽然损失了超过10万人，但德军也遭受了2.6万人的伤亡，相当于2个整编师的实力，让他们难以接受。

希特勒对细节的干预使本已困难的处境变得更难处理。李斯特渴求的空中支援被剥夺，因为保卢斯将军第6集团军对斯大林格勒的进攻更需要增援。这显然是颠倒本末。"蓝色"方案的初衷是占领高加索地区的油田，尤其是巴库一带的巨型油田，但元首现在更看重斯大林格勒这个目标。8月24日，斯大林命令不惜一切代价守住斯大林格勒，为此把手下最能干的朱可夫将军派去坐镇，后者之前圆满完成了莫斯科包围战的阻击。德军攻势又一次失去了后劲。

"蓝色"方案:德军对高加索区的进攻,1942年6月至11月

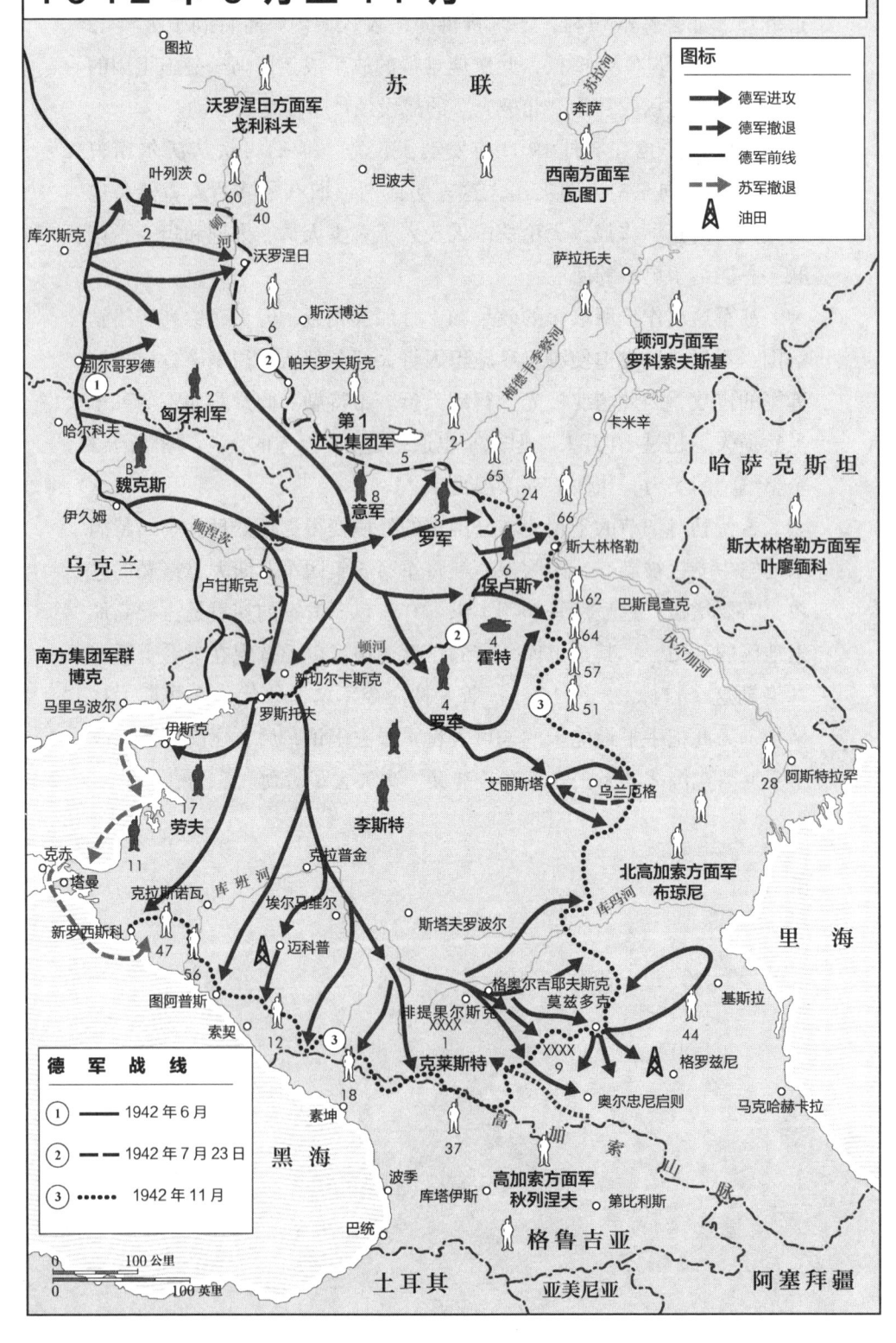

图标
- ➡ 德军进攻
- ⇢ 德军撤退
- — 德军前线
- ⇢ 苏军撤退
- ⛽ 油田

德军战线
- ① —— 1942年6月
- ② - - - 1942年7月23日
- ③ ····· 1942年11月

地名与部队标注:
- 图拉、库尔斯克、别尔哥罗德、哈尔科夫、伊久姆、马里乌波尔、叶列茨、沃罗涅日、斯沃博达、帕夫罗夫斯克、坦波夫、奔萨、萨拉托夫、卡米辛、斯大林格勒、巴斯昆查克、阿斯特拉罕
- 卢甘斯克、新切尔卡斯克、罗斯托夫、伊斯克、克赤、塔曼、新罗西斯克、图阿普斯、索契、苏坤、波季、库塔伊斯、巴统、第比利斯
- 克拉斯诺瓦、克拉普金、埃尔马维尔、迈科普、斯塔夫罗波尔、非提果尔斯克、格奥尔吉耶夫斯克、莫兹多克、基斯拉、马克哈赫卡拉、奥尔忠尼启则、格罗兹尼、艾丽斯塔、乌兰厄格

方面军及指挥官:
- 沃罗涅日方面军 戈利科夫
- 西南方面军 瓦图丁
- 顿河方面军 罗科索夫斯基
- 斯大林格勒方面军 叶廖缅科
- 南方集团军群 博克
- 北高加索方面军 布琼尼
- 高加索方面军 秋列涅夫
- 匈牙利军、魏克斯、意军、罗军、第1近卫集团军、保卢斯、霍特、劳夫、李斯特、克莱斯特

国家/地区:
- 苏联、乌克兰、哈萨克斯坦、格鲁吉亚、土耳其、亚美尼亚、阿塞拜疆
- 黑海、里海
- 高加索山脉

比例尺: 100公里 / 100英里

第 22 章

积蓄力量

尽管德军已在东线遇到了一些问题,但在莫斯科、华盛顿和伦敦的同盟国领袖们看来,苏联版图又一次在德军的快速突击中被撕扯掉了大块区域。苏联的命运看上去比真实情况或许更糟糕,随着第8集团军在北非的败北,同盟国阵营愁云惨淡。

他们还担心公众对时局的看法会影响士气。英国人在忍受了差不多3年时间的战争后,依然听到噩耗频传,取得的一点胜利也很快被新加坡、马来亚的沦陷以及北非的惨败遮盖。美国需要鼓励那些不久前还持有反战态度的民众能真心实意地投入到战争工作中来,且支持优先对付德国的战略。现代社会,消息很难封锁,消息散播带来的广泛影响很难消除。美国在对德作战半年后,依旧没有什么拿得出手的战绩。

重要的是,要让美国民众理解斗争的意义,这是一场正义的十字军行动,要让人们坚信他们能打赢这场仗。宣传工作对美国的重要性丝毫不亚于英国、纳粹德国、意大利。

因此,那些战场上勇敢的年轻人被作为榜样推到了美国公众面前。比如,英国飞行员罗尔德·达尔(Roald Dahl),他在希腊之战中表现卓越,取得了数个战果,在转战叙利亚一段时间后由于之前飞行事故的旧伤发作,头痛严重到无法继续作战。不过,他相貌英俊,富有魅力,文笔流畅,因此于4月被派往在华盛顿的英国大使馆担任公共关系事务相关职务，负责在美国宣传皇家空军的贡献。

达尔作为战斗机飞行员经历过地中海的血战，体验过英国战时生活的窘困，因此他对美国悠闲的生活状态非常吃惊。新闻报纸40页厚，人们吃着冰淇淋，吹着空调，食品琳琅满目，地暖更是普遍。美国的现代化让他瞠目结舌。

他的工作并不是实话实说，而是要展现英国战斗到底的决心。他到处宣讲自己的经历，写成文章发表在杂志上，当然还要进行一些适当的戏剧化改编。他在7月还写了个电影剧本，被沃尔特·迪斯尼邀请到好莱坞做客，在觥筹交错中和大明星称兄道弟。

不过，他暗地里还承担着英国安全协调委员会（British Security Coordination，缩写为BSC）给予的秘密使命。这个组织从1940年6月开始在美国活动，一边监视轴心国在那里的活动，一边努力推动美国的亲英情绪。负责该组织的加拿大人威廉·斯蒂文森（William Stevenson）是英国特工组织在美国的高级官员，他也结交了罗斯福和比尔·多诺万，后者此时已掌控了美国所有的谍报工作。

达尔从各方面来看都是个合格的间谍人选，他凭借人格魅力和经验在华盛顿社交圈里混得如鱼得水。从他个人来说，也愿意为生活增加一些刺激。他对斯蒂文森表示："我从战场回来，很多人被杀了。我飞了不少地方，看到过很多可怕的事情。现在，我在美国回到了战前那种充斥着鸡尾酒会的环境里。"他的首个任务是，接近美国副总统亨利·华莱士（Henry Wallace），此君是个公开的反帝国主义者，对苏联抱有同情的自由主义分子。英国把他视为极端分子，一旦罗斯福脆弱的健康出了问题，华莱士最有可能接替总统职位。达尔在别人的帮助引荐后，迅速和华莱士建立了密切的友谊，可以经常约出来打桌球，并轻松谈论政治话题。

在整个局势面前，这类谍报工作属于非常初级的层面。不仅是英国在美国进行着隐蔽的地下工作，德国也没放松。对于纳粹德国这样的军事极权国家来说，他们在海外的表现远逊色于国内。他们在英国没有渗透进什么成功的间谍，原本试图于1942年夏在美国制造一些恐怖事件也被挫败。德国国防军的反谍报局策划的"帕斯特留斯"行动（Pastorius）也是个纯粹的幻想，他们指望8个分散在美国各地的德国人依靠自制炸弹进行破坏活动。

这个行动从开始就漏洞百出。破坏小组队长乔治·达施（George Dasch）把行动文件遗漏在火车上，还有成员在出发前就在巴黎喝醉了，到处吹嘘自己是秘密间谍。他们乘坐潜艇来到美国，可刚登上海滩就被当地海岸警卫队员发现。德国人并未杀人灭口，而是以金钱贿赂封口。结果那人当场拿了钱，没说什么，一回去就把情况向上级作了汇报。

小组内的成员也很离奇，达施和恩斯特·布尔格（Ernst Burger）发现，两人都深深地憎恶纳粹政权，因此试图破坏这次行动。布尔格甚至说他曾在集中营里被关了1年半的时间，真不知道德国为何会挑他来美国。他们不仅对联邦调查局坦白了行动方案，还上缴了84 000美元的现金，这也是"帕斯特留斯"行动的全部经费。这个间谍小队被迅速逮捕，判了死刑，包括达施和布尔格。不过，他俩后来获得了减刑，而另外6人在8月8日在电椅上被处死。很难想象，该行动还有更糟糕的结束方式。

尽管这些幕后的秘密行动一刻不停，但战争主要还是发生在地面、空中和海上。那年夏天，英国和美国的领袖们还未确定如何能最有效地击败纳粹德国。是的，直接攻入欧洲西北部是最终目标，但两国战略并不完全只关注欧洲大陆，通过空中作战，尤其是战略轰炸可以慢慢摧毁德国的战争能力。上一年提交的布特报告里发现，英国皇家空军轰炸机部队的轰炸效果非常糟糕，这让人对战略轰炸的效果不禁怀疑。但美国的战略方向对此毫不动摇，这在陆军航空队的作战指导书里已经写明，他们要进行的就是哈里斯所计划的那种千机轰炸。

6月18日，近期刚被晋升为少将的卡尔·施帕茨来到英国，负责指挥新成立的美国第8航空队。这支部队将拥有16个重型轰炸机大队，每大队装备32架重型轰炸机，另外拥有3个驱逐机（战斗机）大队，每大队装备70~80架战斗机，并配备一些轻型和中型轰炸机大队。首批部队将于夏天抵达英国。

施帕茨于 6 月 20 日在位于海威科姆（High Wycombe）的轰炸机部队司令部召开了第一次全面会议，与英国皇家空军商讨合作事宜。他说："第 8 航空队必须要干得出色，否则国内和英国都会失望，一切都寄托于美军的努力。"他强调第 8 航空队必须吸取英军的教训，不能机械模仿英军的战术。

施帕茨和他的幕僚坚信，夜间轰炸的精准度太差，几乎无效，他们对英军轰炸机部队所取得的战果不以为然。他们认为，解决办法只有进行白昼轰炸，选择重型轰炸机，尤其是装甲和武器得到很大提升的 B-17 "飞行堡垒"可以在没有战斗机护航的情况下独立作战。B-17 大编队作战，用类似商船编队的做法以数量换安全。这种自信不是没有缘由，英国的"兰开斯特"和"哈利法克斯"为 7 人机组，装备的点 303 勃朗宁机枪的火力并不突出，而"飞行堡垒"为 10 人机组，在 8 个不同位置装备了点 50 机枪。这种武器非常适合空战，威力和射速都不错，能打出重拳。简言之，B-17 是为昼间轰炸设计的，用在夜间浪费了。

施帕茨如此热衷推动昼间轰炸的原因也许是因为他想让自己的第 8 航空队独立于英军作战。他可不想让自己的部队变成英军的附属或变成可供支配的角色。他和美国陆军航空队的同僚们，比如哈普·阿诺德一样相信，他们的空战理论才是正确的，竭力避免盲从英军的论调，他们想实践自己的作战纲领。不过，这更多的是关乎信念上的，是没有经过考验的想法。他们很快就将与英军联合起来，发动昼夜不息的轰炸，德国人将没有片刻喘息的机会。

首先抵达英国的是第 97 轰炸机大队，他们从美国分段飞往英国，基地是位于英格兰中部的波尔布鲁克（Polebrook）。22 岁的劳尔夫·伯布里奇（Ralph Burbridge）是 414 中队里"全美"号 B-17 上的轰炸手。他来自美国中西部的密苏里州，在珍珠港事件爆发前加入了美国陆航。他对自己没被挑选为飞行员有些失望，但也坦然接受了轰炸手的任务，这个角色责任重大，必须要确保炸弹被投到准确的目标上。除此之外，他还有别的职责，在没有轰炸任务时负责操纵1挺点50机枪。

第8航空队在欧洲大陆上的首次任务是8月17日对法国鲁昂编组场的空袭，"全美"号也参加了这次行动。所有机组人员都感到紧张，所幸他们都在完成轰炸后安全返航了。总的来看，首秀比较成功，轰炸机到达目标后，从23 000英尺（7 010米）的高空投下炸弹，精度相当准确，鲁昂的铁路网络瘫痪了一段时间。但这次经历也让伯布里奇认识到，他们对战争还未做好准备。他说："幸亏我们有'喷火'的掩护，否则，我估计大家都死了。"

德怀特·艾森豪威尔少将也来到了英国，他的新角色是欧洲战场上的美军司令。马克·克拉克准将担任他的副官，并兼任美国第2军的军长。这对搭档感到压力很大，尤其对艾森豪威尔来说。美国刚刚参战，而英国已打了3年仗。从文化上看，他们两国的语言相同，但他们也有太多地方不同。他们应该一起策划，并肩奋战，但他们对战争方式的理解非常不一。此时的艾森豪威尔肩上只有2颗星，而他的工作伙伴是那些久经战阵的高级将领，比如艾伦·布鲁克将军、哈斯廷斯·伊斯梅尔将军和约翰·肯尼迪将军。

美军为了帮助他更有底气，于7月10日晋升他为中将。可就在同一天，与布鲁克、伊斯梅尔和波特的会议上，英方表示"大锤"行动已没可能在这年秋季发动了。艾森豪威尔前往英国的主要任务是推动该行动的落实，这可谓是对他的沉重打击。英国人告诉他，海运工具不足，一旦失败，可能引起连锁反应，影响次年的全面反攻。这是事实，他们还缺乏登陆艇，新型的登陆攻击艇和平底的登陆船正在建造中。美军从未和德军装甲部队正面对抗过，大部分步兵甚至连坦克都没见过。他们的战斗条令只是在美国南部举行的演习中短暂测试。他们要想对付德国国防军，还有不少路要走。

一周后，美国的参谋长们在哈利·霍普金斯的率领下到访英国。美国人接受无法在法国北部夺取立足点的看法，故而取消了"大锤"行动。但美国人已承诺莫洛托夫要做出些战争努力，毕竟，现在苏联的处境非常糟糕。7月20日,丘吉尔说服他的总参谋长最可行的方案是在西北非洲发动反攻。一开始,抱着怀疑态度的布鲁克将军也逐渐接受了首相的想法。美国人对此变卦肯定是拒绝的,但在僵持不下的状态中,马歇尔认为需要得到总统的决断。这时的罗斯福已不那么排斥北非行动了,他让军事代表团和英方必须达成一致,即当年内必须让美军发动对轴心国的登陆进攻,地点不限制。这实际上只剩下了一种选择:北非。刚刚取得中途岛海战胜利的欧内斯特·金海军上将利用这有利的局势立刻督请总统改变战略重点,将更多资源投入到太平洋战场上来。罗斯福对此并不买账。他把金和马歇尔召集起来,让他们在当天下午就提交太平洋战场的具体计划。

金和马歇尔当场承认无法将庞大的陆军送到太平洋上,相比而言,越过英吉利海峡并不难做到。在遥远的太平洋上作战确实有更多困难。罗斯福化解了他和海陆军指挥官之间的分歧。

无论如何,取消"大锤"行动对艾森豪威尔是严重的打击。他给副官哈利·布彻(Harry Butcher)说:"好吧,我都不知道接下来该怎么办了。"一起传来的,还有东线的坏消息,他担心7月22日(周三)会成为"历史上最黑暗的一天"。

现在,所有的重心都放到了西北非洲,丘吉尔将行动命名为"火炬"(Torch)。7月24日,大家在原则上达成一致,但英国人并不认为这个行动会使下一年发动跨海峡作战变得不现实。双方的参谋长们联合制订了一个计划框架,但很显然,同盟国需要一名统帅,布鲁克建议由美国人来担任。英国人也认为行动的主要力量将是美军,部分原因是维希法国对前盟国英国已恨之入骨,美国人容易被接受一些,毕竟1940年7月初英国皇家海军对法国位于阿尔及利亚的米尔斯科比尔军港的袭击有些太绝情。他们评估之后,一致同意英军如参加行动肯定会遇到更坚决的抵抗。行动分为两块,一部分是在非洲的西海岸,一部分是在西北海岸。计划由艾森豪威尔位于伦敦格罗夫纳广场的指挥部制订,美军从国内加派参谋前往支援,因为计划的行动发起时间为10月,只剩下12周时间了。

艾森豪威尔并未参与到会谈中去，是马歇尔告诉了他结果。马歇尔希望艾克统领欧陆作战，并担任"火炬"行动的副总指挥，立刻生效。

"火炬"行动中很重要的工作是，确保有足够数量的受过充分训练的部队；此外，假设开辟第二战场的部队一定是以英国为出发基地的，大部分部队确实集结在那里。1942年夏，在北非的英军第8集团军是典型的大英帝国军队，其中包括澳大利亚人、南非人、印度人和新西兰人，当然英国人也不少，如阿尔伯特·马丁和约翰·库珀等，但英军主力自2年前从敦刻尔克撤回后，一直驻守在英国本土。

比尔·切奥在战前就加入了后备役部队，之后跟着第6"绿色霍华德"团前往法国作战，在敦刻尔克战役中成功撤回英国。不列颠空战期间，他的主要职责是担任对空瞭望，之后被分配到第11营，该营属于训练单位，需要一些老兵带教。切奥对此并不介意，但他并不喜欢被调来调去，因为各地大同小异：都靠着海岸线，都是尼森棚屋（一种金属结构隐蔽棚屋）。

这个营驻扎在林肯郡的马勒哈姆勒封村（Mareham le Fen），距离海边只有几英里远。切奥于1942年初来到这里，让他高兴的是，训练终于加大强度了。越野训练成为了家常便饭，他们还要练习读取地图和指南针，武器训练的密度也增加了，并按照班、排、连的规模进行合作演练。刚被晋升为一等兵的切奥写道："大伙终于认识到他们是在准备打仗，而不仅是放哨演戏。"

前往英国的美军士兵正在迅速增加，包括第34"红牛"师，他们驻扎在北爱尔兰的奥马（Omagh）。约·沙普斯中士回忆，他们的尼森营房就像是被横切为两半的钢管。

同样在"红牛"师里的还有沃伦·"宾"·埃文斯（Warren "Bing" Evans），他来自于南达科他州的亚伯丁（Aberdeen）。埃文斯从南达科他州立大学毕业后自愿加入国民警卫队，原因是他需要每周1美元的薪水，代价只是每周四晚上参加一些集训。在埃文斯只有4岁的时候，他的父亲就因癌症去世了，他的母亲辛苦地把他和妹妹拉扯大。他很小就开始投递报纸赚钱以减轻家里的负担,这让他养成了不畏困难的性格。他后来发现自己有踢橄榄球的天分,借此也获得了大学奖学金,并且还有单人间和一天免费两餐的优厚待遇。国民警卫队的额外薪水使他口袋里还开始有了闲钱。

他本来并未想到会被征召入伍,但1941年2月他收到了征兵令。埃文斯之前就预见到美国必将参战,只是他刚陷入了热恋,有点不情愿参军。他在去年感恩节舞会上认识了弗朗西斯·惠勒(Frances Wheeler),双方立刻爆发了火花,现在的分离让他们感到伤心。弗朗西斯允诺会等他回来,毕竟当时说的服役期只有1年。但在那年夏天的路易斯安那大演习之后,埃文斯明白,不可能在短期内退役了。

弗朗西斯得知这个消息后,立刻开车直奔新奥尔良,与埃文斯共度宝贵的周末。在晚饭和舞会后,埃文斯向弗朗西斯求婚,后者当场答应。为了买结婚戒指,埃文斯省吃俭用存了21美元。珍珠港事件后,埃文斯得知自己的部队将前往英国,因此决定立刻举办婚礼。此时已是冬季,在雪天里开车上路非常危险。因此,埃文斯坐船前往新泽西,在他即将下船那天,弗朗西斯在路上出了车祸。虽然她幸运地只是伤了嘴唇和胳膊,但当伤愈出院时,她的未婚夫已乘船前往欧陆了。埃文斯悲痛欲绝,弗朗西斯保证会等他。即使这样,埃文斯在一天夜里走上甲板,把结婚证撕了,把戒指也扔到了海里。他说:"我感觉这带来了坏运气。我只希望能够平安回来。"

6个月后,他从北爱尔兰来到了苏格兰,因为他主动申请离开第34师,加入第1游骑兵营,后者是类似英军突击队的精锐组织。负责指挥这支部队的是英国海军中将路易斯·蒙巴顿勋爵(Louis Mountbatten),他负责对纳粹占领下的欧洲发动海陆空一体的秘密破坏行动。

马歇尔将军在访问英国期间和蒙巴顿达成一致,美军将派一些军官加入后者的联合作战总部。双方同意美军也选拔人才加入突击队,并独立组成作战单位。寻找志愿者的任务交给了威廉·达比(William Darby)上校,他曾在美国驻北爱尔兰的第5军参谋部工作。

PART TWO / 东线影响

6月1日，达比公布了招募要求，只有那些拥有领导潜力，具备主动性且思路清晰的人才能加入。当然，强悍的体能、没有身体缺陷是前提。看到通知后，宾·埃文斯决定立刻报名。他将这看作是有趣的挑战，最后成功入选了首批的300人名单。

这支部队感到了换名字的必要，毕竟"突击队"的英国味太重，他们很快改称"游骑兵"。6月19日，第1游骑兵营正式成立，宾·埃文斯担任E连军士长。他们立刻被送往苏格兰，驻地是威廉堡（Fort William）附近的阿齐纳卡利城堡。尽管他们想和突击队区分开来，但开始时接受的训练如出一辙，甚至有着同样的教官。训练对队员来说非常挑战，无论是体力上的，还是精神上的。除了学习徒手搏斗技能之外，游骑兵们还需要练习攀岩、强行军、渡河，适应在冰水里泅渡，磨合小单位侦察和作战的技巧。部队非常看重两栖作战训练。埃文斯觉得训练和教官都很严格。他说："他们故意打击我们，以为我们无法熬过去，但我们也铁了心要证明，他们能做到的我们也能。"

除了几千名美军士兵外，也有加拿大军队来到英国。早在1939年12月，第1加拿大师就作为大英帝国自治领里首支响应召唤的部队来到英国，之后就是小股小股的单位了。他们的驻地位于克莱德河畔的格里诺克（Greenock），21岁的法利·莫厄特（Farley Mowat）中尉于7月末的暖日抵达这里，他已迫不及待地想要参战了。

莫厄特来自加拿大中部的萨斯卡通（Saskatoon）。1939年9月，父亲告诉他，战争爆发的消息时，他正在自家门廊上刷漆。老莫厄特参加过上次大战，德军子弹打残了他的右臂，但他仍然参加了加拿大民兵组织，隶属于哈斯廷斯及爱德华王子团。

小莫厄特实际上对战争爆发的消息还有些激动，毕竟，正直18岁的他认为这是自由主义对纳粹暴政进行的光荣战争。他自己想加入空军，因此立刻报名，在1940年5月的体检中由于体重轻了4磅（3.6斤）而落选，被分到了陆军。

虽然战斗机飞行员的梦想破灭，莫厄特还是听从父亲的劝导，加入了哈斯廷斯及爱德华王子团的 2 营。他以为自己很快会被调入已在英国的 1 营，但他的愿望并未实现。当他追问申请审批结果时，上级表示："对不起，我们不能这么办。你太年轻了，议会一定会嚷嚷，军队开始抓娃娃兵了！"莫厄特很失落，但也只得回到本单位，和那些老头兵和周末兵一起混日子，希望自己能早点成熟。

7 月，他和另外几个人终于被放入了派往海外的人员名单。他给父母迫不及待地写信："谢天谢地，终于来了！2 年的等待没有白费。除了对你们的不舍，我对未来也许不能回到加拿大不会有遗憾。只要我们能好好教训一顿德国佬，这就值了。"

他来到英国时已被晋升为中尉，但让他失望的是，仍然没能去到 1 营。看起来，第 1 师充斥着无所事事的军官，唯一的伤病可能是花柳病，因此莫厄特和他的战友们仍需待在补充兵营地，驻扎在萨里郡的吉尔福德。负责管理他们的是威廉姆斯上尉，首先要做的是去混熟镇上的酒吧街。在某个酒吧中，莫厄特被当地女孩搭讪，并被拉出去沿着河岸散步。他在草丛里被女孩夺去了初夜，这也是他在参军时就非常期待的。

"来吧，小子，"她边说边笨手笨脚地解开他的扣子。"威利上尉说，你需要来一下，我可很喜欢加拿大人！"

莫厄特这才知道被设套了，突然感到兴趣索然。他在次日找到威廉姆斯上尉说，如果还需要"做"的话，宁愿自己解决。上尉听到这话，笑出了眼泪，从此称呼他为"自助莫厄特"。

德国的战争英雄通常会受到高规格的表彰。骑士勋章的颁发一般会把被授勋者从前线召回，并能获得元首的接见。如果这些获得者既年轻，又有魅力，甚至还金发碧眼，那就更棒了，他们会很快变得举国闻名。6 月 8 日，赫尔穆特·楞特正和他的俄裔妻子蕾娜带着新出生的女儿休假，消息传来，他获得了骑士勋章的橡叶饰，这也是首个获此殊荣的夜间战斗机飞行员。他的大幅报道很快出现在国防军印发的《国防军通讯》上，标题是《夜空的胜利》。文章详细描写了楞特是如何追踪并击落"托米"轰炸机。写这篇文章的战地记者约瑟夫·克洛茨（Josef Kreutz）绘声绘色地写下了敌机的坠落过程："碎片像点燃的火炬般四散，敌机那数十吨重的巨大躯体猛烈地撞上地面。轰炸机燃烧了很长时间。德军夜间战斗机的果断袭击给了敌机致命一击，巨大的破坏力使敌机机组没有机会逃生。这是我们最成功的夜间战斗机飞行员、该兵种首个橡叶饰获得者的第 35 个空战战果。"

沙漠里，亚辛·马尔塞尤刚刚取得了个人的第 101 个确认战果，他的骑士十字勋章上不仅加了橡叶饰，还加了双剑饰，这也是德国国防军里第 12 个此种荣誉的获得者。他被召回拉斯腾堡，由希特勒亲自颁发勋章，但他并不情愿回去，因为他不想离开自己的战友和新朋友——在托布鲁克被德军俘虏的南非黑人马蒂亚斯。一开始，马蒂亚斯充当马尔塞尤的勤务兵，但后者很快将前者当成了"最好的朋友和酒保"。这种友谊在纳粹德国是不能被接受的，但大队长埃杜·诺依曼（Edu Neumann）对此并不介意。他知道马尔塞尤是个不同常人的天才飞行员。

马尔塞尤于 6 月 18 日动身前往柏林，诺依曼向他保证会照顾好马蒂亚斯。当他降落在柏林的滕伯霍夫机场时，发现希特勒最信任的电影导演莱尼·里芬斯塔尔（Leni Riefenstahl）已带着全套拍摄人马在等候着他。

他在抵达狼穴觐见希特勒时，仍穿着沙漠靴，并未换装礼服。午餐时，他被安排在戈林的旁边，后者和他聊天："你现在有超过 100 个记录了？"

"帝国元帅阁下，"马尔塞尤回答，"您是说飞机还是女人？"

戈林笑得差点被嘴里的食物噎到，但马尔塞尤其实对总部的感受并不喜欢，他对纳粹也不感冒。有位希特勒的副官询问他，是否考虑过加入纳粹党。马尔塞尤说，如果党有吸引力的话，他会考虑，但党里要有漂亮女孩才行。他对希特勒直言，意大利人不可靠，当元帅说在战争打赢后德国需要像他这样的人才时，马尔塞尤回答自己很可能活不到那个时候。

8月初，布鲁克将军和丘吉尔启程飞往中东，于3日抵达开罗机场。奥金莱克指挥手下的疲兵对轴心国发动了一轮反击，但没能成功。丘吉尔在伦敦不断给前线施加压力，但奥金莱克对德军在高加索地区取得的进展更为担心。他和艾森豪威尔一样，忧虑德军在苏联的高歌凯进，如果轴心国打通了中东和高加索的联系，后果不堪设想。

不过，他没能把自己的意图让手下那些来自不同国家的将领们明白，大家在10周的苦战后士气低落，似乎忘记了本国寄托在他们身上的希望。奥金莱克面对这种状况一筹莫展，皮纳尔和戈特之间心怀龃龉，第9澳洲师师长莱斯利·莫斯黑德作为澳洲部队统帅还公开挑战过总司令的权威。

当丘吉尔和布鲁克降落的时候，首相已决定将奥金莱克解职，布鲁克对此表示赞同。他们在前线视察了几天后，一切犹豫都扫除了。

丘吉尔听了奥金莱克的汇报，数次要求后者立刻发动反攻。奥金莱克耐心地解释为何不能进攻。焦躁的首相走下总司令的指挥车，一个人站在外面凝望着荒凉的沙漠，戈特走过来和他聊了几句。丘吉尔认定，戈特能承担起指挥第8集团军的重任，但后者对首相直言，自己需要回英国休养3个月。

首相的情绪在视察沙漠空军时精神稍显振奋。托米·艾姆赫斯特写道："他来到空军指挥部，大家感到非常荣幸。"他们之后前往战斗机大队指挥部视察，午餐还是专门从亚历山大港送来的。一切都很顺利，丘吉尔讲话鼓舞自己的战士。空军飞行员们都对能看到首相非常兴奋，场面一片其乐融融。

布鲁克抽时间和戈特谈了一下。戈特说："我认为，这里急需新鲜血液。我们已对德国佬用上了各种办法。我们需要有主意的人，且要足够自信。"他指出了问题的关键。

丘吉尔和布鲁克在开罗会合后，两人同意哈罗德·亚历山大将军接手中东战区总司令的职位，他在指挥英军成功从缅甸撤回印度后，返回了英国。实际上，他已被内定为英军在"火炬"行动中的总指挥，和艾森豪威尔紧密配合。布鲁克希望蒙哥马利将军接手第8集团军，而丘吉尔坚持戈特才是合适人选，尽管后者一直乞求着回国休假。

次日，8月7日，新的任命得到了在伦敦的战时内阁的批准，但上天似乎并不买账。前线英军的无线电通讯并不安全，轴心国情报机关探听到了戈特的新任命，知道他打算回开罗短住几天。在他乘运输机返回伦敦时，遭到了6架德军Me-109战斗机的拦截，飞机被命中后迫降，在地面燃起了大火。以往，德军空战的目标都是敌机，而这次行动的目标是机上的乘客。因此，德军并未离开而是仔细观察，由于逃生门被卡住，戈特和同机乘客被活活烧死。

戈特死了，奥金莱克去了印度，亚历山大到了，蒙哥马利作为布鲁克的首选执掌了第8集团军。

在开罗，记者们得知了这些人事变化。澳大利亚战地记者艾伦·穆尔黑德意识到战争已走过了一个阶段。他写道："中东的军队获得了新生，这支军队将是首个囊括美军和英军的联合体。中东之前未曾经历过的援军大潮即将来临，更新更强的军队将由此诞生。"

第 23 章

非洲末日

在柏林的埃尔斯·温德尔写道:"隆美尔将军是这个夏季我们的大英雄,他于7月在北非取得了最终的胜利,至少我们是这样认为的。"士气和希望重新燃起,大家都在庆祝胜利。刚被晋升为陆军元帅的隆美尔非常清楚,距离最辉煌的胜利已非常接近,但此时还未能完全掌握,胜负差之毫厘,谬之千里。他在托布鲁克的胜利就像是德军在东线初期胜利的小型翻版,战术上非常精彩而战略上并非具有决定性。如果一场战役无法帮助你决定战争的胜败,不算真的大胜。

无论是德军之前在挪威、法国和巴尔干地区取得的胜利,还是追溯到腓特烈大帝时期取得的胜利,共同点都在于战略上的距离均在他们的可控范围,总参谋部清楚地知道他们的作战能力极限。通常是一轮猛攻就能取得速胜。而面对广袤的苏联和北非,德军的作战能力有点跟不上节奏。整个系统无法适应:德国的机械化程度不足,石油不足,航运力不足。他们缺乏靠得住的盟友为最终的胜利添砖加瓦,他们开始极盛而衰。

在英国,两大盟友之间的各兵种紧密配合,正酝酿有史以来最庞大的两栖作战。他们需要克服众多困难,解决双方在作战条令和习惯上的分歧,包括必不可少的一些摩擦。不管怎么说,整体氛围还是积极合作的,双方众志成城地要完成目标。这和1940年德国计划入侵英国的"海狮"计划的草率形成了鲜明对比,同盟国之间的配合比德意轴心国好太多。

战争爆发以来,德国一直瞧不起这个轴心国伙伴。希特勒和里宾特洛甫偶尔也会对意大利人表现出一丝热情,但只是在绝对必要的条件下,或者有求于对方时。凯瑟林在罗马和意大利最高统帅部相处得还算融洽,可这是非常例外的。希特勒本人从不把墨索里尼当回事,经常背着后者作自己的计划,无视对方的意见和建议。

领袖确实也没什么拿得出手的成绩为自己脸上贴光,德意轴心在北非沙漠面临残酷考验。隆美尔在7月12日突破阿拉曼防线失败后,在给陆军作战处的报告里写到,意军弥漫着失败主义情绪。意军帕维亚师(Pavia)和布雷西亚师(Brescia)在近期战斗中损失殆尽,隆美尔声称意军最近好几次临阵脱逃。因此,隆美尔请求增派更多的德军部队。

意大利人获知此份报告后,非常愤怒,尤其是刚被晋升为元帅的埃托雷·巴斯蒂科(Ettore Bastico)和墨索里尼,前者是意军在北非的统帅,后者已放弃了前往开罗的等待返回了意大利。在领袖驻扎利比亚的3周时间,隆美尔一次也没有前去拜访过他,当然在前线指挥激烈的战斗是个合理的借口,但这显然未给领袖面子。齐亚诺伯爵写道:"很自然,墨索里尼接受了北非意军指挥官的反隆美尔情绪,他不断抨击这位德国元帅。"同时,对德军部队的态度也是反感的。齐亚诺几天后写道:"领袖的讲话,表达出越来越多的反德情绪。"

实际上,双方都已精疲力竭,无论是精神上还是身体上,隆美尔本人也是如此,糟糕的局势让人无法轻松。隆美尔的部队只剩下30%的人数,15%的坦克,70%的火炮和40%的反坦克炮。他急需各种补给,否则将面临彻底的失败。此时,他的补给线已被拉得过于漫长,而敌军的补给线则大大缩短。他非常清楚,同盟国的援军已在来的路上。比如,美军第98重型轰炸机大队已开始从埃及发起对他们的进攻,而美军第57战斗机大队也和坎宁安的沙漠空军并肩作战。越来越多的谢尔曼出现在北非战场,火炮、部队也不断增加,包括隶属于第8装甲旅的谢尔伍德游骑兵团。

隆美尔明白，接下来的几周将是和时间的竞赛，他必须在英军实力形成压倒性优势之前积蓄足够的力量。根据已得到确认的运输船期，他希望能在8月底发动对第8集团军的决定性进攻。

汉斯-赫尔穆特·基希纳少尉作为运输机飞行员，正为隆美尔的补给而奋战。他驻扎在希腊菲隆（Phaleron）南部的卡拉马基机场（Kalamaki），He-111的炸弹仓里塞满了油桶。7月12日，基希纳驾机飞到利比亚的富卡，全程3小时。当飞机停稳后，油桶被小心翼翼地用滑轮卸载下来，然后把油注入空的汽油罐。每次飞行，他能运送1 000升汽油。他写道："如果你把这个运输量和我们长途飞行所消耗的量相比，辛苦的飞行将变得无足轻重，这是必须做的。"基希纳被富卡那里的混乱景象惊呆了，从各个方向飞来的大批飞机降落在沙漠中临时清理出来的跑道上。陆军的油罐车，甚至是坦克都直接停在旁边，一边等待他们卸载，一边开始加油。基希纳写道："所有人都忙得不停。在雅典，偷油和卖油的惩罚都是死刑。可在这里，油撒得到处都是，浪费很常见，简直是疯了。"

燃料卸载完，他会立即起飞，返回希腊，目的地是斯卡拉曼加斯（Skaramangas）附近的埃莱夫西斯（Eleusis）。次日，他将又一次飞来富卡，之后飞到克里特岛的伊拉克利翁补充燃料，最后飞往班加西，完成第3次北非任务。这次，基希纳和他的"亨克尔"都抛锚了，他患上了痢疾，而飞机的电池也出了问题。他们在班加西附近的残骸里搜刮了一遍，终于找到了配件，修好了飞机。基希纳于16日强忍着肚里的翻江倒海，成功驾机回到了埃莱夫西斯。

增援部队正在赶来，包括原驻扎在克里特岛上的第164轻型师、拉姆克（Ramcke）伞兵旅和意军弗尔格（Folgore）伞兵师，后者是意军的王牌部队。22岁的路易吉·马尔凯塞（Luigi Marchese）在其中第2伞兵团担任班长，于1939年大战爆发前被作为普通士兵征召派驻利比亚。他在的黎波里巴尔博元帅的司令部工作，负责军事地图的绘制。大战爆发后，他自愿加入伞兵部队，希望能获得更激动人心的冒险机会，能在前线冲锋陷阵。

其后 2 年的时间，他随着伞兵师驻扎在南斯拉夫，当地的占领和治安任务由意军和保加利亚第 1 集团军负责。南斯拉夫的局势很不稳定。这个被奥托曼帝国和哈布斯堡帝国统治过几百年的国家是在 1919 年后被拼凑出来的，民族和政治上长时间分裂。抵抗运动几乎一夜间形成了燎原之势，民族主义者、保皇党都站了出来。德拉扎·米哈伊洛维奇（Draza Mihailovic）上校领导的塞尔维亚人切特尼克运动和由苏联人撑腰的共产主义者铁托（Tito，真名约瑟普·布罗兹）领导的泛南斯拉夫运动最为人熟知。另外，由克罗地亚天主教徒安特·帕维利奇（Ante Pavelic）领导的乌斯塔沙也是一支重要力量，他们是极右翼的极端民族主义组织。他们在 20 世纪 30 年代开始活动，在南斯拉夫投降后，克罗地亚获得了独立，新疆界包括波斯尼亚和黑塞哥维那。尽管他们被迫签署的《罗马条约》里将部分克罗地亚领土割让给了德国和意大利，但他们几乎能独立地管理这些地方。他们使用自己的民兵组织清洗居住在本国的塞尔维亚人，其中的暴行罄竹难书。

意大利人看重的是巴尔干半岛和希腊可以为他们提供新的领土，但这里是个无底洞且没有什么产出。这里并没有丰富的自然资源，也没有什么财富可供掠夺。唯一的好处是，满足了墨索里尼扩大疆域的虚荣心，从战略上看或许能阻止同盟国对罗马尼亚宝贵的普洛耶什蒂油田发动空袭（那里已由德军部队接手）。

弗尔格伞兵师驻扎在原南斯拉夫北部的卢布尔雅那（Ljubljana），这部分现已割让给了意大利。路易吉·马尔凯塞发现，那里充满着赤裸的恐吓。几乎所有墙上都贴着对游击队袭击进行报复的告示。他写道："从这上面，我们能看到那些包括妇女在内的游击队员对德军和意军部队落单士兵的袭击罪行。"

马尔凯塞曾以为自己会在南斯拉夫长待下去，但实际上他只在这个内战爆发、游击队到处袭击的破碎国家待了几周时间。7 月底，他们被调动到另一个被占领国家：希腊。马尔凯塞惊讶地发现，当地民众食品短缺的问题非常严重，他从未见到过如此多的乞丐，多数为妇女和女孩。让他震惊的是，几乎看不到男人。

8月1日,他们从雅典搭乘德国和意大利的运输机前往托布鲁克,他们营被派到了阿拉曼防线南端的杰布卡拉(Jebel Kalakh)。同盟国的轰炸机从早到晚进行轰炸,他们只得拼命挖战壕躲起来。

只在前线待了几天,意军装备糟糕的状况就暴露无遗。马尔凯塞发现,他们根本没有反击的办法。饭食情况很差,苍蝇之多是他从未经历过的。他写道:"饮用水短缺似乎是上帝给他们的惩罚:在阴凉处也是50摄氏度的高温,每天每人只能得到1升水。水被装在汽油罐里,喝起来令人作呕,很多人开始生病。"

经过地中海的补给线也难保安全。7月,英军将基斯·帕克(Keith Park)空军少将派往马耳他岛坐镇,皇家空军在几周后重新拿回了岛屿周围的制空权。第10潜艇支队回到了岛上,而鱼雷轰炸机也能利用该岛作为中继站。轴心国前往托布鲁克、班加西和的黎波里的航线都在同盟国轰炸机的攻击范围内。对轴心国运输编队来说,现在的危险远超4月和5月的状态,那会儿他们的补给损失得很少。

年轻的水兵瓦尔特·马祖卡托(Walter Mazzucato)正在意大利驱逐舰"科尔萨罗"号(Corsaro)服役。7月,他所在的护航舰队拥有4艘鱼雷艇和4艘驱逐舰,负责将4艘商船护送到北非。在离开意大利东南部的布林迪西(Brindisi)没多久,就遭到了英国皇家空军"波弗特"鱼雷轰炸机(Beaufort)的袭击,1艘商船沉没。船上搭乘的都是前往北非的士兵,大部分落水人员被附近的船只搭救。编队继续前进,在塔兰托港作短暂休整,又有1艘商船加入了他们的队伍。当他们再次出港后,1架英军的"喷火"战斗机从头顶飞过,显然,在他们侦察之后会迎来"波弗特"轰炸机编队。1艘商船被命中,但经过紧急抢修后,船只跟上了队伍,并安全抵达了班加西港。

马祖卡托的再次任务遇到的情况也类似。他们于8月3日离开布林迪西,次日在海上被英军侦察机发现。警报响起,所有人都进入了战斗岗位。当晚7点,美军第98轰炸机大队的"解放者"出现了,发动了猛烈轰炸。幸运的是,美军轰炸机高度太高,影响了投弹精度,意军编队损失不大。

当晚 11 点，又有敌机编队飞到上空，他们用照明弹使编队无处藏身，之后用炸弹和鱼雷实施进攻。编队调整为防御阵型，分为 3 个小组，他们躲在施放的烟雾中。清晨，编队又遭遇了新一轮的空袭，幸运的是没有船只受伤。马祖卡托写道："编队于 8 月 5 日早上 11 点抵达班加西，之后没有再遭到袭击。"这趟编队总算安全抵达了北非。

对德军北非装甲集团军的补给工作由意军最高统帅部负责，毕竟德国人没有运输船队，主要线路皆为由意大利各港口开往利比亚的意属港口。7 月，在罗马的加持下，大部分补给物资被运往班加西和的黎波里，而不是托布鲁克和窄小的马特鲁港。这被证明是正确的选择，7 月，他们只损失了 5% 的物资，轴心国 91 000 吨补给安全抵达了利比亚。

装甲集团军在前线每月需要 10 000 吨补给，上面的数字显然能供他们维持一段时间。可实际上，的黎波里距离前线仍有 1 300 英里（2 092 公里），距离班加西也有 800 英里（1 287 公里），漫长的补给线意味着运输这些物资前往埃及前线需要损耗掉一半的燃料。简单说，燃料的有效补给降低了 50%。8 月，隆美尔强调，补给必须直接运至托布鲁克和马特鲁港，他急需燃料。隆美尔在战术上的才华毋庸置疑，但他对后勤问题却不在行。燃料问题如此紧张的根源，在于他对补给线的过度压榨。350 英里（563 公里）的作战极限范围自开战以来一直应验。现在，一切都取决于燃料的供给度。

隆美尔对卡瓦莱罗元帅说道："这场战役依赖于能否迅速将燃料送至前线。"

卡瓦莱罗回应："你可以开战了，元帅先生，燃料已经上路了。"燃料确实在路上了，但能否安然抵达前线则属未知。即使真的获得了燃料，隆美尔能取得决定性突破吗？他决定在 8 月底发动决定性的行动。

轴心国在北非积蓄力量的另一个办法是保住现有实力，不被继续削弱。但即便以德国空军为例，这也变得越来越困难。他们的修理厂和机场不断被渗透进来的英军特种空勤旅偷袭。第8集团军的高级军官也许缺乏进取心，但这些精锐部队的普通官兵却斗志昂扬，积极主动地打击敌人。

特种空勤旅于1941年11月的首秀失败后吸取教训，现在已变得无所不能。他们放弃了空降作战，转而开车在沙漠里穿梭。他们把沙漠突击队昵称为"沙漠出租车公司"。在"十字军"战役期间，21名成员的战斗组在苏尔特机场摧毁了109架飞机，唯一遗憾是先行者乔克·刘易斯被1架"梅塞施米特"-109扫射打死。

后面几次行动也很成功。特种空勤旅通常以小股部队的形式出现。晋升为中士的约翰·库珀在戴维·斯特林率领的小队，3月在班加西附近消灭了一支油罐车队。几个月后，他们在大白天闯入了这座港口，进攻停泊在那里的船只。最后，由于橡皮艇的阀门损坏而无法继续作战，他们在据守一座空房屋一段时间之后，安然撤离。首相的儿子伦道夫·丘吉尔（Randolph Churchill）也在进攻小组里，他们表现出了无畏的精神。他们在6月进攻贝尼纳（Benina）附近的德国空军维修站。他们在安置好定时炸弹后撤离，然后兴奋地欣赏盛大的"烟火表演"。1架Me-110着火后，飞机里的炮弹被引爆，整个机场跑道上热闹非凡。最后，汽油仓库爆炸了，引燃了整个机棚。库珀写道："这个威力太震撼了。"

特种空勤旅由于取得了一连串行动的成功，也得以扩充到100人左右，其中还包括1队自由法国军队。他们新的任务更为艰巨：渗透入轴心国阿拉曼防线的后方，尽可能地进行破坏活动。这意味着，他们要穿越盖塔拉洼地，北上袭击达巴和富卡附近的机场。和往常一样，计划是在彼得·斯特林位于开罗的公寓策划的，这位戴维·斯特林的兄弟在英国使馆里担任三秘。他们决定在新的行动里多带几辆卡车，以携带充足的补给，可支撑连续几周时间的作战。他们有了新的座驾：美制吉普和0.25吨的四人车，他们将后者改装为拥有1挺点50机枪和双管维克斯机枪的强大载具。

他们这次共计出动了35辆车，在第8集团军指挥部汇报了行动计划后，车队直奔洼地。他们在敌军防线后方150英里（240公里）、离海岸线60英里（97公里）处建立了临时营地，隐藏好卡车，洼地西北部连绵的沙丘便于他们藏身。这个基地将为接下来1个月的突袭行动提供支持。突击小队每组有3辆车，首个目标是富卡和巴古斯附近的机场，各突击小队将炸弹的预设爆炸时间统一为7月8日凌晨1点。

约翰·库珀跟随队长戴维·斯特林一起行动，同行的还有担任导航员的帕迪·梅恩（Paddy Mayne），被昵称为"小库珀"。现在，大部分人都装备了吉普，队长的座驾则是令人羡慕的福特V8，这种从德军手里缴获的车子被称作"闪电突击车"。他们的目标是1个停满了意军CR-42双翼机的机场，虽然行动很成功，但意军并未全军覆没，因为突击队在次日清晨沿着干枯的河床行驶时遭遇了2架CR-42的袭击。当意机看到炸弹没有命中后，又用机枪进行了扫射。斯特林看到意机俯冲，吼道："弃车！"大家四散躲避。库珀落到地上的同时，听到了福特车的爆炸声。斯特林在意机飞走后，开心地对他说："我们要再搞1辆闪电突击车，库珀中士。"

库珀因为丢失了宝贵的路程日志和导航用的经纬仪而闷闷不乐。另外2辆车载着他们于当天下午安全返回了基地。敌军侦察机很快发现了他们的位置，因此他们被迫将基地西移了25英里（40公里）。总结起来，特种空勤旅摧毁了超过30架飞机和30~40辆车辆。令突击队奇怪的是第8集团军指挥部传令他们不得袭击达巴机场，后来的事实证明，这是个古怪的错误。

斯特林计划对原来英军在西迪哈内施（Sidi Haneish）的机场发动突袭，那里位于马特鲁港东南方向30英里（48公里）处。他担心如按照原有模式作战，敌军或许已有了应付手段。因此，他决定尝试新战术。他将队伍分为2队，分别10辆车，斯特林自己在中间引路。

他们在7月26日傍晚出发前，仔细检查了吉普和武器，备好了弹药。当天，月色不佳，库珀负责导航。在行进了两个半小时后，他们来到了机场附近。忽然，跑道灯亮了起来，原来是有飞机要降落。突击队关闭了车辆的发动机，等待命令。库珀下车将斯特林的指令传递给其他人。时间过了一小会儿,发动机再次启动,他们开始了进攻。斯特林直接将车开入跑道中央,敌机整齐地排在跑道的两旁,他们的大破坏开始了。

整个机场陷入了爆炸形成的烈焰。意军机枪向他们开火,但由于两旁停放的飞机太多,他们的射界并不好,效果不佳。突击队运动到机场跑道的尽头后,又沿着另一条道路进攻。这时,斯特林的吉普来了个急停,斯特林吼道:"真见鬼,怎么了?"库珀跳出来,打开发动机盖检查,1 枚 15 毫米炮弹打穿了发动机的汽缸盖。斯科拉特里上尉的车子经过时停下,将他们塞了上去。库珀蜷缩在车的尾部,和斯科拉特里的后机枪手挤在一起,后者的脑袋被子弹擦伤挂了彩,他也是这次行动中的唯一的伤员。当他们撤离战场,消失在夜幕中时,身后冒起了浓密的烟柱。库珀写道:"破坏的场面激动人心。"他回头时,看到好几架飞机正在剧烈燃烧,他们遗弃的吉普也被火焰笼罩。

突击队在当晚摧毁了 37 架飞机,大部分是德军用于运输补给的宝贵的 Ju-52 运输机。这是斯特林所取得的辉煌胜利。

1942 年 8 月 10 日,丘吉尔亲笔写给中东战区总司令哈罗德·亚历山大爵士一份命令。首相阐明了自己的首要目标:"尽快抓住战机摧毁隆美尔元帅率领的德意联军,及其在埃及和利比亚的后勤补给和据点。"亚历山大对此欣然接受。他已经看够了撤退,之前他是最后一个撤离敦刻尔克的人,之后他又率领英国军队从缅甸撤回了印度。现在,他手里有了足够的援军和物资,对未来充满了信心。

亚历山大有着辉煌的履历,他是从基层起步晋升至元帅的,这在英国陆军里非常罕见。第一次世界大战,他曾两次负伤,获得无数殊荣,25 岁就当上了代理旅长。1919 年,他角色翻转,率领波罗的海德军准军事力量进攻苏联,这也是别人难有的经历。20 世纪 30 年代,他指挥印度陆军的 1 个旅在瓦济里斯坦(Waziristan)以及西北战线作战,在此期间他甚至还学会了乌尔都语。之前,他会法语、俄语、意大利语和德语,极具语言天赋。他睿智、低调,富有人格魅力。英国陆军在踌躇了3年之后，终于找到了适合的统帅。

如果说亚历山大是个天生的外交官，第8集团军指挥官伯纳德·蒙哥马利中将则几乎相反。"蒙蒂（蒙哥马利昵称）"缺乏基本的人际关系处理能力，他在上次大战初期受过伤，之后的经历表明他非常适合做参谋和计划者，他在1940年指挥第3师表现出了清晰的思路和作战指挥能力。从那时起，他就变成了部队的训练大师。亚历山大和蒙哥马利是那么的截然不同，但双方的经验和优缺点正好互补。作为扭转同盟国在北非不利时运的组合，他们是最好的筹码。

亚历山大很快行动起来。他清楚，必须解决士气低落的现状，隆美尔已被神话了，开罗过多的酒吧、餐馆和俱乐部都在弱化本方的斗志。他写道："他们都被放纵惯了，沮丧且习惯了失败。"他将司令部搬到了城市边缘，靠近金字塔的美娜（Mena）。他和幕僚在那里能更好地感受沙漠战的气息，这里还是前往前线的沙漠公路的起点。他用小时候在北爱尔兰居住的"加里登营地"（Caledon Camp）为此命名。

蒙哥马利指派军事情报总监弗雷迪·德冈甘（Freddie de Guingand）为他的新任参谋长，他们很快在沙漠建立了新的战术指挥部。这里整洁，没有苍蝇，最重要的是直接挨着坎宁安的沙漠空军指挥部。8月19日，亚历山大给蒙哥马利正式命令，部队必须就地战斗，不得考虑后撤。该命令必须传达至每名士兵。蒙哥马利对此完全赞同，他开始与手下的高级军官们面谈。他告诉他们，以后不允许再背地里抱怨，必须严格执行上级的命令，不得质疑。任何人违抗命令，都将被扫地出门。托米·埃尔姆赫斯特写道："他关于领导力和组织力的讲话非常精彩。"他和坎宁安都到场听了蒙哥马利的讲话。埃尔姆赫斯特对新指挥官说的每一个字都非常赞同。在他看来，蒙蒂就像个"威严的老虎"。

蒙哥马利随后公布了自己的计划。他说，隆美尔会在2~3周内发动进攻。蒙蒂说："我们要掘壕据守，并将他打败。然后，我们需要完成2个月的严格训练。所有单位轮流脱离前线以进行训练，如果可能的话，去海边洗个澡以摆脱苍蝇的困扰。我会用2个军进攻敌军防线,之后将机动预备队投入到突破口,将他残余的军队彻底赶出非洲。"

埃尔姆赫斯特写道:"这清楚地表明了,谁在指挥第8集团军。"

伦敦,"火炬"计划仍在抓紧准备,但最后实施的形式还没定下来。联合参谋长会议希望在10月10日前发起。从8月第3周来看,这个时间表已非常紧张。他们面对很多挑战,从紧张的船运能力到维希法国会造成的困难,甚至还要考虑西班牙人的态度。

当这些情况还在仔细评估时,盟军准备率先发起对迪耶普(Dieppe)的突袭。路易斯·蒙巴顿勋爵的联合作战部门掌管着突击队,他们在计划这场迄今为止最大规模的突袭。虽然"大锤"计划被终止,但他们希望能用迪耶普突袭来实现原计划里设置的大部分目标。通过这次行动也能学到如何策划大规模登陆作战,试探德军的防御能力,安抚那些在英国、美国和苏联焦急等待行动的人。作战部队为6 000人,主要是加拿大人,这里还加入了4支突击队和小部分美军游骑兵。进攻力量还包括跨海而来的坦克,空军也能提供强力支持。

这个计划确实有点冒险,布鲁克对此强烈反对。将如此多的士兵和装备运进去,再运出来是非常困难的,这和一小队突击队在执行突袭行动后撤离完全不同。迪耶普突袭的成功性不高,而原定于7月4日的行动也由于糟糕的天气被取消。

美军第1游骑兵营派遣了7名军官和11名士兵作为首批登陆部队参与这次行动。宾·埃文斯中士也是其中一员,他已登上船候命。这天,是美国的独立日,船只从怀特岛(Isle of Wight)出发。埃文斯写道:"天气不是太好。"行动被推迟到8日,而他们的行踪在7日遭到了发现,4架德机对集结的船只发起了进攻。攻击的突然性已丧失,行动被再度叫停。游骑兵们直接返回了苏格兰,埃文斯被晋升为营军士长。经过调整后的迪耶普行动要求50名游骑兵参加,这次埃文斯未被派去,达比上校不愿拿他最得力的军士长去冒险。

这场突袭最后还是鲁莽地实施了。8月19日那天的作战过程一片混乱。6 000名士兵上岸后,没能突破海滩的前沿阵地,过半人员或死或俘,空军被击落了106架飞机。这充分证明了登陆行动的危险性和复杂性，实战将计划制订者结实地教训了一顿。

不过，这其实对艾森豪威尔和克拉克很有帮助，他俩还在为"火炬"行动而协调各方。他们认为，需要沿突尼斯海岸，卡萨布兰卡和法属摩洛哥发动一系列登陆作战。也就是说，"火炬"行动需要扩大规模，足够应对法国和西班牙可能采取的敌对行动。25日凌晨3点，克拉克被从床上叫醒，马歇尔将军给他发来了电报。远在华盛顿的参谋长对此非常重视。马歇尔表示，"火炬"行动务必成功。在突尼斯登陆太过冒险，他建议登陆点选在法属阿尔及利亚的卡萨布兰卡和奥兰。

他们重新回到地图前。克拉克写道："这是这个夏天最令人沮丧的消息。"就在那个晚上，克拉克和艾森豪威尔被邀请到唐宁街10号和首相共进晚餐。两人在出发的路上情绪不佳，他们感到现在是前进一步，后退两步。这时的丘吉尔心情很好，他刚从出访中回来，之前去埃及更换了指挥层，给前线重新注入活力之后，他又飞到莫斯科和斯大林会面。苏联领袖确信他们可以在冬季之前挡住德军。他告诉丘吉尔，苏联的工厂可以每月生产2 000辆坦克，丝毫没有夸张。另外，他对"火炬"行动非常支持，这让首相松了口气。

在这种欢快的情绪下，丘吉尔希望艾森豪威尔和克拉克抓紧推动"火炬"行动，不要有太多顾虑。罗斯福也持同样的想法，他告诉他们，斯大林也支持这个计划，虽然苏联领袖对无法在那年反攻欧洲大陆有些失望，但对能登陆北非还是非常高兴。丘吉尔对克拉克和艾森豪威尔说道："当斯大林要求我跨越海峡后，我告诉他，如果可以打击怪兽位于地中海的软腹部，为何还要将头伸到它位于布雷斯特的嘴里？"

克拉克告诉首相，现在需要下决心了，之前不断摇摆的决定把他们的作战计划人员搞得晕头转向。他对丘吉尔说："'火炬'行动的计划者已受不了兜圈了，每分钟都很宝贵。我们现在需要的是绿灯大开。"

克拉克写道："首相同意采取行动。"

对马耳他岛上饱受轰炸和物资匮乏痛苦的普通民众及官兵来说，

轴心国已花费了大量时间和精力在这个岛上。而对德国空军和意大利皇家空军来说，每次飞临岛屿上空都是个恐怖的差事，除了成群结队的"喷火"战斗机拦截之外，还有遍布全岛的高射炮的猛烈火力。

23岁的弗朗西斯科·卡瓦勒罗（Francesco Cavalero）中尉随着第20陆基战斗机大队于7月初来到西西里岛。他早在1938年就加入了空军，战争爆发时，他正作为后备役军官在空军大学里学习。1941年，他被分配到驻扎于罗马附近钱皮诺机场（Ciampino）的战斗机大队。当时，这支部队刚参加完不列颠之战，受到了不小的损失。

大队下辖的3个中队都缺少飞机，因此卡瓦勒罗和另外一些战友只能搭乘火车前往西西里岛，他们在穿过墨西拿海峡后来到了位于岛屿中南部杰拉（Gela）的庞蒂奥利沃机场（Ponte Olivo）。他们比大部队到达的时间晚了一周，这时大队里已在马耳他岛损失了5名飞行员，其中4人阵亡。

在接下来的几周里，损失仍在持续增加，卡瓦勒罗也很快被晋升为副中队长。他最紧要的任务是让新人尽快掌握战斗飞行技能，而原来的训练只关注了一般飞行技巧。新人根本不知道如何与"喷火"缠斗，也不知道如何躲避密集的高射炮火力。卡瓦勒罗希望尽可能地指导他们，提醒他们不断观察四周情况。轴心国空军在西西里岛上并无充分的地面控制和雷达体系。与之形成对比的是，马耳他岛具备有效的雷达和地面控制，整个协同防空体系都是从本土移植过来的。

尽管马耳他岛上的皇家空军的实力已得到提升，但他们在8月还是经受了严重的危机。岛上不仅缺乏粮食，油料也几乎用完了。6月的补给努力失败了，新的补给如不能即刻运入，被迫投降将成为必然，轴心国将会大获全胜。

"基座"行动（Pedestal）是有史以来护航力量最强大的补给行动，编队里有14艘船，编队里最关键的是1艘油轮。轴心国对这个补给编队的行踪非常清楚，从它于8月9日夜里通过直布罗陀海峡开始就发动了猛烈的进攻。德军潜艇击沉了英军"鹰"号（Eagle）航母，所幸船上的"喷火"不少都及时起飞了，直接飞向了马耳他岛。这次战斗中，还有 2 艘巡洋舰和 1 艘驱逐舰被击沉，商船也在意军鱼雷艇和德军潜艇的不断攻击下被击沉。

当编队航行到马耳他岛附近时，驻扎在杰拉的意军飞机也倾巢出动，进行拦截，可他们的战果很一般。意军第 51 战斗机联队的 60 架马基 -202 于 8 月 13 日投入战场，卡瓦勒罗作为中队长的僚机也一同参战。那时候已有 3 艘商船开到了马耳他岛边上。他们很快碰到了岛上起飞的"喷火"拦截，中队长一个急转，他也跟着急转，但势头更急，这导致他的短暂昏厥。当他苏醒时，发现刚才还热闹无比的天空突然空旷了，这对战斗机飞行员来说是常见又诡异的一种体验。

卡瓦勒罗说："我仍旧在战场上空，看到下方海面上有敌军的商船。"他看到不少"飓风"和"喷火"，但没有开火的机会，这让他感到焦虑，因为这会让自己的同伴以为他胆小避战。

他最后发现，自己的燃料即将耗完，只得降落在西西里岛西南方向的盘泰莱里亚岛（Pantelleria）。时间卡得正好，就在他落地的瞬间，发动机和桨叶都停止了转动，他的油箱彻底空了。当他回到杰拉时，没人批评他，大家都很高兴看到他安全返回了。

卡瓦勒罗活下来了，马耳他岛也活下来了。在经历了轴心国海空军的疯狂堵截后，补给编队里有 5 艘船成功抵达了目的地。更关键的是，那艘油轮"俄亥俄"号（Ohio）安然抵达了，甚至有架"斯图卡"直接砸在了她的甲板上，最后 50 海里（93 公里）的航程甚至是在 3 艘驱逐舰的牵引下完成，终于在 8 月 15 日驶入大港。依靠这次补给，马耳他岛保住了。只要几周时间，该岛就能再次发挥其在地中海战场的重要作用：同盟国能以此为基地，袭击轴心国的航运。

同时，隆美尔对北非战场的担心越来越多。他知道自己必须在月底前向第 8 集团军发起进攻，但他的补给情况自 7 月收到 91 000 吨物资后每况愈下，留下的时间不多了。隆美尔对德国驻罗马武官约瑟夫·林特伦（Josef Rintelen）将军说："除非我在 25 日前能获得 2 000 立方燃料，500 吨弹药，在 27 日前再获得 2 000 立方燃料，在 30 日前再有 2 000 吨弹药，否则，我无法进攻。"意军最高统帅部允诺增派更多的船只投入运输。从 8 月 28 日开始的 6 天里，有 9 艘商船驶离意大利。如果油船不能平安抵达，隆美尔的大军就会陷入麻烦。

  对隆美尔来说，自己筹划中的进攻是决定北非命运的最后一搏。谁能想到，这距离他夺取托布鲁克的辉煌胜利仅过去了 2 个月时间。

  从各条战线来看，德国似乎一下子用完了所有的运气。

特种空勤旅突袭

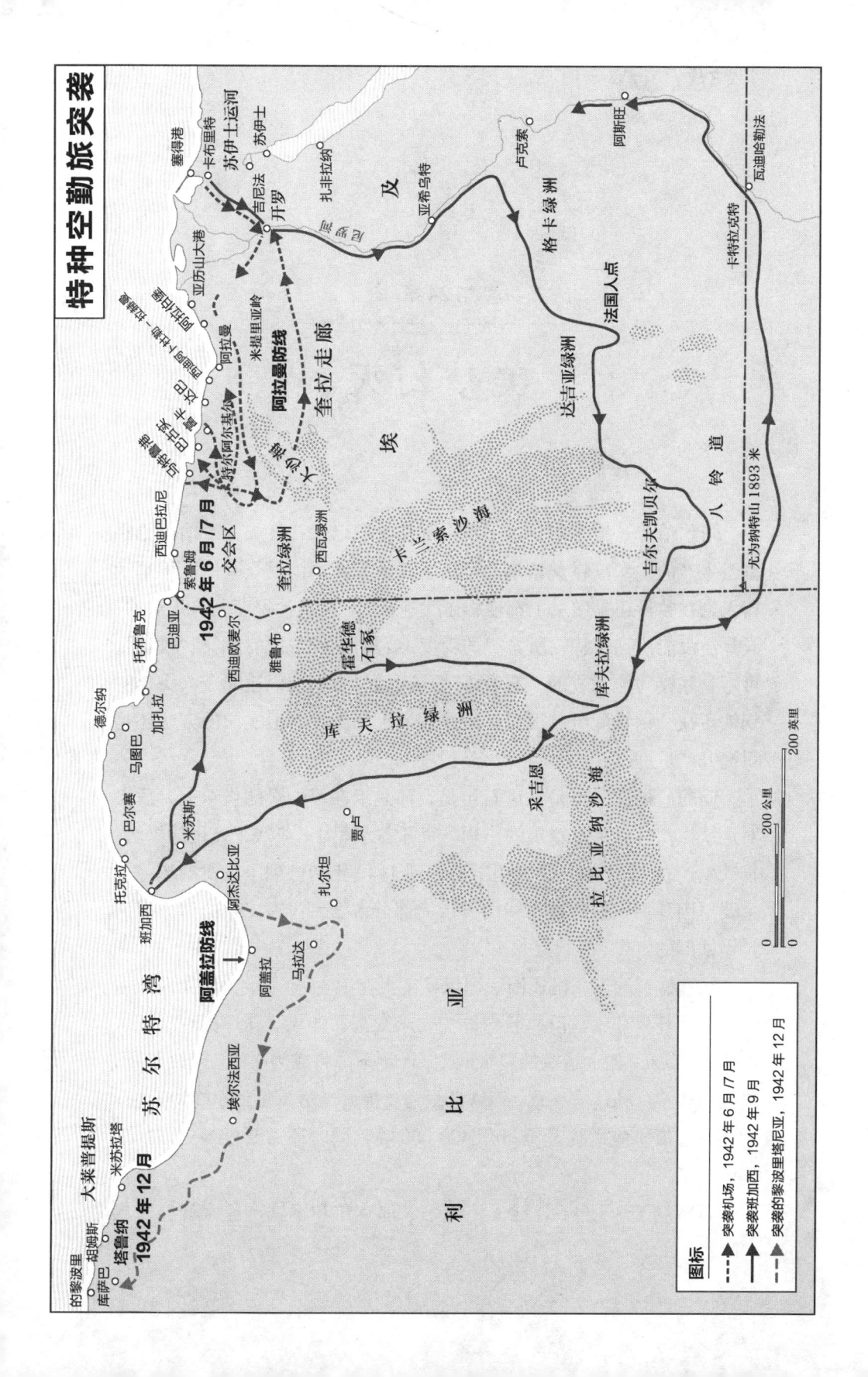

第24章

美梦幻灭

阿尔伯特·施佩尔自接手军火部长一职以来,就成为了纳粹德国军工生产的主宰。在戈培尔的帮助下,他们让德国民众坚信,德军武器无论在数量还是质量上都取得了飞速提升。在某种程度上这是对的,只是还没能达到希特勒所希望的程度。要想彻底改造纳粹的战争机器,可不是一夜间能完成的,有数不清的问题拦在面前,比如令人头疼的钢铁短缺。钢铁配给制度可以解决表面上的困难,但实质的方法还是得提升产量。

问题的根源并不是铁矿石不足,而是卡在了煤炭的供给上,后者对钢铁生产具有举足轻重的作用。简言之,德国工业缺乏充足的煤炭。钢铁生产在1941年冬季大幅下滑,到1942年初已到了危机的边缘,主要原因是德国铁路被东线的需求大部分占据,没有多余的运力以满足钢铁厂的生产。

纳粹碰到的煤危机还因法国煤矿工人在1941年夏的大罢工而加重了。煤炭开采非常危险,且对体力要求很高,如果一味压榨煤炭工人的伙食、工资,加上运输的客观问题,产量下降将成为必然。1942年夏,施佩尔和希特勒达成一致,钢铁产量需要提升至最少每月600 000吨。为此,燃煤供应需提升至每月400 000吨,同时还需要投入更多的熟练的矿工。

希特勒于8月11日召集施佩尔、邵克尔和钢铁产业家开会。煤炭工业负责人保罗·普雷格（Paul Pleiger）也出席了会议，他对如何提升煤炭产量并无特别好的办法。德国国内的煤矿设备已老化，需要现代化的改造，现在已触及了产能极限。法国北部和比利时煤矿的生产效率不断下滑，挪威和瑞典的煤库存已经不多，德国国内和占领区的普通民众早就受到了用煤的限制。如果在接下来的冬天继续要因缺煤而忍受寒冬，民众的士气必将受到严重打击。煤炭的用途不止于此，由于德国极度贫油，因此需要使用大量煤炭来生产合成油。发电也离不开煤炭，同样，德国铁路火车的运行还需要消耗大量的煤炭。由此看来，煤炭是保持德国运转的核心物资，而不仅限于战争工业。

普雷格感到自己对提升煤炭产量束手无策，除非立刻从乌克兰和波兰引入数万名有经验的矿工。邵克尔立刻回应，这可以办到。普雷格将信将疑，就算真的搞来这么多人，谁负责喂饱他们？

希特勒对他直率地说道："普雷格先生，如果缺少燃煤，钢铁工业无法按照计划增加产出，战争必然失败。"房间里突然陷入了死一般的寂静。普雷格说道："我的元首，我会尽一切可能达成目标。"但这真能做到吗。

德国一步步地把资源使用逼到极限。实际上，战争所需的各种关键物资都很匮乏。6月底，冯·舍尔将军将备忘录送到希特勒的手上，提醒必须要对任何违反燃油使用禁令的行为严格处罚。重点警示："燃油状况不允许任何有意或无意的浪费发生。"这意味着，车辆绝对不允许被用在休闲娱乐上，前线的用车也需要控制在最低限度，甚至还需要设置限速以确保最经济的油耗，不允许任何人开车进行200公里以上的旅途。长途出行必须依靠火车。

这就是德国在1942年夏所面临的绝望处境。25年前，同样的问题逼迫这个国家屈膝，25年后，希特勒决心继续战争下去，他对未来的看法非常明确：第三帝国将持续千年，否则，将沦为一堆废墟，没有中间选项。

与之相对，英国和美国的民众仍能获得体面的饮食，保持健康。

英国虽然已实施了扩大化的配给制,但仍有不少物资不需要配给,比如面包。格拉迪丝·考克斯在那年8月写道:"蔬菜店里摆满了新鲜的菜品。"5便士买1磅,价格比上一年便宜了一半。体力工作者可以获得更多配给,比如,煤矿工人,这也意味着英国工人的生产效率比那些在纳粹德国煤矿里吃不饱的奴隶劳工高很多。在美国,工厂不需要担心被轰炸或者停电,这在德国可是不敢想象的。

英国在一个风调雨顺的夏季后即将迎来大丰收,土地耕种效率的提升开始结出硕果。农村少女协会(Land Girl)、城市里的市民还有各国军队的士兵都来帮助收获粮食。住在威尔特郡的斯特里特对英国的农业成果重振信心。他写道:"如今把荒地变成良田,是我今生获得的最大满足的成就。可喜的是,在英国有成千上万的农民正在做同样的事。"他为宣传电影《大丰收》(*The Great Harvest*)写下了这样的旁白:"从英国乡村的重生里,我们获得了这个冬天和下个冬天所需的食物。"与之配合的电影镜头是,年轻的女孩们驾驶着拖拉机和拖斗正收割玉米。"耕作永不停息,大丰收来了,土地和人民共欢。乡村重获生机,斗志昂扬地为国民奋斗。"此话不假,英国1939年的粮食收获量是4 600万吨,1942年的收获量达到了8 000万吨。

此外,部队和战争物资还在源源不断地被运抵英国,每月能达到200万吨的水平,这个数量足以压垮纳粹。即使德军潜艇在美洲沿岸享受第2次"欢乐时光"时,英国的进口量也几乎没受什么影响,比如,1月到了2 006 000吨,5月到了2 214 000吨。

实际上,前往英国的编队几乎能不受损失地横穿大西洋。唐纳德·麦金泰尔指挥官在6月回到了"金星"号驱逐舰,负责指挥B2护航编队,这支部队隶属于中大西洋护航舰队。他手下只有2位军官是常备军,其他都来自皇家海军志愿者后备役部队。他很快发现部队不仅士气高昂,专业素质同样无可挑剔。

麦金泰尔回到"金星"号,正值德军潜艇在中大西洋几乎无所作为的时候。这年年初,德国海军在恩尼格玛密码机里增加了第4个转子,布莱齐利庄园的天才们还没来得及破译。此时的皇家海军已装备了完善的追踪德军潜艇的设备，比如高频探测的"哈夫－达夫"系统，ASDIC 系统以及雷达。

他们可以截听潜艇用高频无线电发出去的信号。尽管这些信号是加密的，但其发送所耗费的时间太长足以被"哈夫－达夫"系统捕获。如果护航舰队里有足够的该系统，将能通过拦截到的信号推断潜艇的大概位置。装备这种设备的战舰和飞机可以在大致准确的区域寻找目标。也正是受制于"哈夫－达夫"这样的利器，泰迪·舒伦的 U-564 在上次穿越大西洋时才会屡屡受阻。

麦金泰尔在"金星"号上的"哈夫－达夫"操作员哈罗德·沃克（Harold Walker）中尉非常能干。他原是马可尼公司的工程师，后在商船上工作，商船沉没了，他的父母丧生于德国空军的炸弹。因此，他对德国人充满了仇恨，对于需要长时间坐在"哈夫－达夫"系统前操控毫不介意。他甚至能通过摩斯密码的发送习惯来区分不同的发报员。麦金泰尔写道："系统一次又一次的及时预警，让我们能采取妥当的行动以躲避危险。"

护航舰队在大西洋上的损失很轻微，因此，部队的经验不断得到提升。越来越多的军舰下水，进入现役，现在护航舰队紧缺的是有战斗经验的骨干人员。这对加拿大人来说尤其明显，他们正快速掌握护航任务的要领。他们同样受益于技术装备的进步，麦金泰尔的任务也因这些新技术而转变。使用新科技的熟练程度也很重要，"金星"号上的沃克中尉就是个好例子。这些技术不光能运用在水面舰艇上。同盟国的空中巡逻网正在成熟，他们的反潜设备也在不断提高。对于潜艇来说，尽管大洋看上去那么广袤，却难以找到藏身之所。

讽刺的是，邓尼茨到这时候才终于获得了他在战前就呼吁的潜艇数量，很快就将有 200 艘作战潜艇在役。但他依然不能得到空军的全面配合。9 月初，他给雷德尔发了备忘录，要求"研发具备强大火力的大航程飞机，在 He-177 航程范围之外帮助我们进行大西洋战役"。答复来得很快，"这种请求在目前无法满足……毫无疑问，拥有这种飞机的需求很强烈，我们目前不具备必要的技术条件。"潜台词是：

"什么也不做。"

鱼雷哑火的问题也未得到圆满解决。新的潜艇要在没有充分技术和空军支持的情况下作战。对于1942年9月的德国海军来说，这已经太晚了。如果在战前充分准备，他们已能对英国战争能力造成毁灭性的破坏。希特勒和他那群大陆中心主义者错失了这个机会，而海军高层则和希特勒一样痴迷于巍峨的水面舰艇部队。现在，他们要为1939年仅有3 000人的潜艇部队而付出代价，经验丰富的人大部分随着铁棺材葬身洋底。德国海军的情形和英国皇家海军相反，德国的战斗经验正迅速下滑，而作战环境对潜艇艇长的要求却越来越高。在未来的几个月里，邓尼茨那越来越年轻的队伍将面临残酷考验。

在美国，比尔·努森所发起的军火革命正在唐·纳尔逊时期结出果实。生产瓶颈被克服，短缺问题也得以解决。钢铁产量在加利福尼亚州圣贝纳迪诺山谷（San Bernardino Valley）丰塔纳（Fontana）的新钢厂投产后得到显著提高。这仍然是建筑业巨头亨利·凯泽的新产业，他在完成水坝、公路和船厂后，又开始了新的挑战。他敏锐地意识到，在落基山以西地带缺乏大规模的钢铁厂，因此于1941年4月建议在此新建钢厂。当时的他既缺乏这方面的经验，也没有明确的投资，甚至连地点也未绝对选好。他希望政府能投资1亿美元来启动该项目，可这立马遭到了拒绝。1942年，唐·纳尔逊面对420万吨的钢铁缺口，无奈地拾起了凯泽的建议。3月19日，这项交易得到批准，凯泽和他的团队立刻开始了高速运转。到4月底，厂址选定在丰塔纳，开始破土动工。这里是加利福尼亚州的非发达地区，所以工人招募得到了当地人的热烈响应。为了连接主要的火车线路，他们还修了一条70英里（113公里）的专线。由于这里的水资源很宝贵，他们新打了水井取水，并投入了循环利用设备节约用水。计划让工厂年底就能投产，年生产能力为470 000吨钢材，能满足整个西海岸船厂的需求。

1942年8月，凯泽的船厂生产自由轮已达到了惊人的速度。流水线生产的概念也被引入了船舶生产中。最初估计生产1艘自由轮需要 220 天，而到了 1942 年，时间已缩短至 105 天。凯泽在加利福尼亚州里士满的合作伙伴克莱·贝德福德（Clay Bedford）将这个时间进一步压缩。凯泽的儿子埃德加（Edgar）负责运营位于俄勒冈州波特兰的船厂，他要和贝德福德较较劲。5 月，里士满建造"詹姆斯·惠特科姆"号（James Whitcomb）只花了 73 天。2 个月后，7 月，凯泽的波特兰厂用了仅 53 天就让"托马斯·贝利·奥德里奇"号（Thomas Bailey Aldrich）出航。8 月，贝德福德的手下用了夸张的 24 天就建好了新船。这已达到了匪夷所思的程度。之前从未有人设想万吨级商船能如此快地被建造出来。德军潜艇依靠手里那些不靠谱的鱼雷，还严重缺乏空中掩护，他们能完成任务吗？显然，答案是不能。

　　回到地中海战场，轴心国的航运能力正急速下降。战前积攒的大型船舶损失殆尽，没有船厂和钢材能补充新船。运输补给到北非的任务不得不落到了那些小型船只上，虽然这并不符合规模经济的要求，因为小船用在装卸上的时间远多于同样载重的大船。

　　隆美尔按计划于 8 月 30 日发动了进攻，2 天前有 3 艘油轮从意大利出发，可油轮在马耳他岛出动的海空军联合绞杀下全部沉没。隆美尔只得依靠手里的存货放手一搏，希望另一艘在路上的油轮"圣安地列斯"号（San Andreas）能带着 3 000 吨燃料安全驶入托布鲁克。可当轴心国火炮开始轰鸣时，"圣安地列斯"号也沉入了地中海。马耳他岛起飞的鱼雷轰炸机再次完成了击杀。

　　隆美尔自身的健康状况也不佳。医生给他的诊断是"慢性肠胃紊乱"，这导致了低血压和眩晕。隆美尔希望能从 8 月 21 日开始休假，他点名要求让古德里安接替自己的职位，但遭到了驳回。隆美尔只得强撑病体，将这最后一场仗打完。

　　阿拉姆哈勒法战役（Alam Halfa）是对加扎拉战役的复制，希望可以用北翼的炮击和佯攻吸引英国人的注意力，机动部队的主力非洲军从南面包抄，穿越雷场后往北进攻。之前在扎加拉战役时，非洲军虽然成功北上，但也一度面临补给线被切断的险境，最后得益于英军指挥官的优柔寡断才胜负反转，让隆美尔险胜。这次，除非对手蒙哥马利会犯相同的错误，而蒙蒂依靠破译恩尼格玛获得的情报以及沙漠空军的侦察，早已洞悉了隆美尔的企图。

隆美尔的装甲先锋于30日凌晨2点抵达英军雷场，防守该区域，也即战线南端的是英军第2步枪旅和第7摩托旅的残部。他们装备着新式的6磅反坦克炮，能轻松挑选在雷场中狼狈蹒跚的德军坦克作为目标。"惠灵顿"夜间轰炸机也加入了战局，他们一举消灭了30辆德军坦克。弗里茨·拜尔莱因写道："重型轰炸机编队一波又一波地投下高爆炸弹，照明弹将天空和地面照亮，犹如白昼。"他亲历了这场战斗，且和隆美尔在战斗中毫发无损。另一些指挥官则没那么幸运了，第21装甲师师长格奥尔格·冯·俾斯麦（Georg von Bismarck）将军战死，非洲军军长瓦尔特·内林将军被炸弹碎片造成重伤。有英军飞行员发现了隆美尔的那辆"霍希"指挥车，拜尔莱因亲眼看着对方飞机俯冲下来。投下的炸弹落在了车前，炸死了多位军官，包括非洲军后勤官瓦尔特·施密特（Walter Schmidt），他是拜尔莱因在乌兹堡时就相识的密友。拜尔莱因写道："指挥进攻的4名将军阵亡3名。"他现在负责起临时指挥非洲军的重任。

拂晓来临，阿尔伯特·马丁和他的战友成功地用反坦克炮拖住了德军进攻的矛头。隆美尔制订的时间表已严重滞后，如果不是当天突然刮起了沙暴，英国皇家空军还将消灭他们更多的坦克。

战斗在当天下午仍在激烈进行，但非洲军已丧失了前进的势头。天渐渐变黑后，他们开始后撤，准备过夜。可他们没多久就被吵醒，同盟国的轰炸机轮番轰炸，火焰将夜晚变成了白昼。天亮，德军营地到处是燃烧的车辆残骸。夜间轰炸还使德军无法获得补给，第21装甲师已缺油到无法动弹的程度，唯一还能发动进攻的只有第15装甲师。

第15装甲师迎头撞上了英军新组建的第8装甲旅，该部包括新换装上坦克的谢尔伍德游骑兵们。确实，他们还需要加强训练。该旅的B和C中队率先冲锋，在2 000码（1 829米）的距离上开火，没有准头。冲到 800 码（732 米）距离时，德军坦克和反坦克炮却给予了他们精准打击。7 辆坦克被立刻报销，另有 4 辆受损。斯坦利·克里斯托弗森的好友杰克·怀汀（Jack Whiting）阵亡，他们只得后撤。对第 8 装甲旅来说，幸运的是他们的对手第 15 装甲师已耗尽了燃料，无法继续扩大战果。

英国皇家空军继续对非洲军进行狂轰乱炸，后者躺在阿拉姆哈勒法和阿拉姆纳伊尔岭间暴露的荒漠上，位于海岸线以南 15~20 英里（24~32 公里）的位置。重型轰炸机不停歇地光顾他们，荒漠上的碎石被炸得四处横飞，杀伤力极大。非洲军司令部仅在那天就有 7 名德军军官阵亡。

战斗机也很忙碌。比利·德拉克在 2 点率领 1 个联队拦截德军由 50 架"斯图卡"和 30 架 Me-109 组成的机群。他们不顾德军战斗机的威胁，直扑"斯图卡"，逼迫他们过早地投掷炸弹。德拉克当天击落了 2 架敌机，可当天的明星还是德军的亚辛·马尔塞尤，他将 22 架来袭的英军飞机击落了 17 架，但没有 1 驾轰炸机。虽然这是石破天惊的战果，但马尔塞尤的光芒并未阻碍到英军轰炸机的行动。那天，皇家空军没有 1 架轰炸机被轴心国战斗机击落。夜晚来临，隆美尔的部队陷入了困境。

没多久，"惠灵顿"也出现了，这些飞机一直"关照"非洲军至次日晨。隆美尔来到装甲师把守的前沿阵地查看战况，早上 10 点至正午，英军循环轰炸了 6 次。他写道："成群结队的战斗轰炸机在低空扫荡，我的部队遭受了惨重损失，无数的车辆在沙漠上燃烧。"

意军伞兵路易吉·马尔凯塞看到隆美尔乘坐的指挥车从面前经过。他和意军第 2 伞兵团的战友们在这段时间的任务主要是防守战线南端的高地。当天，他们得知战斗进展不顺，士气变得非常低落。他写道："大家心里充满了失望和沮丧，如此多的生命白白损失了，没有取得任何进展，让人难过。"他对失败原因有了清晰的认定：英军享有便捷的补给线，新式坦克和火炮，以及皇家空军强大的恐怖力量。

弗里茨·拜尔莱因写道:"随着这次攻势的失败,我们占领尼罗河三角洲的最后机会丧失了。"隆美尔占领整个埃及和中东的幻想破灭了,且永久。英军第8集团军有机会发动反击,但蒙哥马利拒绝追击。这是一场防守型战役,他只会在部队做好了再次进攻的准备后才会发起进攻。这不需要太长时间,但一定不是现在。

阿拉姆哈勒法战役规模不大,但意义却不小,战争的势头发生了改变。英国和美国将越来越多的物资投入到中东,部队实力增加的趋势不可阻挡,且没有别的战场牵绊他们。他们要将轴心国彻底赶出地中海南岸的时间也许还不能量化,但这个结局没有疑问。

东线,德军的夏季攻势已后继乏力,德军还输掉了大西洋之战。在所有战场上,同盟国有过挫折,但现在已看不到德国取得战争胜利的可能了。

自第二次世界大战爆发以来,世界震惊于德国战争机器的威力,尤其是德国国防军战争初期的闪电战所向披靡。但这些辉煌只是建立在脆弱基础上的昙花一现,和腓特烈大帝时期如出一辙。德军在1939年9月1日跨过波兰边境时使用了崭新的武器和新颖的战术,但仅凭战术不足以取得长久胜利。战略上的错误才是最需要避免的关键。从操作层面来看,德国不具备挑战整个世界的资源基础。

需要指出的是,这些早期胜利更多地依托于他们训练有素的空军。但他们只有战术空军,即为支持地面部队作战而规划的空军,缺乏战略能力上的发展。事实上,空军实力已成为现代战争中不可或缺的重要部分。拜尔莱因在阿拉姆哈勒法的战斗报告中写道:"这次作战中学到的重要教训将适用于我们之后的所有作战计划,尤其是我们的作战方式。如果敌军用强力的空军掌握制空权,能不受限制地使用大规模编队空袭,那么,陆军无论是战役层面,还是战术层面的能力都不再具有意义。"这是赤裸裸的现实:德军在闪电战阶段获胜的法宝和现在皇家空军在北非的行动没有区别。虽然还未向波塔尔和哈里斯所宣称的那样,能单凭空军取得战争的胜利,但如果没有空军,陆军是无法独立赢得当下战争的。战争前3年的进程证明了这样的规律:空军越强大，陆军战力的需求或能适当降低。英国的人力资源并未优先投入到陆军，也不是海军，甚至不是皇家空军，而是飞机生产部门。

1939年9月1日至1942年9月1日，战争见证了德国的崛起和衰落。即使德军潜艇在美洲沿岸大开杀戒，陆军在东线和北非之初获得了令人眩目的胜利，仍不能掩盖这一事实。

对同盟国来说，终于到了他们反击的时刻，开始收紧轴心国周围的锁链，胜利的大潮即将开幕。

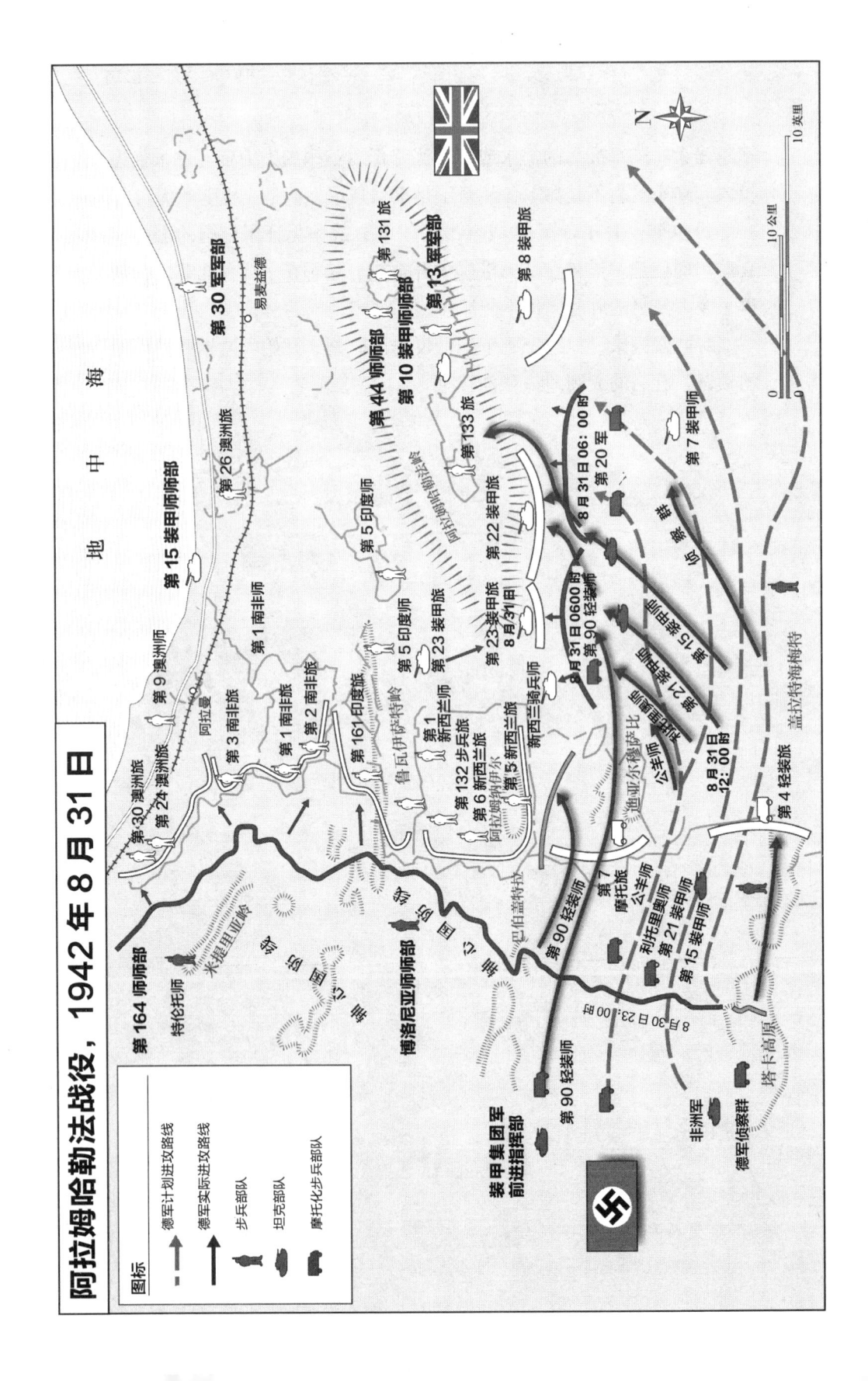

阿拉姆哈勒法战役，1942年8月31日